人才培养合作共同体
校本研修丛书

诚真教育书系·教育思想

林文良 ◎ 著

# 诚真教育

## 做一个有思想的校长

·广州·

图书在版编目（CIP）数据

诚真教育：做一个有思想的校长/林文良著. —广州：广东高等教育出版社，2019.6

（人才培养合作共同体校本研修丛书）

ISBN 978-7-5361-6206-8

Ⅰ. ①诚… Ⅱ. ①林… Ⅲ. ①中学-校长-学校管理-经验-湛江 Ⅳ. ①G637.1

中国版本图书馆 CIP 数据核字（2018）第 147223 号

| | |
|---|---|
| 出版发行 | 广东高等教育出版社 |
| | 社址：广州市天河区林和西横路 |
| | 邮编：510500　　营销电话：(020) 87553335 |
| | http://www.gdgjs.com.cn |
| 印　刷 | 广州市穗彩印务有限公司 |
| 开　本 | 787 毫米×1 092 毫米　1/16 |
| 印　张 | 12.5 |
| 字　数 | 238 千 |
| 版　次 | 2019 年 6 月第 1 版 |
| 印　次 | 2019 年 6 月第 1 次 |
| 定　价 | 36.00 元 |

（版权所有，翻印必究）

# 序　言

有人说，有梦就有希望，只有心怀梦想，一切才有可能发生。2004年，伴随新课程改革的脚步，一群爱做梦的岭南师范学院附属中学（以下简称"附中"）人，在林文良校长的引领下，怀揣梦想，行走在漫漫的课改旅程中，孜孜地寻觅着教育的理想家园。

如何让学校的特色教育的内涵得以延伸，如何让学校的事业得到持续跨越式发展。在反复论证和专家把脉的基础上，借助于广东省中小学新一轮百千万名校长学习的契机，在审视学校历史与传统的基础上，在众多名家的指导下，林文良校长确立了"文化兴校"的新的办学思路，精心打造具有附中特色的以"诚真"为价值追求的育人文化，以文化引领学校的发展。作为教育探索，其行动策略有三种方式：第一种是先有思想再有行动；第二种是先有行动再有思想；第三种是思想行动同行。而以林文良校长为核心的附中人选择的是从行动到思想，再从思想到行动的行动策略，成为附中人打造教育品牌的智慧选择。在漫漫课改征程中行动起来，在行动中积极寻找符合新课程、符合学校和教师实际的教育理念。

按照林文良校长的理解，诚真文化的核心理念就是"共养至诚风尚，普行至真教育"。所谓"共养至诚风尚"，即学校要以文化的视角来看教育，教育不是纯粹的教，亦不是纯粹的学，它应该是通过构建文化场来影响人，即文化育人的理念。"诚真"文化对附中人的意义，不仅在于它提供给我们一种无以替代的归属感及精神纽带，而且从深层次塑造了现代附中人的群体性格，即坚守"彰显真我，坦诚相对，各扬其善，各彰其美，各适其位，有情有信，和谐融洽"。这样的文化性格反映到教育教学中来，就形成了附中人的三大核心价值追求。第一大价值追求：敢为人先的创新精神，第二大价值追求；理性务实的求是品格；第三大价值追求：包容和谐的博爱胸怀。

文化是一所学校的根，一所学校教育的魂。林文良校长坚持扎根传统，打造"诚真"文化，以先进文化引领教育教学和管理工作，这是"一条通过内涵发展提升附中教育核心竞争力、打造教育名校的路线图和快车道，其核心就是构建超越历史、指向未来的文化"。林文良校长认为，以"诚真"文化引领课堂，就要在课堂教学中做到：献给学生一个对话的课堂；献给学生一个开放的课堂；献给学生一个探究的课堂；献给学生一个建构的课堂；献给学生一个感悟的课堂；献给学生一个快乐的课堂。在湛江市新一轮课堂教学改革大潮中，"胸怀教育理想，脚踏实地前行"的附中人，围绕教学观念的转变的关键点，把新一轮课堂教学改革的重点放在重塑课堂教学文化，唤醒教师的专业自觉上。在广东省教育科学"十二五"规划重点项目"校本研修促进教师专业成长的实践研究"开题活动上，作为课题的主持人林文良校长非常精辟地提炼出附中课堂教学改革的核心价值与追求：自由与平等，理解与倾听，信任与尊重，开放与分享。

"民族文化、思维方式、价值取向等深层次的原因"是影响教育工作者价值取向的重要原因。地区与地区之间、学校与学校之间的竞争，在某种程度上是文化的竞争。对一个学校来说，没有深厚的文化底蕴，没有先进文化的引领，没有文化创新的持久推动，就会成为竞争的落伍者。老子说："天下莫柔弱于水，而攻坚强者莫之能胜、以其无以易之。"世界上最柔软的事物是水。但水一旦汇聚成大水、洪水，那种力量是无坚不摧的。文化就是一种柔软的力量。一所特色学校，必须重视特色文化的构建。可以说，近20多年来，林文良校长一直坚持自己"文化铸品牌"之梦，带领附中人聚焦课堂，不断优化教学方法和教学手段，丰富了教育理念和教学策略。行走在新课改的路上，在学习中研究，在研究中实践，在实践后反思。

林文良校长这本《诚真教育——做一个有思想的校长》，正是附中课改征程的智慧行囊，记录了附中人10多年来的行动轨迹，是林文良校长带领附中人"文化铸品牌"卓有成效的见证，是附中人"用脚步思考，用头脑走路"的最好例证，每一步都是沉甸甸的，每一步都是坚定有力的。

阅读了林文良校长的《诚真教育——做一个有思想的校长》后，一种明显的感觉便会油然而生——在"诚真"文化的影响下，附中教师的教育理念已在悄然地发生着变化，以"学生为主体"和"以学生发展为根本"的教育思想已渗透在教师的教育行为中。

《诚真教育——做一个有思想的校长》让我们感受到林文良校长文化强校的那份自信、深沉和睿智。鲜活的素材、生动的描述、独到的见解，源自于林文良校长在教育工作中的认真和执着。

《诚真教育——做一个有思想的校长》让我们感受到林文良校长坚持"科研兴校"所带来的勃勃生机。"课堂即研究""问题即课题"式的研究，是更具有实际意义的研究，它所产生的"短、平、快"效应，能更好地促进学校的教学改革和学校发展。

《诚真教育——做一个有思想的校长》使我们感受到教育的规律并不高深，与我们也并不遥远，教育的规律源于实践，并且是有生命的。只要我们善于学习、思考，就能发现；只要我们敢于实践、质疑，就能创新。

基础教育课程改革又是一个不断追求、不断发展、不断超越的过程。就其本身而言，它不是预设和封闭的，而是创生和开放的。在这个开拓创新的过程的每一个阶段，都会生成阶段性的成果。林文良校长这本文萃，就是这样的一个成果。我衷心地期望林文良校长坚持"文化强校"探索，"而今迈步从头越"，在更广的领域、更深的层面开展教育教学研究和实践，得出更新、更多的成果！

路漫漫其修远兮。新课程改革的路还很长很长，但我相信，只要心怀梦想，坚持行走，远方必将山高水长，一路风景必将催生附中教育新的希望。

是为序，不当之处，敬请读者批评指正。

吴颖民<br>2018年2月8日

吴颖民，中国当代教育名家，博士生导师（研究员），享受国务院政府特殊津贴专家。中国教育学会副会长，广东省中小学校长联合会会长，广州中学首任校长。华南师范大学基础教育培训与研究院首任院长，首席特聘专家。曾任华南师范大学副校长、华南师范大学附属中学校长。1996年被授予首批广东省"南粤优秀校长"称号，2006年被授予广东省首批基础教育系统"名校长"称号，2007年被授予"广东省十大师德标兵"称号。

# 目 录

**第一篇 梦在，希望就在** ································· 1
- ◎ 梦起的地方 ··········································· 1
- ◎ 在人生的梦里失眠 ····································· 4

**第二篇 每一次"批斗"，都是一次成长** ··················· 8
- ◎ 初次凝练：适合教育的提出 ····························· 8
- ◎ 重新凝练："双主体教育"的提出 ······················ 14
- ◎ 再度凝练："诚真教育"思想的形成 ···················· 18
- ◎ 新常态下对教育的新思考 ····························· 29
- ◎ 以先进文化引领教学管理工作的思考 ··················· 33

**第三篇 在教师心灵的麦田里播种** ······················· 38
- ◎ 为教师专业成长把脉 ································· 38
- ◎ 关注教师的精神成长 ································· 41
- ◎ 抓住教师成长的关键期 ······························· 45
- ◎ 走出职业倦怠的误区 ································· 48
- ◎ 关注智慧型教师的成长 ······························· 55
- ◎ 关注年轻教师的生存状态 ····························· 60
- ◎ 给新教师一对隐形的翅膀 ····························· 65
- ◎ "互联网+"成就教师未来 ···························· 76

**第四篇 用爱铺设学生的未来之路** ······················· 82
- ◎ 学科教育，应给学生留下什么 ························· 82
- ◎ "我是谁，为了谁"的问题 ···························· 84

- ◎ 苦心孤诣，关注学生的创新意识 ………………………………… 90
- ◎ 花香蝶自来，关注课堂教学品质 ………………………………… 95
- ◎ 正视差异，寻找分层培优的支点 ………………………………… 102
- ◎ 以敬畏之心铺就教育路 …………………………………………… 107

**第五篇　精细化管理中再谋出路** …………………………………… 109
- ◎ 以养成教育为切入点的教育管理 ………………………………… 109
- ◎ 建构精细化的教学管理体系 ……………………………………… 121
- ◎ 构建"研训一体"的教研体系 …………………………………… 127
- ◎ 彰显"没有借口"的备考文化 …………………………………… 134
- ◎ 让落实成为一种习惯 ……………………………………………… 139
- ◎ "智慧课堂"的建设与实现 ……………………………………… 145

**第六篇　教师专业成长故事典例** …………………………………… 148
- ◎ 让激情在理想与现实之间舞动 …………………………………… 148
- ◎ 为理想继续前行 …………………………………………………… 157
- ◎ 幸福生活与专业成长 ……………………………………………… 160
- ◎ 奔跑，慢而淡定 …………………………………………………… 164
- ◎ 因为爱，所以追求 ………………………………………………… 168
- ◎ 在路上 ……………………………………………………………… 171
- ◎ 教书先读书，育人先育己 ………………………………………… 174
- ◎ 心花开处，梦想成真 ……………………………………………… 178
- ◎ 一路繁花 …………………………………………………………… 182
- ◎ 求真致远 …………………………………………………………… 186

**参考文献** ……………………………………………………………… 189

# 第一篇　梦在，希望就在

心中有梦想，我们才会执着于脚下的路，坚定自己的方向不回头，不会因为形形色色的诱惑而迷失方向，更不会被前方的险阻吓退。

——作者心语

威尔逊先生说过："我们因梦想而伟大，所有的成功者都是大梦想家：在冬夜的火堆旁，在阴天的雨雾中，梦想着未来。有些人让梦想悄然绝灭，有些人则细心培育、维护，直到它安然度过困境，迎来光明和希望，而光明和希望总是降临在那些真心相信梦想一定会成真的人身上。"[①] 我也一直相信，有梦就有希望，把梦想的翅膀张开，希望之门就会在不远处为我们打开。带着梦想上路，梦想就会变成一股神奇的力量，引导并催促着我们马不停蹄地前行。

梦想，成为我在前进路上不会迷途的指南针……

## ◎ 梦起的地方

我出生在广东信宜一个偏僻的小村。在农村十几年的生活经历，使我深深体会到农活之艰辛。从我有记忆开始，父母就教育我们：要好好读书，跳出农门。面对父母的期望，我暗下决心：要好好读书，改变自己的命运。从此，我把繁重的农活扛在肩上，把对知识的渴望装在心里，这种渴望随着时间的推移，不仅没有褪色，反而与日俱增。

记得在高三时，因家里穷，买不起书，我便用手抄整理成一本本的复习资料；因为父母天天要做繁重的农活，作为家里的长子，帮父母做完家务

---

① 霍春辉. 梦想、责任和担当 [N]. 光明日报，2015-03-18 (13).

后，在其他同学玩耍的时候，我仍然坚持在数学、化学的皇宫里驰骋。

看到我学习如此努力，有一次吃晚饭时，父亲问我将来想干什么？我不假思索地回答："做老师。"

我之所以想成为一名人民教师，除了内心对知识的渴求外，还有一个更重要的原因，就是我崇拜那些传授知识者的"伟大"。这些"伟大"者的形象在我心中留下不可磨灭的痕迹。我永远都不会忘记我的初中数学老师李汉伯，他的左右手都可以在黑板上板书解题；我的高中数学老师李中枢，从来不带书本和任何资料，却能在课堂上滔滔不绝将内容表现得绘声绘色，还把自己珍爱的解题资料全部送给我；幽默风趣的初中化学李老师，在一次把钠放在水里的实验课上，我发现钠放在水面上会释放出大量的热，于是好奇地问："用钠可以煮饭吗？"李老师微笑着说："你认为用人民币可以煮饭不？"就这样不经意的点拨让我恍然大悟；还有开创了用一张 8 开纸刻印 100 多条化学选择题的高中化学老师钟永祥，钟老师别出心裁地发明了把元素周期表中 36 号元素及各主族元素写在一张大字报上并贴在墙上，方便我们时时背诵。这些老师的智慧开启了我的大学之门，他们的关爱触发了我的教师之梦，他们的高贵品质坚定了我成为一名优秀教师的信念。

功夫不负有心人，我的努力终于换来了成功的喜悦。那是一个收获的季节，正在田间忙碌的我突然听到自己考上雷州师范专科学校（现"岭南师范学院"，以下简称"雷州师专"）的喜讯，这让我以及我的家人无比兴奋。全村人都为我高兴，他们用农村人最淳朴的方式来表达他们内心的祝福——主动帮助我家干农活，他们善良的举动让我深受感动和鼓舞，让我深深体会到我生活在一个尊重知识、尊重人才的社会，同时也暗下决心要珍惜机会，多学知识，回报社会。

记得上大学的第一天，与雷州师专揭培枝副校长交情颇深的堂伯送我入学，并遇到了揭副校长。揭副校长对我说的第一句话是："文良，你的数学成绩很好，99 分，排在全年级第 2 名。"虽然这只是简单的一句鼓励，但是揭副校长的话令我很振奋。

进入新生宿舍时，当看到门上张贴了我是舍长时，我一下子就怔住了！我能当舍长吗？宿舍 8 位同学，来自四面八方。我不会讲普通话，不懂雷州话、涯话、阳春话和化州话也不行。正当我感到苦恼时，我上床的雷州同学，也就是当时的临时班长，主动关心我，提出要教我普通话。我的心里想：当教师，不学普通话怎么行呢？现在有人免费教我，何乐而不为呢？于是我答应担任舍长，自己也有了信心。

在向临时班长学普通话的过程中，我发现他的普通话带有很浓的雷州口音，于是我们一边学一边笑，笑得很开心。我与全班同学的关系很融洽，全班30人有29人都积极帮助我，只有一个女同学常常幽默地取笑我。其实她是寓教于乐。后来我经常和她交流，学习标准的普通话。

经过两个多月的学习、生活，因为我学习普通话虚心、大胆，对集体比较关心，赢得同学的好评，并被选为班的团支部书记。大三时，由于工作出色，我被推选为系团总支副书记。在做学生工作的同时，我始终没有忘记我的天职——学习。为了学好各科知识，我每天很早起床，在第一节课前用半小时进行晨读或晨练。买早餐前，我会先把书包放在大课室预留座位。我喜欢坐在前面二三排正中靠通道的位置，以便于在听课过程中遇到疑难问题时请教老师。放好书包后，我把饭盘放到饭堂。后来，我直接把饭盘交给饭堂阿姨，让她帮我准备早餐的炒粉。当时的伙食质量不大好，一般的菜很少油，而有油的菜又太贵，我这个农村来的穷孩子吃不起。炒粉的油特别多，吃了不容易饿，这是上好课的前提呀！我为了学习是花了很多心思的。上专业课时我边听课边做课本习题。如果时间不够，就在午睡前或下午完成习题和作业。如果遇到问题，就会主动去图书馆找资料或去助教老师家请教。上公共课时，我注意掌握老师讲课的重点，选要点做好记录。大学期间，我养成了一种良好的学习习惯，从周一至周五的每个下午至晚上，都会根据当天的实际情况，合理安排时间。良好的习惯就是成功的开始。

为了提高自己的交际能力，除了和同学、老师、院系领导打交道外，我还重视与学校的打字员、厨房工、木工师傅等职工交流。我称呼打字员为"老师"。我认为她很能干，默默工作、任劳任怨，不管校办、党办给她多少任务，她都能按时完成。我从她那里学到了对工作负责的态度和对工作饱满的热情，还有处理烦琐问题的方法等。我在担任系团总支副书记那一年，她也帮我很多忙，有很多文件、表格等，她都很乐意帮我处理。我称呼厨房工为"师傅"。我认为他们很勤奋，天没亮就为我们煮好了早餐，我很感谢他们。有一个罗阿姨，常常对我们微笑，对我们这些来自农村的学生特别热情，我很感谢她。有一天，我发现她没来上班，便去看望她。原来是她的小孩发烧了。看到我来问候她，她很高兴。那时，她的三个小孩读小学，我还给她们辅导呢。就这样，我从中学会了笑对生活，艰难、困苦对我而言都不是问题，只要精神饱满、充实，生活就很富足了。这种精神状态，成为我教育路上勇敢攀登、永不停止的不竭动力。

## ◎ 在人生的梦里失眠

光阴荏苒，三年的大学生活一晃而过，我以优秀的成绩分配到岭南师范学院附属中学（原湛江师范学院附属中学）任教，终于如愿以偿成为一名中学数学教师。

可是到了学校，走上讲坛，我却经常受到失眠的困扰。

第一次失眠是到学校报到前的那个晚上。我脑海里一直有一种抑制不住的兴奋，毕竟附中是一个值得向往的学校，是一个能承载我梦想的地方。它不仅有优美的环境，还有深厚的人文底蕴，更有一种自强不息的做事业的精神。

岭南师范学院附属中学是湛江市教育局和岭南师范学院共同管辖的市直完全中学，广东省一级学校。学校创办于1961年，前身是雷州师范第二附属小学（湛江地区政府创办的党政军干部子弟学校），随后经历了半个世纪的风雨历程，根据学校自身的发展需要，几经更名：1968年学校更名为"湛江市第二十二小学"；1975年更名为"雷州师范学校附属小学"；1979年更名为"雷州师范专科学校附属中学"；1992年更名为"湛江师范学院附属中学"；2014年12月更名为"岭南师范学院附属中学"。

"岭南"既是地理名词，也是政治概念，更是文化概念。从地理上说，"岭南"指中国南方五岭（越城岭、都庞岭、萌渚岭、骑田岭、大庾岭）之南的地区，在古代史上包括现在的广东、广西及海南全境，以及湖南及江西等省的部分地区，地域广阔。现在特指广东、广西和海南三省区。如今，"岭南"已成为"大广东"的概念，成为广东的雅称和别名。"岭南"也是一个文化概念。岭南文化，源远流长，在中华大文化之林中独树一帜，是中华文化中最具特色和活力的地域文化之一，具有深厚高远的内涵。岭南人长期以来形成"敢为人先，务实进取，开放包容，敬业奉献"的精神气象，在中国近现代史上开拓创新，建功立业。作为岭南师范学院的附属中学，岭南人"敢为人先，务实进取，开放包容，敬业奉献"的精神成为学校办学的精神文明资源和文化自信的根基。附中将继续依傍岭南师范学院的大学环境、科研资源等优势，为附中的教育教学、教师培养、管理模式创新等工作的持续性发展提供动力，争取让附中的视野更宽，人脉更广，气象更新，走得更远，迎来附中办学的新篇章。

经过半个多世纪的发展，附中现有教学班60个，学生3 460人，教职工289人，在上级部门的大力支持下，附中有配置完善的教学楼、实验楼、学生公寓、图书馆、体育馆、多媒体阶梯室、电脑室、电脑语音室、教师软件制作室、学生专用电子阅览室、功能室和大小运动场等设施，现代化教育教学网络完善，学校教育事业健康有序发展。附中先后获得全国特色教育学校、全国读书育人特色学校、全国中小学生资源与国防教育活动基地、全国中小学心理健康教育优秀成果评选先进学校、广东省一级学校、广东省绿色学校、广东省普通高中教学水平优秀学校、广东省首批书香校园、广东省首批安全文明校园、广东省首批校本培训示范学校、广东省心理健康教育示范学校、广东省群众体育工作先进单位、广东省现代教育技术实验学校、广东省中学毒品预防教育活动示范学校、广东省高等师范院校教育实习基地、广东省中小学教师培训实践基地、湛江市文明单位标兵、湛江市"双优"学校、湛江市义务教育规范化学校、湛江市交通安全文明示范学校等荣誉称号。

迈进21世纪，为了迎接新挑战，附中提出"办名校，创特色"的总目标，制定了"做精、做实、做大、做强"的办学思路，并确立了"三步走"的发展战略：2001—2005年，将学校做精，顺利通过广东省一级学校的复评；2006—2010年，学校在做精、做实的同时做大，通过广东省普通高中教学水平评估；2011—2015年，将学校做强，办出一所湛江乃至粤西富有文化特色的名校。

为了自己的梦想，在岭南师范学院附属中学这块沃土上，我辛勤地耕耘，课上把心思放在观察学生、倾听学生、发现学生并与学生积极互动上，课下把心思放在教材、教参和教案上。我把教育当作是一种情怀，忘我地投入，一路播种希望，一路收获成功。

我选择了教育，就选择了读书；选择了教育，就选择了付出；选择了教育，就选择了创新。30多年的教书生涯，谱写了我这样一位学科名师的成长之路，留下一串串闪光的足迹。

走上校长岗位，面对新的挑战，我又一次经历失眠之苦。一直以来，我在工作上兢兢业业，常常受到领导的好评，在师生中也有相当不错的口碑。但走上校长岗位，强大的工作压力和学校一些烦琐的日常事务，让我有点应接不暇。如何在高速发展的势头上，带领附中人再创新的业绩，是我必须承担的使命。

回顾在校长岗位上的十多年，我从附中这一潜在优势出发，一方面因势利导，坚持"科研兴校"。从"九五"到"十二五"，学校教师承担了15项国家、省级教育科研课题研究，其中11项已顺利结题，有近400篇教育教学论文在市级以上刊物发表或获奖。2011年湛江市首批示范教研组评比中，学校数学、历史、地理、物理、化学、生物和英语共7个教研组被评为"湛江市首批示范教研组"，其数量居全市首位。教研教改成果有效促进了教育教学质量的提高。学校连续22年被评为"湛江市高考先进单位"，近年高考升学率达93%以上，本科率逐年提高，2008年突破60%，2009年、2010年皆为70%，2011年达75%（全市排名第一）；先后有2人荣获省高考单科状元，8人摘取市高考单科状元称号，87人（次）单科成绩进入全市前十名。学生参加数学、英语、物理、化学、生物、艺术、体育等学科竞赛，成绩也名列全市前列。

另一方面，坚持"文化兴校"。最近几年，随着普及高中教育目标的逐步实现，学校的规模发展迅猛，学生人数急增，年轻教师也增多，已经在学校占有半壁江山。学生人数多，生源质量自然下降，竞争力也就下降；年轻教师较多，经验不足，势必影响学校后续发展。要实现学校内涵发展，提高学校核心竞争力，就不能忽视这些问题。所以，从当前学校的实际出发，为了提升办学水平与质量，作为校长，我要解决好两个问题：

一是教师成长问题。教师是学校发展的原动力，是最积极、最具创造力的因素，是学校持续发展的最重要保障。大学是因为有大师才谓之为"大"，名校是因为有名师才有竞争力。我们要想提升学校办学水平和质量，就要为广大教师尤其是年轻教师的成长搭建各种有效的平台，激发广大年轻教师的教学教研工作热情，并为其成长创设积极有效的环境与条件。

二是学生培养和管理的创新问题。创新是时代发展的主题，教育创新是学校发展的不竭动力。教育创新包括教育观念创新，管理制度创新，教育体制创新，教育内容、方法和手段的创新等。学校要实现管理体制的创新，切实提高管理效益，包括对教学、学校和学生的管理。同时，学校要培养学生的创新能力。能力只有在实践中才能得到锻炼和培养，学校要为学生提供创新的舞台、创新的时间和空间。

为了从根本上解决以上两个问题，我带领学校确立了文化立校的思路。

教育和文化是一对孪生兄弟，文化的力量必然带动教育质量的提升。湛江的教育正进入"风急帆满正当时"的新的发展时期，我们扎根传统，构建"至诚至真"文化，以先进文化作为学校教育改革的新的发力点，并实现了高中教育教学新突破。2015年高考总分600分以上达35人，其中，林俊豪同学以685分跃居全市应届第四名，并以综合科291分夺全市单科状元，被清华大学特邀约填报志愿。"创新班"共45人，总分600分以上的约有30人，达重点线的有40人，重点率达90%。5个地区班，各班本科上线率均超过95%，其中3个班本科上线率为100%。可以说，这是附中人践行"共养至诚风尚，普行至真教育"的成果。

文化是一所学校的根，一所学校教育的魂。地区与地区之间、学校与学校之间的竞争，在某种程度上是文化的竞争。没有深厚的文化底蕴，没有先进文化的引领，没有文化创新的持久推动，就会成为竞争的落伍者。扎根传统，打造诚真文化，以先进文化引领教育教学工作，这是一条通过内涵发展提升附中教育核心竞争力、打造教育名校的路线图和快车道，其核心就是构建超越历史、指向未来的文化，也是我们实现"强队伍、精管理、优课堂、兴科研、重人文、创特色、铸品牌"重要的一环。

为了附中的发展，我经常失眠，但我很享受这种为"人生梦"而失眠的感觉。在人生旅途中，我会一直怀着诚真的教育梦想，以求真的态度、真我的工作精神，在课改中带领教育同仁积极探索教育规律，寻找教育真谛。

# 第二篇　每一次"批斗",都是一次成长

"过程很痛苦,看到成果后真的很幸福;痛久了就忘记了,而幸福却一直都在。"这就是我三年思想凝练的最真切的感受。

——作者心语

陶行知说:"校长是一个学校的灵魂。"一位好校长,首先必然是一位有思想的校长。校长的思想,源于教育实践,体现在所在学校的办学理念和学校的持续发展中,体现在对教育目标的坚守和对教育事业的追求上,体现在教育实践过程中,并在教育实践中不断丰富和提升。这几年,我一直参加广东省中小学新一轮百千万名校长的学习与培养活动。在这段日子里,自己最庆幸的是,能在专家指导下,在同伴的帮助下,反思自己的教育追求,凝练教育思想。

项目办的老师说,凝练教育思想是一个化茧成蝶的过程,只有经历一次次的"批斗",才能走向成熟。我很珍惜这次难得的提升机会,借助这一次次的"批斗",积极调整和修正自己的教育理念和目标定位,丰富和完善自己的教育理想和教育追求。

## ◎ 初次凝练:适合教育的提出

2013年暑假,在华南师范大学,我们开始了第一次教育思想凝练。这是对自己30多年教育工作经历的一次深入的反思和总结,我非常珍惜这次机会,非常努力地回顾自己行走在教育梦想路上的点点滴滴,希望能找到自己对教育的最深刻和最准确的理解与定位。

记得有这样一个故事:商店里处理一批鞋子,无论号码大小,都是一个价钱。一位顾客挑来挑去,觉得既然价钱都一样,就挑了一双大号的,觉得

这样合算。结果,鞋子穿在脚上,因为号码大,走起路来非常累,最后不得不将鞋子扔掉。同样,在教育教学中,学校是育人的地方,是培养人的场所。学生的价值主要体现在两个方面:一是成人,即学生有完善的人格,是社会的可用之人,对社会起推动作用;二是成器,即学生有一技之长或多才多艺,是社会的有用之人,在社会中找得到位置,派得上用场,能用自己或大或小的"技艺"推动社会进步。这应是学生"成才"的客观标准,也是衡量学校办学是否成功的客观标准。

因此,首次思想凝练我非常有自信地提出了"适合教育"。以下是我对本次思想凝练的完整阐述。

首先是背景的阐述,我主要从以下三方面进行剖析:

一是基于社会培养多规格人才的需要。社会需要各种类型、多种规格、各个层次、各具特色的人才,社会越进步、越发达,这种需求就越具多样性。知识经济的到来,对教育提出了全新的要求。它要求教育是全面教育,要实现科学教育与人文教育、通识教育与专才教育的统一,实现知识、能力、道德、情感的协调,在注重培养受教育者的创造性的同时,还要培养他们与周围世界的协调能力和合作意识;而且要求教育具有创造性、多样性、开放性和个性化的特征。知识经济要求教育者应把工作重点放在培养学生的创造意识和创造能力上,把重点放在学生的个性发展上,高度重视学生的个性发展和知识能力提高;按照社会发展的需要,注重培养多种层次、多种规格的人才。

教育部原副部长陈小娅指出:"适合的教育才是最好的,普通高中教育应坚持多样化办学、特色化发展,以适应现代化建设对各类人才的需要,适应每个学生成长发展的需要。"[①] 在考察广东基础教育时,陈小娅副部长再次强调,普通高中承担着为学生接受更高层次教育和走向社会奠定基础的双重任务,既要带动基础教育质量的提升,又关系着高等教育发展。普通高中要更加注重提高教育质量和形成办学特色,在内涵发展上下功夫,支持和鼓励学校形成各自的办学特色,给学生更多的选择和个性发展的机会。

"办适合学生发展的教育",其根本追求就是根据每个学生的个性,在促进学生全面发展的基础上,使学生的个性特长得到张扬和提升,培养多样化的、具备特长的合格现代化人才。

---

① 沈祖芸. 普通高中教育应坚持多样化特色化[N]. 中国教育报,2010-02-23(1).

二是基于学校特色教育发展的需要。文化艺术上的任何流派或风格的根本区别，就在于都有自己独到的思想灵魂，学校间的不同特色也是如此。学校特色就是在办学主体的主动追求下，学校工作的某一方面优于其他方面，也特别优于其他学校。作为学校的决策者，一定要站在时代的制高点，着眼于21世纪的教育发展，深入分析学校所处的环境、所拥有的资源，正确评估自身的水平，确定自身的价值取向，从而制定出符合自身实际的具有生命力的发展策略和基本目标，使教育行为完成理性的飞跃，形成正确的办学思想，办出特色鲜明的学校。

作为湛江市二流生源的学校，附中坚持"以人为本，质量至上"，面向全体学生，以素质教育为核心，注重学生素质全面发展的同时，积极探索出一条特色发展之路：从体育特色到体艺特色；从体艺特色到体艺英特色，学校的发展由特色教育向更广的领域延伸。学校近年本科升学率已达78%，高考升学率达100%，均居湛江之首。在素质教育培养方面，取得了优异的成绩：袁野同学参加第3届亚太天文奥林匹克竞赛，荣获银奖，被评为"湛江骄傲十大人物"；创新班学生参加全国DI创新思维大赛，取得"文艺复兴奖"（相当于全国一等奖）等成绩。

"十二五"期间，附中以"湛江市新一轮课堂教学改革"为契机，全面发展、充实特色学校内涵，制定了促进学校可持续发展的规划。"十二五"规划提出圆"特色""品牌"之梦，根本措施就是根据学生的不同个性与特点，通过"创造适合学生发展的教育"，实现"全面施教，广育英才"。

三是基于对教育规律和教育价值的认识。知识经济呼唤素质教育，素质教育是现代社会发展对教育的必然要求。从传统教育转向现代教育，是一项全局性的社会系统工程，涉及教育的外部系统和内部系统。在教育内部，必须开展全方位的整体改革。这些改革无不受到学校办学思想的支配，没有正确的办学思想的指导是根本不可能持续进行的。正确的办学思想是实施素质教育的前提。

"适合学生发展的教育"是基于对高中阶段教育的价值认识，把学生的发展当作根本目的，面向全体学生，实施全面教育，以此提高学生的整体素质，使每个层面的学生都能获得健康和谐的发展，为日后成才奠定基础。教师是社会教育意志的实施者，学生是教师教育效果的体现者。因此，关注学生就是关注我们的教育效果，这是教育的目的。学生发展的不平衡，接受教育能力的不同，使不同学生个体之间有很大的差异。而教育的关键是适合每个学生的个性，促进学生个性特长的和谐发展，培养社会发展需要的人才。

教育要以学生为主体，就是要尊重学生的个体，充分认识到学生是发展的人，是具有独立意义的人，要为学生创造适合的教育。

在教育目标的定位上，我的定位是：以"成人与成器"作为人才培养目标。其核心内容是：学校在落实教育教学的过程中，在传授给学生所需的知识的同时，尊重学生人格，关注学生成长的全过程，创造适合每个学生成长的教育教学环境，培养学生的爱国意识、竞争意识、创新意识、合作能力和生存能力，并重视这些意识和能力的培养工作。尤其是生存能力，包括会做人、会求知、会劳动、会生活、会健体、会选择、会适应等。做出上述目标定位，主要基于以下两点考虑：

一方面，未来社会是一个竞争激烈的社会。如何提高民族素质，培养高素质人才，迎接国际社会经济竞争与新技术革命的挑战，是面向未来的一项重要而紧迫的任务。未来人才必须具备一定的生存能力，才不会被社会所淘汰。

另一方面，基础教育是为国家培养合格人才的奠基工程。接受基础教育的阶段，是人生的奠基阶段，它关系到国家、民族的未来，也关系到学生的今后甚至一生。在基础教育阶段，应根据社会发展和个体的发展需要，开发学生身心潜能，为提高学生各方面素质奠定基础。

"创办适合学生发展的教育"，从培养目标来说，就是要通过"适合学生发展的教育"，促进学生成人、成器，为学生的终身发展奠基，为学生的幸福人生引航。原复旦大学校长杨福家先生指出："大楼是有形资产，大师是人力资源，两者之外，我还要加上文化内涵，即大爱。"他认为，现在的学校教育，不仅要有大楼、大师，更要有大爱。如果说大楼强调的是教育完备的物质资源，大师强调的是善教的教师，那么，大爱强调的就是高雅的校园精神文化的营造。"创办适合学生的教育"，也就是要做到"尊重每个人，发展每个人，成就每个人"，而这一目标的实现同样必须借助于学校教学设施的完善、教师教育教学水平的提升、学校精神文化的营造。学校"十二五"发展规划，围绕精神文化、校园活动、校本课程、课堂教学、社会实践、教学管理、校园建设等方面，多维度营造和创造促进学生素质全面和个性发展的条件。具体做到在教学上关注"对话与交流"、德育上注重"沟通与理解"、管理上追求"效率与和谐"、文化上构建"民主与包容"。

行走在教育的追梦路上，如何将"适合教育"变成现实的教育大厦呢？结合自己多年的教育管理经历，30多年教育反思的感悟，我提出：

第一，完善教育设施，创造有利于学生自主发展的物质条件，力争做到

"设施一流"。学校旧区设施要进一步改造和升级，新校区建设更要充分体现学校现代办学理念。学校设施设备和相关资源的配置，以"经济、实用、安全、高效、方便师生使用，满足教师和学生发展需要"为前提，以"利于课程改革、理生化实验更新、提供培训配置"为出发点，争取达到新校区建成后20年仍不落后的要求。在学校"十二五"规划中，明确以建设现代化"智慧校园"为目标，进一步完善校园网络系统，使校内外教育教学资源有利于学生随时随地获取与使用，有利于师生、家校多方的互动与合作，对促进学生全面自主发展创设便利的条件。

第二，打造精细教学，满足不同层次学生的发展需要。围绕"关注学生差异，为每一个学生创造适合的教育"，我们通过开展课堂教学改革，让"精细化"教学走进课堂，着力提高教学效率与质量。学校实施课堂精细化管理的最重要举措就是制定和完善"两个20分钟的教学操作要求"和"新课程课堂教学评价量化标准"，以引导教师的教学行为。"两个20分钟的教学操作要求"，不能机械地将课堂40分钟分割为教师讲20分钟、学生自学20分钟，而是师生各有约20分钟的教与学的活动过程。教师"善教"的意义在于"以学定教"，有效地指导学生爱学、会学、学好。与此相适应，修订课堂教学评价量化标准，新的课堂教学评价标准从"精细化"的要求出发，根据文科、理科和体艺学科的不同特点，分三大科类进行评价。评价标准既关注学生主体作用的发挥，也关注教师的主导作用，更关注到不同层次学生的学习状态，以有效地指导教师调整和转变教学方式和教学行为。

近年来，随着重点学校的扩招，学校生源参差不齐。原来的分班很难解决大班额下教师不让一个学生掉队的教学问题。为此，学校采取行政分层，依据学生综合素质的差异将高中各年级分为两到三个层次，不同层次的教学采取不同的教学策略，保证让每一个层次的学生都听得懂，每一个层次的学生都有学习成功的体验。由于实行大班额教学，在同一个班级，有的学生"吃不饱"、有的学生"吃不消"，这也是不争的事实。为此，学校在充分调研的基础上，制定了课堂有效教学的操作要求，并指导各学科组根据学科实际，尝试制定各学科的有效教学操作要求，以此指导和保证各层次班级的教学有效性，即用分层教学弥补班级群体差异和用分类辅导弥补个体差异，从而实现新课程倡导的"面向全体学生"。

第三，实施全人教育，促进每一位学生的健康成长。从促进每一位学生发展角度而言，我们积极实施"全人教育"，主要的做法是：用精神鼓舞学生，用文化熏陶学生，用活动激活学生，用课程拓展学生，用环境培育学生。尤其要加强以下两点：一是要加强对物的打造，对每一个物件都赋予生命和教育意义。为了提升校园的文化内涵，附中对整个校园环境要进行精心的布置。在每栋教学楼的楼阶墙壁上，挂有学生的字画作品，每间课室门口装上具有本班特色文化象征的牌子；校园内的每一棵树都挂上爱护花草等标语，并对每种花草的特征和特色进行介绍。学校的每一株花草，每一面墙壁，每一块石头都是无声的教育，都赋予了一定的含义，让每个学生一走进校园，就能感受到一股浓浓的文化气息。在这样积极健康的校园环境中，学生无时无刻不在享受着和谐文化的熏陶。二是要以活动为载体，加强书香校园建设。除了对校园环境进行精心的整体布置外，附中还通过精心策划相关的学习活动，让学校里的读书气氛越来越浓郁。附中每个学期通过有计划地开展先进文化特色班评比活动，带动各班的文化建设。文化建设的内容包括教室环境营造，这是物的文化；还包括班级学生精神面貌的内容，这是属于人的文化。附中还通过长期的特色学科学习活动，营造校园的学习氛围，尤其是充分利用英语这个载体，例如开展"让英语之声响遍校园"的"人人开口说英语活动"，让学生的读书声响遍校园，使学校读书氛围越来越浓。

第四，完善课程体系，让学生的个性在选修课程中得到更充分的发展。新课程实施初期，附中各个学科开辟了很多校本课程，在区、市范围内都有一定的声誉。但近几年来，我们只是在做重复的事情，没有很好地去研究和发展它，甚至在教学中出现了冷落、迷茫等现象，有不少教师甚至提出要取消校本课程的开设。在当今唯中考、高考至上的大环境下，校本课程还要不要开设、该如何开设，成为教师心中的一大困惑。校本课程在学校特色发展中有着重要作用，围绕校本课程在学校特色发展中的作用，我们在大量搜集和钻研名校成功经验的基础上"寻找漏洞"。在回顾校本课程教学实施的过程中，我们发现当初开发这一课程存在几点不足：教学以纯粹兴趣拓展类和活动类课堂为主，比较单调；课程领导力没有到位，没有对课程进行深入的学习，没有更好地去规划和实施，导致它还是停留在原有的基础上，校本课程作用没有最大限度地发挥出来。基于以上诊断，我们坚定一点：校本课程的开设是必要的，也是必需的，关键是如何开设好、开设什么的问题。我们决定在整体设计上做出新的调整，结合目标定位，进行"多元整合"。重新整合后的校本课程分为兴趣特长类、学科备考策略类、学科内容校本化三类。三类中后两类直接与中考、高考有对接关系，能很好地解决备考与校本课程的矛盾，有利于不同程度学生的选择与提升。

有人说，适合的就是最好的。从现代意义的教育而言，人有选择教育的自由，人有追求成功的权利。一个文明进步的社会，是给人以充分的自由去选择教育的社会，一所现代化的学校，应该为每个学生创造适合自己走向成功的条件，为不断增长的教育需求提供更多公平选择的机会。① 我们提出"创办适合学生发展的教育"的办学思想，就是从学生现在的成长和将来的发展角度出发，从可持续发展和终身发展考虑，为他们提供成长的营养，作为适应未来的根基。这是我的第一次思想凝练，精心准备的"法式大餐"，也是我对自己30多年教育实践的总结。我认为，这将会成为引领我未来教育路的一面旗帜。

但是，我的第一次思想"亮相"，就受到几乎是一边倒的"抨击"与"批斗"，大家毫不留情，反映最多的是"适合教育"是一句正确的空话，说它是空话，是因为它没能很好地折射出我作为校长对教育的个性理解与追求。简而言之，做一位校长，尤其是要做一位名校长，就必须有属于自己的思想。

## ◎ 重新凝练："双主体教育"的提出

2014年暑假，在华南师范大学，我们进行了第二次教育思想的凝练。在学校，我是一名校长，更是一名教师。在广东省中小学新一轮百千万名校长培训班学习的日子里，我成为一名学生。但无论哪种角色，不变的是我的心中都怀揣着一个梦想，那就是要做一个有思想的校长。

第一次思想凝练，根据导师和同伴们的意见，我重新对"适合教育"进行了审视，并组织校内骨干教师进行了专题探讨，仔细推敲学校的历史与传统，认真分析学校的现状与未来。在此基础上，我选定"双主体教育"作为自己的教育发展思路。

什么是"双主体教育"？一是教育教学以学生为主体，创造适合学生的教育；二是教育管理以教师为主体，提升教师的专业幸福感。以学生为主体，这是教育的目的；以教师为主体，这是实现教育目的的载体和途径。也就是说，我们不仅要关注学生的持续发展，也要关注教师的专业成长和职业幸福感。下面是我在第二次思想凝练中，围绕"双主体教育"进行的一些探索与思考。

---

① 高桂荣. 创造适合学生发展的教育 [J]. 人民教育，2003（12）：19-21.

## 一、教育管理以教师为主体，提升教师专业幸福感

为什么要提出教育管理以教师为主体和提升他们的幸福感呢？这要我基于对"教育要学生成功就要先让教师成功"的感悟。近年来，不少校长不断倡导"一切为了学生，为了学生的一切"的管理理念，这是学校教育的终极目标，是必须的。但是，我们也要认识到，教育终极目标的实现必须靠教师来完成。学校只有善待我们的教师，我们的学生才会被善待。想要实现学生的成功，首先要让教师成功。从这一点上讲，学校在教育管理上必须以教师为本，即要以教师的发展为本，要使教师体现出主体性的同时能感受到专业幸福感。过分强调"一切为了学生，为了学生的一切"，似乎在师生关系中削弱了教师的作用，忽视了教师发展的需要。在我们学校，我不会提"一切为了学生，为了学生的一切"，因为这不利于教师积极情绪的调动，所以我们的做法是"做幸福的教师，育幸福的学生"。

为了让教师做"幸福的教师"，在管理上，学校确立了以教师为本，提升教师职业幸福感的管理理念。其中，最重要的一个做法是：为教师成长搭建舞台，让教师感受成长的幸福。

首先，学校通过"思想引导"，即学校创造适合教师发展的必要条件，引导教师从内心产生自我发展的内驱力；其次，通过"制度规范"，学校组织全校教师认真学习培训制度、名师示范制度、青年教师培养制度、校本教研制度、校际交流制度、课堂教学大赛制度，点面结合，全面促进教师专业化发展；最后，通过"激励工程"，引导、规范和激励每一位教师，步入专业发展、自主发展、科学发展的轨道。

## 二、教育教学以学生为主体，创造适合学生的教育

教师是社会教育意志的实施者，学生是教师教育效果的体现者。因此，关注学生就是关注我们的教育效果，这是教育的目的。学生发展的不平衡，接受教育能力的不同，使他们有很大的差异。而教育的关键是适合每个学生的个性，促进学生个性特长的和谐发展，培养社会发展需要的人才。教育要以学生为主体，就要尊重学生的个性，充分认识到学生是发展的人，是具有独立意义的人，要为学生创造适合的教育。

学校要"创造适合学生的教育"，也就是要做到"尊重每个人，发展每个人，成就每个人"，所以需要在精神文化、校园活动、校本课程、课堂教学、社会实践等层面，多维度地促进学生素质的全面发展。

另外，从促进每一位学生发展的角度而言，我们注重全人教育，具体做法有以下几方面：

一是用精神鼓舞学生。著名教育心理学专家、北京师范大学博导林崇德教授曾指出："名校不一定要有时间的积累，关键是要有精神。"精神是最富有渗透性的一种教育影响，具有"桃李不言，下自成蹊"的启迪和感化，人无精神不立，校无精神不强。"自强不息，务实创新"的精神鼓舞着一代又一代的附中人去追寻心中的梦想。"自强不息"就是要立足现实，积极进取。《周易·乾象》有云："天行健，君子以自强不息。"其意是天上的日月星辰不分昼夜，永恒运动，所以"天"是"刚健"的，人应效法天，积极进取，永不停息。"务实"就是讲究实际、实事求是，注重现实，崇尚实干精神。王符在《潜夫论·叙录》说过："大人不华，君子务实。"王守仁在《传习录》中则曰："名与实对，务实之心重一分，则务名之心轻一分。""创新"是一个民族进步的灵魂，是一个国家兴旺发达的不竭动力。未来国与国之间的竞争，归根到底是人才的竞争，是创新能力的竞争，所以我们的教育教学要改革创新，培养和提高附中教师和学生的创新能力，这是我们肩负的教育使命。附中在市内拥有的并非一流生源，要培育优秀的接班人，任重而道远。但"自强不息，务实创新"的精神激励着附中人立足现实，勇于探索，大胆创新，同时排斥虚妄，拒绝空想，鄙视华而不实，追求充实而有活力的人生。

二是用文化熏陶学生。文化是一种积淀，是一种传承，更是一种力量，它可以熏陶学生，从而影响和改变学生。文化育人的终极目标是铸就人性，让学生在核心价值观的选择中有所为有所不为，养成知荣知耻的价值取向。为了让学生浸渍在校园文化的熏陶中，我们形成了班级文化、书香文化、宿舍文化、课堂文化等具有附中特色的文化。例如，在班级和宿舍文化的打造上，可谓"百家争鸣，百花齐放"，但都散发着"家"的温馨与舒适。在校园和课堂，我们注重"书香"文化的营造，形成了"三读"听书香、"疯狂"闹书香、"大家"讲书香、"尖子"传书香和"展技"品书香等特色文化活动。在这些活动中，学生既是参与的主力军，又是行为的主体。丰富多彩的校园文化既培养了学生的兴趣和特长，又提高了他们的综合能力，为他们的健康成长和以后走向社会奠定了坚实的基础。2008年，附中被授予首批"广东省书香校园"荣誉称号。

三是用活动激活学生。生命在于运动，学生成长需要活动。为了激活学生的潜能和发挥学生的优势智慧，附中注重开展多样的社团活动和社会实践活动。根据学生的意愿和发展的需求，附中先后指导成立了雨溪文学社、科技爱好者协会、爱心社、广播站、戏剧社、动漫社、书画社、摄影社、绿色环保志愿者协会、演讲社、体育与安全协会、学习与交流协会、心理协会、文工团、音乐社等 10 多个社团。校园有了社团，学生生活就有了丰富的色彩。未来社会是一个人际广泛交往的社会，社会对未来人才社交方面的要求越来越高。而现在的中学生独生子女居多，娇生惯养，在外不会主动、正确地与人交往。教育要"面向现代化，面向世界，面向未来"，学校自然要成为培养学生交际能力的主阵地。而和谐人际关系的形成有利于增强学生交往的信心，各种活动的开展既给学生提供了广泛的交际场所，提高了学生的交际能力。为了提高学生的综合素质和实践能力，学校每学期都组织学生到基地开展学工、学农等实践活动。

四是用课程拓展学生。在探索中我们发现，课程是激发学生发展潜能的基本途径。因此，学校积极推进课程改革，构建开放多元、有益于学生全面发展的课程体系。着眼于实现人的全面发展，学校整合课程资源，鼓励教师在国家课程的基础上对教材进行改编、重组和深度挖掘，开发适应不同年级和不同学生需要的校本课程和选修课。目前学校开设了包括创造发明、科学实践、现代少年、心理健康、外教英语等校本课程，以及社会科学、综合实践活动、体育与艺术等多个领域的 30 多门选修课程，形成了多元开放、课内外有机结合的课程体系。这些课程有机地构筑起激发学生发展潜能的课程图谱：通过德育课程和人生规划体验课程，激发学生动力潜能；通过基础课程的校本化实施，激发学生学习潜能；开发拓展、体验、探究三位一体的社团课程，激发学生志趣潜能；架构创新素养培养课程，激发资优生的优势潜能。个性化课程的开设，打破了过去"千人一面"的人才培养模式，为实现学生的个性化发展提供了保障。

五是用环境培育学生。这里所指的环境主要是指自然环境，学校讲究人与自然和谐发展，早在 2003 年附中就被评为广东省绿色学校。目前，1 至 3 号教学楼走廊都种上了校花——簕杜鹃。簕杜鹃开放的时候千姿百态、花色繁多、姹紫嫣红、争奇斗艳，给人以奔放、热烈的感受，成为附中独特的亮丽风景线。簕杜鹃又名三角梅、叶子花、毛宝巾、九重葛，是紫茉莉科的一种生命力旺盛、繁殖能力强且耐旱粗生的灌木。它的花朵很小，又没有香味，按理说很难吸引蜜蜂或蝴蝶来为它传花授粉，但为了结果传承子嗣，大量繁衍后代，它有自己的"绝招"，即将紧贴花瓣的苞片增大，并"染"上红、黄、白、橙红、红白相间等多种艳丽的色彩，使之拥有酷似美丽的花瓣。这样，蜜蜂或蝴蝶就成了它的座上常客，从而解决了传宗接代的难题。黑格尔说过："要是没有热情，世界上任何伟大事业都不会成功。"而附中的簕杜鹃的象征意义是热情、坚忍不拔、顽强奋进，象征着学校开拓进取的教育事业。

在"双主体教育"中，教师是教育管理的主体，学生是教育教学的主体，校长是学校教育的管家，学校是师生共同成长的家园。"双主体教育"是一种体现"教学相长"的教育，是一种全方位实施素质教育的教育。其优势在于两点：一是通过强调教师在教育工作中的主体地位，更好地调动教师的能动性和创造性，从而更好地为发挥学生的主体作用服务。二是在整个教育教学活动过程中，师生双方都经历各种情感体验，获得共同进步，体现双方的生命价值，使教育教学活动过程真正成为师生双方共同成长的生命过程。

"双主体教育"可以说是完全符合新课程下素质教育发展要求的。对第二次思想凝练的结果，百千万的导师和同伴给予了相当高的评价。但大家认为还可以赋予其更多的文化内容。

真可谓"一语惊醒梦中人"，于是，我开始从文化角度来思索教育思想的内涵。

## ◎ 再度凝练："诚真教育"思想的形成

当今中国教育已从课改向文化立校、文化育人的方向发展，学校之间的竞争不再是纯粹的分数比拼，而逐渐转化为学校文化品牌之间的竞争。在这样的背景下，文化立校已是大势所趋，每一所学校都将面临文化构建的问题。我非常清醒地认识到，文化立校，首先要解决的就是教育思想的科学定位问题。因为教育思想是一个学校办学的思想指导与行动指引，是一个学校核心价值与追求的体现。根据第二次思想凝练后导师与同伴的意见，结合学校周围的文化资源，依循教育规律，尤其是结合学校历史与传统，充分关注附中人的特质，我提出了"至诚至真"的教育思想。这一次思想凝练的最大变化，一是文化内涵立意，二是内容自成体系。以下是我在思想汇报时的发言内容。

## 一、提出"至诚至真"的依据

### (一) 基于教育改革的时代特点

《国家中长期教育改革和发展规划纲要(2010—2020年)》指出,我国目前存在教育观念落后,内容方法陈旧,中小学生课业负担过重,素质教育推进困难;学生适应社会和就业创业能力不强,创新型、实用型、复合型人才紧缺;教育体制机制不完善,学校办学活力不足等问题。纲要提出教育改革要注重人文素养的提升,应在提升综合素质的同时,推动教育多样化发展,以满足不同潜质学生的需要。

面对教育改革的需求,中国教育逐步面向世界,面向现代化,吸取优秀的教育思想。与此同时,过程教育理论认为,教育必须植根于传统,获取源源不断的内在资源的滋养,才能真正做到枝繁叶茂。承接传统是现代教育的一个基本原则。《国家中长期教育改革和发展规划纲要(2010—2020年)》也明确提出教育应该培养高素质的现代公民,并提出要弘扬传统文化。可见,未来中国教育将植根于中华优秀文化传统土壤,吸纳世界文化精华,适应现代化发展需求。

由此可见,以文化立校为大方向的教育改革思潮理所当然应遵循这一原则,即植根于中华优秀传统文化的同时,面向世界,面向现代化,以担当起弘扬传统文化的责任,培养适应社会发展需求的高素质人才。

### (二) 基于学校的文化传统

附中传统中最核心的就是,人与人之间的关系非常简单,真诚相待,和谐融洽,在管理上平等对话、交流。教师群体多会用心于教育,对自己的教育信念有较强烈的追求,教育观念即便不同也不会影响到教育生活。真诚和民主造就了附中团结和融洽的人际关系,也正因为如此,附中才会有高质量的办学。

附中教师对教育的热诚是有目共睹的,湛江流行这么一句话:"一中的学生,附中的教师。"附中优秀的教师群体是现今附中最显性的特色,是学校的亮点。那么,优秀教师能够群体涌现,背后的精神支柱是什么呢?附中教师自觉追求教育之道、教育之法,自觉以教育为己任,有着一颗赤诚之心。孟子说"大人者,不失其赤子之心者也。"这份热诚和良心是优秀教师必须具备的,在附中,这份热诚广泛播扬,形成了良性的竞争机制,造就了共进的风气,故而涌现出众多优秀教师。这种精神传统也是附中最大的优势所在。

### （三）基于学校的外部资源

附中隶属岭南师范学院，从文化资源和教育资源来看，都与岭南师范学院密切相关。作为岭南师范学院的附属中学，附中与岭师的文化现状具有相关性，与岭师的文化脉络具有传承性，与岭师的教育资源具有关联性。

岭南师范学院文化氛围蕴含着"朴"的意味。"朴"有本真、本质之意。岭南师范学院校园环境古朴幽静，学校风气和环境都呈现出"淳朴"之美，所以大家普遍认为岭南师范学院最突出的特点就是"朴"。岭南师范学院校训精神则体现出对德与真的虔诚追求。岭南师范学院传承了书院精神，其校训"崇德、博雅、弘志、信勇"，均体现出对道德与真理的虔诚追求。

岭南师范学院的前身雷阳书院是儒者求道传道之地。雷阳书院学风淳朴，当地名士在雷州传播儒学，成为粤西文化的重要发源地之一，是粤西文化与文明进程的见证。雷阳书院传承了书院的一贯精神，独立精神、自由思想一以贯之。其讲求的知行合一、德业并重、经世致用的理念仍然为今日教育之所求；其讲求的活学互动、读书研究、独思论辩的教育方式仍为今日教育之所需；其讲求的广种博收的博雅教育观仍为今日基础教育之所向。雷阳书院精神对于今天的附中而言，是真教育之典范，是真精神之模范。附中人应该传承这种真精神、真思想，其亦必裨益于附中的发展。

综上所述，岭南师范学院文化资源是可以为我校所用的。以现代的视角来看书院的求道精神，则可以抽象地理解为"求真"；以中学的程度来看岭南师范学院的校风校训，则可以抽象地理解为"朴于心""朴于境""诚于道、志于真"的精神。

另外，学校处在寸金桥畔，这里的寸金桥文化缘起于1893年法国侵华事件。当时，法帝国主义自拟租界，强占广州湾，南柳、海头一带的人民在吴帮泽等人的率领下抱着"寸土当金与伊打，誓与国土共存亡"的信念进行反抗，最终吴帮泽等民族英雄为了保卫祖国而献出了自己的生命。抗法战争反映了湛江人民对家国和乡土的忠诚，故有"寸金浩气"之说。它对当代师生的教育意义体现在其忠诚、正义的精神。

### （四）基于附中发展的新机遇

目前，学校逐渐形成了构建"智慧型校园"的共识，这意味着学校教师群体的观念开始转变，从过去相对行政化的思维转变为文化型思维。附中文化立校的时机到了，这是附中发展的重要机遇。但"智慧型校园"的具体形态尚不清晰，需要有具体的思路，这正是文化立校所要解决的问题。

## 二、"至诚至真"的内涵与内容

### (一)"至诚至真"思想的内涵

#### 1. 价值观意义上的阐释

关于"至诚至真"有两种解释。"至"作"到达"解释时,意为以"诚"与"真"为核心价值,向"诚"与"真"不懈修行。此时,强调教育是一个渐进的过程;"至"作为副词,则为"最""极"之意,意为附中人和附中的教育追求最"诚"最"真"的境界。

"诚"的本义是指真实无妄的本心。《朱熹集注》中这样解释:"诚者,真实无妄之谓。"孔子认为,真实无妄的本心就是天道的本心,它能够成全万事万物。所以《中庸》有言:"唯天下至诚,为能尽其性;能尽其性,则能尽人之性;能尽人之性,则能尽物之性;能尽物之性,则可以赞天地之化育;可以赞天地之化育,则可以与天地参矣。"就是说,真实无妄的本心不仅能成全自我,也能成全他人,成全万物。所以它既是最高的品德,也是最高的智慧。其基本义理是:回归至诚的本心,才能充分发挥自我的本性,才能充分发挥人的本性、发挥物的本性,才能帮助天地培育、创造生命和万物。所以,所有发现、发明和创造都是"诚"的结果,没有"诚"就没有发现、发明和创造,越诚则越有发现、发明和创造。这是"诚"的创造过程。

那么,"诚"又有什么特点呢?就附中的教育需求而言,可从四个方面来分析。其一是自觉坚守善性,《中庸》有言"诚之者,择善而固执之者也",孟子有"道之所存,虽千万人吾往矣"的浩然正气,张载有"为天地立心,为生民立命,为往圣继绝学,为万世开太平"的情怀,而曾子之言"士不可以不弘毅,任重而道远,仁以为己任,不亦重乎"是浩气与情怀之后勇毅的行动。为什么他们会有这样的志向和行动呢?就是因为他们深刻体会到这些善性的价值与他们的生活价值、人生价值深刻关联,所以会有如此自觉的信仰和坚毅的行动,故谓之虔诚;其二是把"诚"看成一面镜子,善恶是非在诚心面前都能完整地呈现其真实面目,也就是说,诚者能够明辨是非善恶,自己该做什么不该做什么、该爱什么不该爱什么……都有自己清晰的判断,此谓之良知;其三是诚心应该表现为一种敏锐的感通能力,能感应外界万事万物,如东林书院的对联所言"风声雨声读书声声声入耳;家事国事天下事事事关心",能如此敏锐而自觉地关心他人、社会乃至世间万物,就是"诚"善于感通的心灵境界;其四则是诚者无欺,内心真诚的人不会恶意欺骗他人，也不会接受别人恶意的欺骗，反之则又能欣然接受。这就是"诚"的四个特点。

"真"是指事物的本来状态和规律，可分成真心、真知、真人三个层面。

所谓真心即真实的内心世界，其与诚心的区别在于"诚"是人的本心，也是道心，也就是说"诚"是修炼的最高境界，与道心是合一的，它处于理想层面、信仰层面，而真心则是指现实的、人间的，除去功利欲望的真实心态和情感，能以真心对人、对事、对物，则能有良好的人际关系，有良好的工作能力，良好的认知能力，你对世界真心，世界就以真心对你，你也将因此感受到生活的愉悦与价值。

所谓真知则是来源于真实或反映真实规律的智慧，是对真理的把握，与假大空的说教，与死知识、死读书相反，它是对人、对事、对物有真正的了解，有了真正的体悟之后，掌握于心，变成实实在在的本领，从而让自身生命趋于完善。

而所谓真人即文明意义上的"全人"，陶行知认为"千教万教教人求真，千学万学学做真人"，"真人"具体来讲有四点：一是要有一个健康的身体，身体好，在物质的环境里站得稳固，正如陶行知所言"要做一个八十岁的青年，可以担负很重要的责任，别做一个十八岁的老翁"；二是要有独立的思想，让自己的精神品格能够站立起来；三是要有仁心，能够感通人心、物心，并自觉关爱他们；四是具备生活能力，能自如而融洽地处人处事。

因诚而显真，执真以修诚。诚是心体，至诚才能贯通至真。《附中经典传习录》中说："至诚则能尽人之性，尽物之性，能无为而成，即是此理。"大儒王阳明说"心外无物"也是此理。但是至诚是一种理想状态，是我们的理想追求，不是我们的现实状态，现实状态中，我们需要不断澄明自己的内心，去除过多的妄想，努力回归到自己的本性中来，从而明确自己的兴趣爱好和特长，找到适合自己的思维方式、行为方式乃至生活方式等，从而坚定地去追求它、达到它，此即谓现实行动中的"诚"。一个诚的人就会表现出真来，就会有一颗真心，就会对真理有所追求，就会拥有真正的智慧，会成为一个有独立思想、富有仁爱之心、懂得生活的真人。反过来，要修得诚心，就要从追求真心、真理、真知做起，去认识人心，从而体悟到诚对认知世界、把握世界、认知生活与人生、把握生活与人生的重要意义，进而对人、对教育之道都产生虔诚的精神信仰。

**2. 教育观意义上的阐释**

至诚至真教育的根本指向是心的教育。现代社会有功利、浮躁一面，在这样的大环境下，教育也难免变得功利与浮躁，而丢失了教育最本质的东西——高贵精神的润化，单纯为了获取知识和技能。然而真教育应该是心的教育，心的力量培养起来了，知识和技能会因师生的自觉追求而不教自来。培养心的力量由"诚"开始，"诚者自成"而终成"真人"。对教育管理者而言，意味着要敞开心胸，爱人爱物，开诚布公，集思广益，以追求教育之道和推行教育之道为己任；对教师而言，意味着要爱生敬业，真诚待人，知己知人，以尽人（学生）之性，并以追求教育之道和践行教育之道为己任；于学生而言，意味着要真诚待人，趋善弃恶，向往真知，发现自我，正视自我，并扬己所长，以尽己之性。如此，管理者可以做回真我，教师可以做回真我，学生可以做回真我，那么所有应做的事情都将成为自觉自发的行为，便能各自成全自己的本性，而达到至诚至真的教育境界。

至诚至真教育是回归人性真我的教育。所谓回归人性真我是指尊重个性生命的教育理念，尊重人的共性与个性，只有回归人性真我，才能够让师生真正达到至诚至真的理想境域。因此，"至真"的教学是培养至诚至真的人的主要路径。其义理包含两个层面：一是真实的人性是怎样的，那就应该依循人性的规律来教育。我们认为人性之真意味着人是鲜活的生命，故教育不能把人当成工具来培养，更不能把人培养成工具；二是真实的我是怎样的，那就应该依循这个事实来教育，我们认为每个人都是有差异的，只有依据自身的特点来实施教育，才能做出实效。故学校应做到：创设通畅的师生自我表达的机制，让其发出自己的声音；创设师生发展和展现真我的平台，让学生在其兴趣爱好的方向上得到充分的发挥；创设合乎学生内在需求的课程体系，让学生能够愉悦地学习成长；拓宽评价机制，将评价机制由依据学生单一的考试分数向依据各类素养拓宽……这是回归人性真我的具体内涵。

### （二）"至诚至真"思想下的办学理念

学校办学理念直接关系到学校的未来走向，直接关系到每个学生的生命成长和幸福人生。

#### 1. 办学理念：共养至诚风尚，普行至真教育

至诚至真的核心理念用在办学中，则应该是"共养至诚风尚，普行至真教育"。所谓"共养至诚风尚"是附中要以文化的视角来看教育，教育不是纯粹的教，亦不是纯粹的学，它应该是通过构建文化场来影响人，即文化育人的理念。文化场看似无形无为，却有强大的感染力、同化力，所有进入或处在这个文化场的人都会受其感染。而附中的文化风尚就是共修"至诚"之心，形成尊道敬人、弘真爱生、崇德亲师的文化风尚，培养"至真"之人，

不断追求和趋近至真教育,是附中办学者最应关切的问题,也是学校办学的终极理想。

2. 治校理念:诚以民主,真以科学

"诚"的价值追求是民主,可以真正落实和自如运作的精神基础。领导愿意把权力下放,愿意把所有的教师、学生当成是学校的主人,愿意把重要的事情交给他们自己来处理和掌握,让师生在学校中产生主人翁的感受和意识。同时,师生把学校当成是自己的家因诚而知公正,自觉创造和维护学校的合理秩序。

"真"的价值追求是学校进行科学管理的精神基础。"真"作"本然"解,"真"的管理思路即遵循人性本然来管理,并认为依循人性本然的管理是科学的管理。同时,依循人性本然的管理理念不是仅凭经验来办事,而是要有基本的原则和制度,即要有适度的标准化,这些标准化的原则应该合情合理,让人心悦诚服。故我们认为真正的科学管理既是依循人性的"真"的管理,也是实事求是的管理。

3. 学校校训:至诚以行远,至真以成人

"至诚以行远,至真以成人"是对原校训"立志、博学、立德、做人"内在精神的抽象继承。原校训的"立志、立德"没有具体的指向,新校训则提出具体的指向,即"立至真至诚之志,立至真至诚之德"。"博学"则抽象地理解为"行远","博学"用得多,它侧重于学问,而"行远"侧重于能力,"行远"更符合现代教育理念;但新校训认为"行远"是有前提的,它需要"至诚"之心,因为至诚方能自觉自发,至诚才有使命感,可让人一直走下去。原校训"做人"一词也没有具体的指向,"至真以成人"则是有具体指向的,即做"至真"的人。所以"至诚以行远,至真以成人"是抽象地继承了原校训的精神,并将原校训合理的内容及其修行途径具体表述出来。

4. 培养目标:培养至诚至真的现代公民

至诚至真的现代公民可以理解为拥有道德意志,具有判断是非善恶的能力,内心坦荡无欺,能够自觉地心系周围与社会乃至自然的人;在平时的表现当中,能够真心待人待物,乐于识取真理真知,整体呈现出丰美健全的人格。

(三)"至诚至真"思想实践体系的建构

我们认为,真正的智慧一定能够促使你建立自己的教育理想并不断自觉自发地去改变现状。附中的发展道路必须以提升教师文化素养、见识见解和执行力为基本出发点，依靠教师这一内部资源开发和构建课程体系、教育管理、评价体系等，让教师彰显本我的教学风格，让学生彰显本我的思想和个性，全方位地改变整个学校的教育生态。基于这样的思考，我们创设了六大体系。

1. 学术论道体系

为了促成教师专业化发展，让学校真正具备"智慧"的品质，附中提出了针对教师成长的学术论道体系。该体系以学校课程改革、课堂改革、德育活动提升等整个课程体系的构建为出发点和中心点，依据至诚至真的核心价值，围绕着课程体系展开教育改革的研究工作，确保学校至诚至真价值落实到学校文化生活中。该体系主要包含两个方面的内容。

（1）在完善《附中文化宪章·至真篇》的过程中提升教师素养和教学水平。通过4个方面的工作达成这一目标。

一是通过收集关于"真"的经典研究论文与随笔集，以引导师生对"至真"内涵的广泛思考和认同，促进理解和践行，并将具有代表性的、见解深刻的、在学校里称得上经典的作品，收录进《附中文化宪章》里。

二是收集附中"至真"经典语录。从经典论文和随笔或者其他渠道搜集被附中师生广泛认同或奉为经典的语句，整理成经典语录，促进学校师生人文素养的提升。

三是构建附中课程理念及经典课程（案例）创意汇集。附中鼓励教师做深入的课程研究和新课程开发，致力于国家课程校本化，搭建国家课程延伸体系，让附中的课程合乎附中人的教育思想和教育理想。

四是附中经典课堂的汇集与品评。附中鼓励教师充分发挥自己的个性，形成自己的授课风格，主张教师教学"回归真我""树立自我"。基于这样的考虑，附中搭建了经典课堂展示平台，在《附中文化宪章·至真篇》中收录、展示和品评经典课堂案例，以促进教师自我成长。

在逐步完善《附中文化宪章·至真篇》的过程中，学校教师对教育的理解逐步加深，教学方式和个人授课风格都得到很大的提升，并深刻地影响到学生的学习和生活。

（2）在课题研发中促进教师专业化成长。

附中教师有做课题研发的传统。到目前为止，学校承担国家级重点研究课题（含子课题）3项、省级课题37项（含重点课题3项）、市级课题8项（含重点课题2项）。教师出版专著10部，论文集13部。拥有广东省首批"名教师工作室"和"名班主任工作室"各一个。附中教师发扬这一传统，在对"至诚至真"理念充分理解的基础上，通过课题研发来阐发自己的教育观和方法论。

2. 校本课程体系

（1）国家课程校本化。附中注重校本课程体系的构建，根据高中生要面临高考这一事实，分析得出当前高考试题越来越注重能力和素养的考查，而基本功或者说博雅的素养正好适应了这一趋势，这也恰恰符合附中"至诚至真"的教育观。教师在这样的观念引导下可以给自己践行教育理想以更大的空间。于是，附中根据自身特点和教育观念对国家课程做了校本化的处理。

①以学科为本位整合课程，通过学科内整合与学科间整合，打破课文之间、学科之间的界限，让知识关联起来，同时实现学科教学和专题教学的目标。

②以学生为本位整合国家课程，尊重学生，依据学生的直接经验、需要、兴趣以及心理特征来整合课程，让国家课程更富有生趣和活力，促进学生经验的积累和人格的发展。

③以社会为本位整合国家课程，以社会生活经验为中心，通过主题形式统整课程内容，通过师生、学生之间的合作来共同完成学习任务，体现了学习小组和班集体的力量。通过研究性的学习，让学生经历发现问题、解决问题的过程，学会合作、交往，实现学生主体性、创造力的全面发展。

（2）国家课程延伸体系，根据国家课程的特点，结合高考的实际，附中注重开发国家课程延伸体系，补充国家课程分科所带来的知识孤立的缺陷。国家课程延伸体系通过普修课程、选修课程来开展，部分课程实现走班教学。国家课程延伸体系构成了相互联系的课程有机体，并使国家课程进一步一体化。在这样的课程体系下，师生教学充满了创意和趣味，学生的整体素养和学习成绩均得到了很大的提高。

3. 师生社团体系

社团是附中的重要特色。依据"至诚至真"的核心理念，附中德育工作主张"德以至诚为先，人以至真为上"，落实到具体的德育工作，则强调尊重个性，鼓励有相同兴趣爱好的师生聚集到一起学习，组建师生社团体系，以切合"回归本我"的教育理念。现在附中共有8个社团。

（1）时事社区。学生在这里讨论时事，自觉关注社会民生，做一名有担当的现代公民。

（2）天文研究会。天文研究会聚集爱好天文的学生，他们在这里共同观测天象、研究天文知识。

（3）少年哲学社。少年哲学社聚集了众多哲学爱好者，他们通过读书会、辩论会和"少年哲学录"等方式来开展活动和展示自己。

（4）音乐社。音乐社聚集了音乐爱好者，他们通过创作和演唱来学习，通过日常展演来表现自我，为学校营造了浓郁的艺术氛围。

（5）至诚慈善协会。富有爱心的学生们自觉组织起来成立至诚慈善协会，他们深入社区探望和帮助需要帮助的人。

（6）至真科技协会。至真科技协会把爱好科技的人都聚集了起来，他们自主自发地研究自己喜欢的科学问题和进行发明创造。

（7）书画社。书画社把书画特长生和爱好者吸引了进来，形成了一个相互促进的小生态圈。

（8）地理社。地理社聚集了地理爱好者，他们研究地理，关注世界地理、中国地理，实地考察湛江地理，绘制湛江人文地理、绘制附中地图等。

与此同时，附中鼓励师生发起和组建社团，在社团管理上采取学长管理制，让学生自己经营社团，指导教师负责监督、辅导。在宽松的环境下，各社团聚集了有不同兴趣和特长的学生，十分活跃，学生在社团中实现自我学习和快乐成长，其文化基本功以及实践能力得到明显提升。

4. 学校风俗体系

附中将学校文化融入本土文化，形成了具有本土文化特征的学校风俗体系。目前，学校形成了不少特色节日。

（1）寸金精神纪念日。寸金精神纪念日设定在每年3月份，在寸金公园举行，由师生共同参谋组织，策划活动内容与形式。这么做，一方面锻炼了师生的活动策划和设计能力，另一方面在活动过程也学习了寸金精神。在纪念日讲述寸金桥的历史故事、感人事迹，进行主题演讲和辩论等，在德育和智育上对大家都有很大的促进作用。

（2）书院文化周。附中与岭南师范学院的前身雷阳书院有较深的渊源关系，传承书院文化也成为附中文化建设的重要内容。基于此，附中设立了书院文化周，让师生共同研究书院文化，展示书院文化，并调动附中多名教师模仿书院的教学方式，在书院文化周开设附中文化讲坛，面向广大教师和学生开讲，主题由讲演者自拟，充分展示了教师的文化水平和教学水平，师生积极听课、提问和辩论，形成了教、问、辩的互动氛围。

（3）附中文化大观日。附中师生每年用3天的时间展示自己一年以来的学习成果，其中包含个人作品展、社团作品展、辩论赛、书画现场展示、师生"想讲就讲"讲坛、附中文艺晚会等节目，让师生尽情展示自己的风采，并将这些活动作为评判学生成绩的重要标准之一。

5. 外在环境体系

附中面积较狭窄，为了让学校在狭小的空间内形成怡人的环境，发挥文化育人的功能，学校积极打造整洁、文雅的人文环境，在校门附近树立了校训石，为学校增添人文气息；同时，充分利用学校的墙面发挥宣讲的功能。在校园环境建设中，师生是最重要的参与者。他们或设计，或涂鸦，或展示他们的作品、展示他们的教育生活。学校的外在环境体系建设因为师生的参与不再仅仅是校园景观，更增添了人文色彩和发挥了教育功能。

6. 管理制度体系

为了保障学校教育沿着"至诚至真"的价值导向发展，附中提出"诚以民主，真以科学"的治校理念，创建了"校政参议院"，聚集了学校领导、教师代表、学生代表三个群体，共同参与学校的管理，以达成民主决议、科学决策的目的。校政参议院的确立让学校的管理体制变得通畅民主、科学有效，同时也让教师和学生的积极性得到了充分的发挥，形成了"我是附中人"的主人翁意识，并在参议的过程中得到了充分的锻炼，成为教育生活的一部分。

总而言之，六大体系的建立，基本上构建了一个以"至诚至真"为核心价值的较为完善的学校文化体系，落实了"至诚至真"的教育思想，同时也把附中人发挥智慧的平台搭建了起来。

（四）"至诚至真"思想下的学校文化图景

"至诚至真"作为学校新的教育思想，我们将在这一科学思想的指引下，通过发挥各大实践体系的积极作用，构筑起附中人全新的精神文化面貌。所呈现出来的文化图景有如下表现：

一是以"至诚至真"为核心价值观，全体师生高度认同并积极追求、信守，并以虔诚的态度追求教育之道。

二是师生都彰显真我，坦诚相对，各扬其善，各彰其美，各适其位，有情有信，和谐融洽。

三是学校的评价体系以"诚"与"真"为价值导向和评价标准，管理体制体现"诚"与"真"的核心精神。

附中每一个人的"诚"与"真"，都凝固着管理体制和评价体制的"诚"与"真"，聚合成附中的"诚"与"真"。"诚"与"真"在学校的全面确立就是学校文化的形成，学校由此而具有自为自在的润化功能，每一个新人都会被学校文化所感染、所同化，实现无为而自化。这本身也是"诚

"赞天地之化育"的境界。

在以文化立校、以文化育人的思潮下,学校之间的竞争就是学校文化之间的竞争。在这样的背景下,附中领导层意识到学校自身问题需要通过文化立校来解决,并得到了当地教育部门以及学校多数教师的支持,具备天时、地利、人和,这说明附中文化立校的时机已经到了。

回顾学校的整个发展过程,支撑学校发展最为重要的传统是优秀教师的求道精神,是科研的求真精神,是对教育的赤诚态度;审视附中内部环境资源与学校外部文化资源,无不呈现求道求真、忠诚与正义的精神。这种精神属于过去,更属于未来。

这次思想凝练,由于角度恰切,内涵深刻,体系完备,得到导师与同伴的一致认可,这也自然而然地成为我和全体附中人共同的教育追求。

## ◎ 新常态下对教育的新思考

当今,新常态已成为"习式热词"之一。什么是新常态?概括字面意思,"新"就是"有异于旧质","常态"就是固有的状态。"新常态"就是不同以往的、相对稳定的状态。这是一种趋势性、不可逆的发展状态,意味着中国经济已进入一个与过去 30 多年高速增长期不同的新阶段。习近平总书记第一次提及"新常态"是在 2014 年 5 月考察河南的行程中。当时,他说:"中国发展仍处于重要战略机遇期,我们要增强信心,从当前中国经济发展的阶段性特征出发,适应新常态,保持战略上的平常心态。"[①]

面对经济发展的新常态,教育如何体现教育的新常态呢?要适应教育的新常态,就必须抓好学校内涵发展。

什么是学校的内涵发展?在广东省中小学新一轮百千万名校长培训班的学习过程中,我进一步加深了对学校的内涵发展的认识。

首先,内涵发展是一种相对于粗放发展的精细发展,是一种相对于传统模式发展的新常态发展,是一种相对于只顾眼前发展的可持续长足发展。其次,内涵发展是一种相对于同质发展的特色化发展,是一种相对于仅追求片面质量发展的全面质量发展,还是一种相对于忽视人的发展而立足于人的

---

① 张铎,鞠鹏. 习近平在河南考察时强调:深化改革发挥优势创新思路统筹兼顾 确保经济持续健康发展社会和谐稳定[N]. 人民日报,2014-05-11(1).

发展。

2014年12月，教育部同时下发了《关于加强和改进普通高中学生综合素质评价的意见》和《关于普通高中学业水平考试的实施意见》两个重要文件。这两个文件对当前我国的基础教育提出了新的要求，将引领我国基础教育人才培养模式的变革和转型。只有通过学校的内涵发展，给予学生充分的选择权，鼓励学生在选择中学会选择，在选择中发现个人的特长与潜能，在选择中培养创新精神和能力，在选择中学会规划未来的人生，才能更好地应对新的变革，才能从目前的过度关注"分"走向充分关注"人"，也才能真正解决和突破当下基础教育发展的难题和瓶颈。

开弓没有回头箭，变革关头勇者胜。我们要树立学校内涵发展意识，探求路径，寻找载体，多管齐下，整体推进，全力抓好学校内涵发展。结合诚真教育思想的内涵与内容体系，学校要实现内涵发展，必须充分关注和强调以下几方面。

教育质量是学校内涵发展的永恒主题。质量是教育的生命线，是教育的核心竞争力。没有质量的教育不是真正的教育，更是没有内涵的教育。我们绝不能让质量被窄化成为分数，让分数成了唯一。如果仅以"分数"论成败，学生甚至教师都成了分数的"奴隶"，这样的质量和教育都是有问题的。2014年3月27日，国家主席习近平在联合国教科文组织总部演讲中指出："我们要积极发展教育事业，通过普及教育，启迪心智，传承知识，陶冶情操，使人们在持续的格物致知中更好认识各种文明的价值，让教育为文明传承和创造服务。"[1] 2014年6月23—24日，习近平总书记在全国职业教育工作会议上又提出："努力让每个人都有人生出彩的机会。"[2] 这就明确指出了我们的教育怎样培养人，以及需要一个什么样的教育质量的问题。

校园文化是学校内涵发展的灵魂所在。文化的魅力在于其独特的引领力、感召力和影响力。校园是传播文化的地方，是孕育文化的土壤，校园不可没有文化。校园文化内化于心，外化于行，浸润着学校的每一物件，诉说着学校的每一件事，改变着学校的每一个人。学校的品位因文化的积淀而个性鲜明、与众不同，校园因文化的点缀而活力十足、蓬勃盎然，教育的生态因文化的润泽而良性互动、绿色健康。国学大师钱穆说过："一切问题因文

---

[1] 习近平. 在联合国教科文组织总部的演讲[N]. 人民日报，2014-03-28（3）.

[2] 倪光辉. 习近平就加快发展职业教育作出重要指示 更好支持和帮助职业教育发展为实现"两个一百年"奋斗目标提供人才保障[N]. 人民日报，2014-06-24（1）.

化问题而产生，一切问题又由文化问题来解决。"① 对于学校而言，不解决好学校文化这个核心问题，学校的内涵发展就无从谈起。因此，我们必须要有强烈的文化育人意识，必须在校园文化建设上用心、用情、用智，必须培育出符合学校地域风貌和历史沿革、体现学校办学思路和理念、彰显学校愿景和精神的校园文化。

书香校园是学校内涵发展的重要基础。面对当下教育的喧嚣与浮躁、短视与功利，还有浅薄与虚妄，更多的人期盼着教育的改变。怎样才能改变呢？有一条捷径是让我们的校园都成为书香校园。我们要坚信，一个有内涵的校园，一定是一个弥漫书香的校园。一个弥漫书香的校园，一定是一个能够让师生过上幸福教育生活的校园。

有效课堂是学校内涵发展的关键要素。课堂是撬动教育内涵发展的支点，学生课外的问题，几乎出自课堂，教育的一切问题都可以通过课堂来解决。学校内涵发展，必须借助课堂教学改革和有效课堂这个关键要素来推进。一所学校如果没有生动、活泼而有效的课堂，就没有真正意义上的质量可言，那学校的内涵发展也就是一句空话。真正的有效课堂是让学生成为学习的主人，所有学生都会学、所有学生都学会的课堂；是课前有期待、课中有创造、课后有回味、师生有成长的课堂；是教师能动、学生主动、师生互动、课堂生动的课堂；是学讲结合、关系和谐、气氛融洽、质量不错、负担不重的课堂；是教师变地位、教育变简单、课堂变有效、学习变轻松的课堂。

课程建设是影响学校内涵发展的重要因素。课程是学校教育的灵魂，是学校教育特色的标志。一所学校如果没有自己的课程资源，仅仅使用国家的统一课程，而且教学方法刻板划一，培养的学生只有共性而没有个性，学校也就很难有内涵可言。

社团活动是学校内涵发展的强大支撑。教育就是围绕全体学生和学生的全面发展所进行的各项活动的总和。可以说，没有活动，就没有教育。没有具体的学生社团活动，就没有有内涵的学校，也就没有幸福的教育，更没有学生的幸福成长。鼓励和支持学生参与各种社团活动，让有相同爱好、相同兴趣的人有机会在一起发展自己的特长，既为学生实现个性化发展提供了机会，也为帮助学生寻找同伴提供平台，有利于学生交际能力的锻炼。

学生成长是学校内涵发展的最终归宿。教育是人学，是人的教育，教育

---

① 钱穆. 文化学大义［M］. 北京：九州出版社，2011.

最终将指向人，也就是学生。学生的成长，既是一切教育行为的落脚点和着力点，也是学校内涵发展一切路径的最终取向。当然，学生的成长不仅仅是知识的成长，而且是作为一个"人"完整意义上的成长，教一个大写的"人"，育一个完整的"人"，比获得一个高分重要。学生健全的人格、善良的品性、健康的身体、阳光的心态、坚强的意志比拥有纯粹的知识更重要。为此，学校教育要敢于抛弃浮躁的、功利性的外在"标签"，回归人性的要求，回归学生快乐幸福成长的本源。

教师发展是学校内涵发展的有力保障。发展教育，必先发展教师。从某种意义上说，教育的所有问题都与教师有关，都与教师的素质有关，都与教师的工作状态有关，所以提高教师的素质既是从根本上解决教育所有问题的有效之策，又是学校内涵发展的决定因素。如果没有一支高素质的教师队伍作保障，任何教育改革都可能流于形式，学校的内涵发展更不可能实现。因此，学校内涵发展要紧紧扣住教师发展这个主题，一方面要重视教师的专业发展，另一方面要充分调动教师的积极性，使教师产生对教育、对学校、对学生的眷恋、牵挂，从而让教师真正地提升自己，潜心育人，这样学校的内涵才能够发展起来。

这些年，我们一直致力于学校的内涵发展，但是我们的学校还没有真正达到内涵发展的目标，离内涵发展要求还相差甚远。

比如，校园文化建设作为学校内涵发展的突破口，通过不懈努力，各学校都有了适合自己的地域特色和历史沿革的校园文化，但所生成和积淀的文化，是不是真正做到了以文育人、以文化人？是不是真正体现了师生生活、生命和生存的需要？我认为，更多的校园文化还仅仅停留于形式文化、领导文化、摆设文化、匠人文化和参观文化。

再比如，为构建书香校园，一些学校通过建书架、书壁、书橱、书角、书吧、书屋，还有开展丰富多彩的读书活动，让师生读书有了条件，有了氛围，然而我们是不是真正地在让孩子读书？是不是真正地在引导孩子读书？是不是真正地在努力培养和激发孩子们的读书兴趣？是不是真正地在帮助孩子们养成良好的读书习惯呢？

还有，我们构建有效课堂，生成理想课堂，但时至今日，是不是真正把课堂还给了学生？是不是让学生成了课堂的主人？是不是使学生真正地进入了主动、能动、生动，还有探究、合作、愉快的学习状态？我发现，一些学校的课堂要么在浅尝辄止后便盲目概括这样或那样的模式，要么仅仅是孩子空间座位发生了变化。

对于课程研发，也还属于低层次。一些学校仅停留于活动课程的开发，还没有立足于学科教学开发校本课程，也没有立足地域实际研发地方课程、特色课程。

就拿一些学校开展的社团活动来说，是不是每所学校都围绕学生的幸福成长和快乐学习而组织活动？是不是每个学生都依据自己的兴趣爱好和某项特长参与到了活动中？是不是每个学生的个性都在活动中得到了挖掘和张扬？是不是每个学生在活动中都找到了自己的价值和自信？我以为，一些学校的活动还仅停留于打打闹闹、唱唱跳跳的层面。

内涵发展，永无止境，永远在路上。我们要本着一种特殊的教育情怀，通过对学校内涵发展锲而不舍的追求，努力追寻一种有内涵的美好教育，让师生在有内涵的美好教育中接受最好的自我教育，通过美好的教育和最好的自我教育，改变自己，改变教育。

## ◎ 以先进文化引领教学管理工作的思考

当前，中国教育已进入"风急帆满正当时"的新的发展时期。对于附中如何寻找新的发力点，为实现"湛江教育的重振雄风"做出更大贡献，我认为按现在常规的做法肯定是不可能实现的！我认为，"讲规则、重落实（执行文化），精管理、优课堂（管理文化），兴科研、求实效（研修文化），重人文、创特色（目标文化）"是附中目前必须强力推进的四大方略，也是一个通过内涵发展提升附中教育核心竞争力、打造教育名校的四维发展导图，其核心就是构建扎根传统、超越历史、指向未来的先进文化。

### 一、明确先进文化引领的具体含义——解决好"用什么引领"的问题

回顾附中的发展历程，支撑学校发展最为重要的精神传统是附中人对教育的赤诚态度，是教师对教育的求道精神和对科研的求真精神。对学校来说，这种精神不仅属于过去，更属于未来。为了进一步弘扬与发展这种精神，我们提出"至诚至真"这一核心理念。

诚真教育的提出，目标明确，就是要打造具有附中特色的诚真校园，构建诚真课堂，培养诚真人才。准确地说，诚真教育既是理念，更是我们共同

奋斗的愿景。愿景是对未来的愿望，是对发展前景的美好描述，体现的是希望。一个没有期望、没有愿景的学校，教师之间也不会形成一种凝聚力。

具体到教学管理工作上，用诚真文化来引领学校的教学管理工作，就是实现两个目标：一是以"诚""真"的价值来指引教师的团结聚心，使之继续保持对诚真教育的热诚；二是以"诚""真"的价值来点燃学生求学的激情和乐趣，以"真"教育来促进学生人格的合理发展。

因此，我们要把诚真教育作为学校在新一轮课堂教学改革大潮中"迎接挑战，促进教与学相长"的共同愿景，用诚真文化引领我们的教学管理工作，使我们在一种和谐、奋进的氛围中圆我们的教育理想梦。

## 二、明确诚真文化引领的核心指向——解决好"怎样引领"的问题

"学校管理主要是对人的管理和服务"，以诚真文化为引领的出发点和落脚点，就是把全体教师的精神和力量引导、凝聚到促学校教学质量提升和师生生命质量发展这一总目标上来。如何张扬诚真文化，以激发教师工作热情，唤醒教师的成长意识，引领教师更新教学理念，积极实践课堂教学改革，提高课堂教学效率，所有这些就应该成为我们文化引领内容的核心指向。对此，有几点非常重要。

首先，需要强化细节管理，在细节之中孕育学校精神。

"海不择细流，故能成其大；山不拒细壤，方能就其高。""细节决定成败"是管理学界的一句经典名言，也已成为管理工作者的共识。由于学校工作具有"滚动发展——周期性强，人为因素多——弹性强，平凡琐碎——细节性强"等特点，所以，学校工作抓住管理中的细节尤为重要。越来越多的实践表明，学校细节管理已经成为提高教育教学质量、提升学校整体办学水平的重要形式。

细节，就是细微之处，它渗透于学校管理的方方面面，体现在日常工作的每一个环节。附中的精细管理，就是要在此前实施学校目标管理、制度管理的基础上，更进一步关注管理细节，做实课堂细节，使学校日常管理的基础性工作更扎实，使管理更人文化、智慧化、特色化，让校园不仅成为环境优美的"自然乐园"，而且成为师生关系和谐融洽，人人崇尚"诚真"的"人文乐园"和"精神家园"。如能达成，这种"以校为家""校兴我荣"的精神就会扎根于附中人的心灵之中，也将会产生一种强大的内驱力，使教师

满怀激情投入到工作中去。在这样的氛围中，何愁学校不能发展呢？

其次，需要完善教学管理，赋予规章制度精神内涵。

学校的制度文化是学校文化的重要组成部分，是精神文化的产物。一所学校，需要有一定的规章制度来引导各项工作步入正轨，在制定这些刚性的条文时，要从培育学校精神的需要出发，赋予制度条文精神内涵，体现学校的办学理念、办学宗旨。

此前，附中教学管理存在诸多问题，如人本管理思想缺乏，在管理方式上基本还是"人治人"式管理，管理上靠经验、凭惯性，内部潜力挖掘不够；现行的年级组与教研组并列，教师以年级组办公为主，学科内的教师交流不多，教学信息不畅；学校的教学管理工作经常有推诿扯皮的现象，不能处理好各种教育教学关系。

以诚真文化引领我们的教学工作，就需要我们革旧图新，在教学管理问题上坚持"规范即质量，过程即成绩"的原则，既注重发挥制度的规范和约束作用，又注重制度管理和教师情感内化的有机结合，充分调动教师的积极性和主动性，使教师形成自主发展、自我约束的运行机制。我们制订新的考核方案和教学监管方案（包括"学科教学质量目标评价实施方案""教师素质提升工程实施方案"等），就是希望通过实施过程性评价与结果性评价相结合的评价机制，有效加强对教学过程与质量的监控。

评价是机制，是标准，更是导向。评价是一把双刃剑，恰当的评价能激励教师积极主动地参与活动，不合理的评价则会打消教师主动参与活动的热情。以师生共同发展为价值取向的评价机制，突出强调"诚真"理念。一是要求诚心扎实地进行教学工作；二是质量评价要真实。我们希望"诚心搞教学，真实抓质量"能成为附中教师教学工作共同的信条。

从本质上看，教育追求也就是文化追求。追求什么样的教育理想，就会形成什么样的教育价值观，而选择什么样的教育行为方式，无不打上文化的烙印，或者说无不在文化基因的控制之下。所以，以诚真文化引领教师成长，我们还需要通过各种有效的学习形式和渠道，有效地对教师进行正确的专业价值观引领，让教师认识到，教师的幸福不仅包括家庭幸福、生活幸福，还包括专业幸福，从而提升教师的精神境界，激活教师自我发展的意识和原动力，使教师产生自我发展的需要，促使其重视从"旧我"向"新我"的演变。

现在，附中开展的"校本研修引领教师专业发展的实践研究"被广东省教育厅立项为重点研究项目，并获得3万元的研究经费支持。同时，我们还想通过省市"名师工作室""名班主任工作室""课程研发工作室"和"高考备考中心组"等活动平台,开挖各个学科的发展渠道,以校本研修为载体,通过对教师成长方式与路径的实践与探索,为广大教师的幸福成长与学校教育质量的提升寻找成功的基点。

### 三、明确诚真文化引领的责任主体——解决好"谁来引领"的问题

以诚真文化为引领,促进学校教育教学质量的提升,还要充分发挥多元化主体的作用,着力解决好"谁来引领"的问题。

一要充分发挥党员干部的榜样示范作用。

附中教师身上大都呈现出讲奉献、会合作、不断进取的精神,这正是学校倡导的学校精神,有这种团队,学校又怎会不发展呢?所以,我们要积极创造条件,弘扬这种精神。过去,附中开展党员示范岗活动,取得了很好的效果,受到上级党组织的表彰与推广。我们应该在此基础上,进一步丰富党员示范岗的内容,突出党员干部甘于奉献、甘当人梯的精神,为教师提供可学习的平台;发挥典型的表率作用,激励教师勇于挑战,敢于超越。接下来的工作,学校党委会要加大力度,更加显著地发挥党员的榜样示范作用。

二要发挥骨干教师的专业引领作用。

骨干教师是一面"放大镜",作用发挥得好,就能从正面引导师生,起到示范引领作用。作用发挥得不好,甚至会起反作用,造成负面影响,进而增加整个学校的离心力。

我们制订新的强师项目方案,就是在激活教师的教研原动力上下功夫,其中主要突出两点:一是通过开拓各种学习与提升平台,促进名优骨干教师的成长;二是通过各种方式,充分发挥名优教师的作用,让他们成为校园专家,为年轻教师的成长提供示范与引领。

解决好"由谁引领"的问题,总的来说,我们要用一种开放而人性化的管理来促进教师的成长,为教师提供相互引导的机会,让不熟悉的(名师工作室校外学员)、水平不等的教师互相学习,互相感染,共同克服困难,发展自我。我认为,好的引领能推动教师个体的发展,促成教师间彼此接纳、齐心协力、共同发展,从而实现教师和学校共赢。为此,我想把学校教研中心进一步扩大为"教师专业发展中心",更有效地管理组织好"强师项目"的落实。

文化是一所学校的根,一所学校教育的魂。地区与地区之间、学校与学校之间的竞争,在某种程度上是文化的竞争。没有深厚的文化底蕴,没有先

进文化的引领,没有文化创新的持久推动,就会成为竞争的落伍者。教育和文化是一对孪生兄弟。在漫长的历史长河中,二者彼此砥砺,共同促进,互为前提和观照。一所学校教育的改革和发展离不开文化的引领,从一定程度上说,教育景观也就是文化的现实投影。

诚真文化对附中人的意义,不仅在于它提供给我们一种无以替代的归属感及精神纽带,而且从深层次塑造了现代附中人的群体性格,即坚守"彰显真我,坦诚相对,各扬其善,各彰其美,各适其位,有情有信,和谐融洽"。这样的文化性质反映到教育教学中来,就形成了附中人的三大核心价值追求:敢为人先的创新精神;理性务实的求是品格;包容和谐的博爱胸怀。今天,"胸怀教育理想,脚踏实地前行"的附中人,在新的挑战面前,理应进一步弘扬这种真我精神,并让它成为推动学校教育教学改革和发展的不竭动力!

# 第三篇　在教师心灵的麦田里播种

老师是人，是有情感的人，是有个性的人，是独一无二的人。他们需要呵护，他们的成长，他们的生活需要滋养、激励。他们有时并不需要多大的奖赏，只要三个字就够了："辛苦了！"这三个字就足以让我们的老师孜孜以求，奋力向前。

——作者心语

《青年博览》杂志上刊登了这样一个故事：有一年，美国一个园林公司重金悬赏纯白的金盏花，能培植纯白的金盏花不是件容易的事情，因为在自然界中，金盏花只有金色和棕色的。许多人在热血沸腾后，就把这个事情逐渐淡忘了。20年后，有一天园林公司突然收到了一位老人寄来的100粒纯白金盏花的种子和一封信。原来20年前，她不顾儿女的反对，撒下一些最普通的花种，一年之后，花开了，她从花中挑选了一朵颜色最淡的，从中取得最好的种子；第二年又从其所开的花中挑选更淡的花种栽培。终于在20年后，一朵雪白的金盏花问世了。这个故事让我非常感叹：一粒普通的种子，是因为园丁坚守着它，十年如一日地对它进行培植和浇灌，希望的花朵就能灿烂开放。教育者在自己的教育寻梦之旅中，面对一路的风景与泥泞，最需要也最难得的就是坚守。

## ◎ 为教师专业成长把脉

对教师而言，无论是新的教育理念还是师德修养，无论是专业知识还是专业能力，都是一门永远学不完的学问。教师的专业成长过程就是自身素质的提高过程，是不断接受新知识、提升能力、强化素养的过程。语文特级教师于漪曾经说过："一个教师真正的成长就在于他内心深处的觉醒。"也就是说，教师专业成长的根本动力来自教师的内心追求，即来自教师的精神需要。于老师还说："理解与尊重的需要、成就与自我实现的需要是教师最主要的精神需要。"所以，关注并抓住这些需要，也就找到了激发和推动教师个体专业成长的根本。

## 一、问题透视：教师专业成长现状

教师专业发展是当前我国教师教育的焦点问题，随着国家新课程改革的深入，从教育理念的更新，到教育技能的提升，国家对教师的要求越来越高。为了快速提升教师专业技能，很多学校围绕教师的专业发展，花票子、铺路子、压担子、搭台子、促尖子，多措并举；读专著、听评课、教学比赛、教学反思、课题研究等，各类研修活动层出不穷，遍地开花，确确实实取得了一定的成效。坦白地说，以上这些研修模式与活动，我们几乎毫不落下地践行过，在短期内的确也收到了一些成效。但是，在实践中我们发现了一些问题，并且这些问题日益成为制约学校持续发展的重要因素，概括起来主要有以下几方面问题。

（1）教师专业化成长自主意识不强。很多教师对自身专业化成长没有长远的规划，大部分教师对自己当前发展的重要任务是什么，未来的发展方向是什么思考甚少。很多教师只是日复一日重复着繁重的教学任务，久而久之就形成了职业倦怠，渐渐迷失了工作方向与动力，更别谈专业化成长。

（2）教师专业引领外部因素引导不足。一个教师的专业化成长离不开内部的主观努力，更离不开外部的支持与引导。单靠个人埋头钻研、摸索，这样的成长道路是漫长而曲折的，如果有了专家的引领、同行的指点帮助，则能起到事半功倍的效果。反观身边教师的专业化成长道路，基本上处于自我学习、自我反思、自我更新的状态，缺少专业引领。

（3）教师专业化成长的形式多实效少。在新课程背景下，学校积极探索促进教师专业化成长的途径，形成了形式多样的专业化成长方式，为教师的成长提供了广阔的舞台。但是这些成长方式在落实过程中很多时候流于形式，例如：学校提倡写教学反思，教师纷纷到网上下载，敷衍应付；提倡读书，要求写读后感，大家就相互抄袭，蒙混过关；强调以课例为载体的校本研究，大家就千篇一律、蜻蜓点水、潦草从事；让写自己的教育故事，大家就东拼西凑、东挪西借、滥竽充数……那些原本我们认可的好举措，在教育教学实践中流于形式。

由于以上问题的存在，随着时间的推移，越来越多的教师对教师培训活动的积极性不断下降，开始埋怨这埋怨那，甚至消极对待。比如，学校进行课堂教学比赛，规模越来越大，但参加的人数反而越来越少。不良情绪的产生，背后是学校管理的缺失，那么，学校的校本培训管理到底出了什么问题？

## 二、原因查找：如何跨越"要我成长"这个"槛"

教师的发展是教师成长和自我实现的需要，也是学校长远发展的根本所在。教师自我实现与学校发展本来不矛盾，从目标上来讲是一致的，但是在实现过程中教师"不领情"，在"要我成长"和"我要成长"之间打了一个"结"，立了一道"槛"，为什么会产生这样的"矛盾"和"抵触"呢？

不可否认，这个"结"、这道"槛"的形成与教师有关。有的教师缺乏发展动力和欲望，容易自我满足，没有清晰的发展目标和方向。但是，学校管理者作为教师专业发展的推动者、引路人，不能就此将板子打在教师身上，还是应该从自身找原因。在马斯洛看来，人的存在和发展从低到高有生理、安全、社交、尊重和自我实现的五种基本需求。一个人在获得低层次的物质需求之后，就会寻求更高层次的精神需求。如果这种需求得不到满足，就会感觉心理压抑和精神痛苦，在这种时候，就容易产生消极情绪。

因此，从根本上讲，学校和学校管理者才是问题的根源，而学校管理的问题主要集中在以下几方面。

（1）急功近利。有的学校政策措施迭出、活动连连，其根本出发点并不是真心为了教师的专业发展，而是为了迎合检查，装点门面。这种"唯书、唯上、唯面子"的做法，为教师所不齿，在这种背景下开展的活动能得到他们的支持吗？

（2）形式主义。有些学校"有病乱投医"，盲目跟风，凡事喜欢搞运动、造声势，整天举办这活动、那比赛，教师苦不堪言。这些忽视教师承载能力、徒增精神负担的措施能不引起教师的反感和抵触吗？

（3）管理粗放。有的学校不切实际，管理方式简单粗放，研修活动缺少实效，甚至教师起码的被尊重的需求都没有得到满足，他们又怎能主动接纳、认同和执行学校的政策措施呢？

（4）缺乏沟通。为引领教师的发展，不少学校可谓煞费苦心，但教师们不买账，其中一个原因就是学校管理者高高在上，缺少与教师进行必要的、有效的沟通，没有让教师充分理解某项活动、某项措施的意图和意义，使教师完全处于被动接受的位置，极大地降低了他们参与的积极性、主动性和创造性。

## ◎ 关注教师的精神成长

精神成长引领专业成长。东方煜教授在《精神成长学》里强调:"在这个飞速发展的时代,人人都需要进行精神成长。只有通过精神成长,才能消融我们内在的矛盾与冲突,使其保持高度的和谐与统一,让我们持久地体验到宁静感和充实感;只有通过精神成长,才能恢复神经系统强健而富于弹性的本源状态,使心身和谐一致,保持旺盛的生命活力,从而与外界形成良好的关系。"同样,教师成长也理应包含专业成长和精神成长,并且这两者之间相互促进。更加准确地说,精神成长是专业成长的根基和原动力,如果没有教师的精神成长,其专业成长也就不可能有大的突破。

所以,教师培训首先要关注教师的精神成长,因为这是教师成长的原动力。当教师发自内心地投身于教育工作,专业发展成为一种自觉时,培训效果自然会显著提升。那么,如何改善教师生命状态,促进教师精神成长,为教师专业成长提供不竭的原动力呢?

我认为,关注教师的精神成长,就要发挥文化的力量,以文化自觉唤醒教师的专业自觉。老子说:"天下莫柔弱于水,而攻坚强者莫之能胜,以其无以易之。"世界上最柔软的事物是水。但水一旦汇聚成大水、洪水,那种力量是无坚不摧的。文化就是一种柔软的力量,虽柔软,但坚韧,它影响人们的交往行为和交往方式,影响人们的思维方式、认识活动和实践活动。正因为文化不只是一种现象,更是一种看不见的力量,所以,拿破仑说:"世界上有两种力量:利剑和思想;从长而论,利剑总是败在思想之下。"文化对人的影响,具有潜移默化和深远持久的特点。对教育、学校来说,构建先进的学校文化,能够影响的教师价值取向和价值追求,并由此影响教师的生命成长与专业发展,是学校实现可持续发展的重要的原动力。

下面,我重点以诚真文化为例,详细解读文化自觉与教师专业自觉的内在联系。

### 一、文化自觉与教师专业自觉的关系

什么是文化自觉?所谓文化自觉,是指"教师自觉地把社会赋予的外部目标转变为内在的需要,自觉地参与教育及研究教育,激发从事教育活动的创造力,使教育劳动成为教师的创造性活动"。借用我国著名社会学家费孝

通先生的观点，文化自觉是对观念和行为的觉悟，是对观念和行为的扬弃与创造，是对观念和行为自主性的生成与确立。费孝通先生用"各美其美，美人之美，美美与共，天下大同"① 四句话概括了文化自觉的本质内涵。

根据费先生的上述观点，教师文化自觉不会凭空降生，它是在学校长期的历史文化积淀的基础上，在学校积极进取的过程中萌生的一种文化认同，并由此影响教师形成一种对自身行为选择的本能自觉性。所以，就一所学校而言，构建基于学校历史文化与教育发展规律的先进理念与文化，是形成学校教师文化自觉的关键所在。

什么是教师专业自觉？安庆师范学院教育学院曹长德教授认为，教师专业自觉的过程包含三个环节，或者三个层次：教师在专业上的自我反省、自我批判、自我超越。具体而言，"教师专业自觉是指教师对自己所从事的教育工作专业性的清晰体认，明确教师专业的特点和发展方向，形成坚定的教师专业信念和崇高的专业理想"②。

根据曹长德教授的观点，教师的专业自觉是教师专业发展的前提条件，"教师主体性与教师专业自觉相辅相成，没有教师的专业自觉就没有教师的专业发展"。然而，教师缺少对自己教育专业的自觉已经成为一个不争的事实。因此，对教师专业自觉加以研究和讨论，以唤醒和增强教师的专业自觉，将成为当前和今后教师教育工作中的一项重要的任务。

有学者曾经这样说过："要改变一个学生，就要改变他的人生目标；要改变一位教师，就要改变他的价值追求。"教师产生了自身的价值追求，才能产生专业自觉，而要想改变教师的价值追求，就离不开学校先进文化的构建和教师文化自觉的形成。先进的文化犹如一种基因，作为一种精神元素植入师生的心灵深处和行为习惯，可以有效唤醒教师的专业自觉。所以，学校领导有意识地倡导和培植优秀的学校文化，并以此影响师生的价值取向，是实现文化自觉引领教师专业自觉的根本，也是有效促进教师主动成长的原动力。

## 二、诚真精神：唤醒教师文化自觉的内在驱动力

作为学校的灵魂，学校文化凝聚了全校师生共同的价值观、共同的信

---

① 费孝通. 费孝通文集：第14卷［M］. 北京：群言出版社，1999：196.
② 曹长德. 论教师专业自觉［J］. 安庆师范学院学报（社会科学版），2009，28（3）：26－31.

念、共同的愿景、共同的努力方向。当今中国教育的发展,已开始向文化立校、文化育人的方向发展,学校之间的竞争不再是纯粹的分数比拼,而逐渐转化为学校文化品牌之间的竞争。在这样的背景下,文化立校已是大势所趋,每一所学校都将面临文化构建的问题。

通过文化建设,培育一种积极向上的精神,然后发挥这种精神的凝聚作用、鼓舞作用,推动教育教学改革和实践,促进教师专业自主成长,最终促进学校整体提升,这是学校文化建设的根本目标,也是学校唤醒教师文化自觉,并引领教师走向专业自觉的必由之路。何谓先进的学校文化?如何凝练先进的学校文化?

众所周知,学校文化包括学校的精神文化、制度文化、校园物质文化和师生行为习俗文化,其中核心是精神文化,它反映了学校的办学思想、教育理念、价值观念、思维方式。学校文化不是一朝一夕能够建立起来的,而是靠几代人的努力积淀起来的一种价值观念。观察成功学校的办学发展过程,不同学校基于不同的历史文化传统,对学校文化的概括和凝练不尽相同,但成功学校的先进文化中都必然闪烁着一种共同的精神实质——诚真精神。因为每一所成功学校都认同:支撑学校发展最为重要的精神传统是优秀教师的求道精神,是科研的求真精神,是对教育的赤诚态度。这种精神不仅属于过去,也属于未来。可把它概括为"诚"和"真"两个字。

"诚""真"精神对解决学校现存问题、消除自身发展障碍具有引领价值。具体来讲,当前中学教师队伍需要"诚""真"精神的指引,以使教师队伍团结聚心,继续保持对真教育的热诚;学生群体也需要"诚""真"精神来点燃其求学的激情和乐趣,需要"真"教育来达成其人格的合理发展,也就是说,学校先进文化的核心价值应当包括"诚""真"的内涵,办学特色转型的方向应是以"诚""真"为核心价值的文化共同体。如此,才可以让学校从固有的知识型导向、行政型导向向文化型导向、智慧型导向迈进。在这方面,附中做出了积极而有意义的探索。

岭南师范学院附属中学根据附中人的特质,结合周围的文化资源,又依循教育规律来找出与其相适应的核心价值,有效解决学校文化构建的核心问题。学校对原有的理念体系应做出相应的调整,提出学校的核心理念——至诚至真。诚与真的关系,用一句话概括是教育"因诚而显真,执真以修诚"。按照附中人的理解,至诚至真的核心理念体现在办学中,则应该是"共养至诚风尚,普行至真教育",强调学校要从文化的视角来看教育,讲求用真诚之心来做人、做事、做教育，以达成人与人之间的坦诚相对，不断提升教育质量。在这里，教育不是纯粹的教，亦不是纯粹的学，它首先应该是构建文化场来影响人，即文化育人的理念。

文化场看似无形无为，却有强大的感染力、同化力，所有进入这个文化场的人都会受其感染，这就是教师文化自觉的觉醒。学校文化作为一种影响力量，作为引领力量的出发点和落脚点，就是把全体教师的精神和力量引导到、凝聚到促学校教学质量提升和师生生命质量的发展这一总目标上来。

### 三、文化管理：激发教师专业自觉的外在推动力

在学校管理中，目前有一种比较引人注目的观点，有人提出学校教育要从制度管理转向文化管理。如果说，制度管理属于刚性管理，那么，文化管理就属于柔性管理，提出要从制度管理转向文化管理，并不是要做简单的二选一，而是强调要给制度管理和学校管理注入更多的文化和人文元素，使制度管理和文化管理刚柔共济。科学的制度管理是实现文化管理的护航者，而文化管理就是制度管理更有效实行的助推器。所以，对一所学校来说，学校管理只有刚柔并济，才能更好地发挥先进文化的引领作用，使先进的学校文化成为影响教师成长的强大动力。

以工会工作为例。大家知道人与人之间需要关怀，关怀出效率，关怀出质量。从微不足道的细节着手，如职工生日会、教职工趣味运动会、节日贺卡、喜事祝福等。虽然细小，但长此以往，一种"以校为家""校兴我荣"的精神就会扎根于教师的心灵之中，这种精神将使教师产生一种强大的内驱力。

教师精神成长的基石，是教师在职业生涯中追求自己作为教师的价值和幸福感。只有在认清自己的职业价值之后，才会对这份职业倾注更多的热情；只有拥有职业所带来的幸福感，才能自觉地走入教师职业精神成长的天地，也才会有教师精神成长的原动力。所以，只有用"人本"的思想，建立富有人性化的学校管理文化，尊重教师的精神生活；只有兼顾"学校需要"与"教师需要"，积极引领教师的高层次精神需求，才能在教师专业发展的道路上形成合力，才能使管理者的愿景变成被管理者的自觉行动，才能让教师在学校自觉地完成自我预设的发展与成功，教师专业发展才能走得更快、更远。

## ◎ 抓住教师成长的关键期

"关键时期"是指关键事件发生的敏感期，对教师而言，就是教师的快速成长期，譬如教师实习期、入职适应期等。学校要抓住这些关键期，引导青年教师树立正确的职业心理观，增强职业认同感，使青年教师逐步将干工作变为干事业，将敷衍谋生变为职业理想和人生价值的一种追求。同时，创造条件为教师关键期的成长搭建学习和展示的平台，让教师在浓厚的学术氛围中充实自己、提高自己。另外，作为校长，应主动深入到教师中去，了解教师生活上的共性需要和个体需要，采取具体措施加以落实和解决，从而使每个青年教师都能心情舒畅，全身心地投入到教育教学工作中去。这样，年轻教师主动成长的意识就会被激发出来，成为教师主动成长的推动力量。

在教师成长的关键时期，如果有关键要素助力，将达到事半功倍的效果。这里所说的关键要素是指教师工作和生活过程中的重要事件，它对教师特定发展方向有着特别的意义和作用。学校在指导教师成长的道路上，如果能顺利抓住关键点，成为教师成长道路上值得信任的引路人，教师的成长道路可能因此被点亮。

按诚真教育的理念，学校要善于制造促进教师成长的"关键事件"，促进教师在成长期获得提升。纵观教师尤其是名师的成长历程，我们会发现，他们在成长的过程中都经历过对自己的发展起巨大促进作用的"关键事件"。因为这些事件，使他们对自我的要求更高，对自己更有自信，更加发奋努力，从而不断收获一次又一次的成功，获得不断发展的巨大推动力，从而逐步成长起来。这些年，附中通过设立各项奖励和推出各种活动，给很多教师"意外的惊喜"。例如，通过设立党员教学示范岗，激发党员教师的工作热情与成长意识，同时，也传递了一个信号：学校在激励"发展中的教师"，学校在鼓励教师通过各种途径不断发展。于是，教师的发展劲头更足了，一大批教坛新秀、未来名师、学科带头人脱颖而出。

另外，学校应该尽最大可能给教师创造"关键事件"，提供更多的发展平台，让每一位教师都有适合自己的发展空间，并积极引导教师把握机会，使每一次展示和参与都成为自己成长的"关键事件"。

几年前，附中从农村调进一位历史教师。他进来工作的第二年，恰逢广东省历史教学比赛活动的开展，学校组织学校团队，全力指导与帮助这位老师，获得一等奖之后，学校又组织骨干力量指导他将实践体悟总结出来写成论文，在国家级刊物上发表。我们发现，获得一次成功后，这位老师的教学与教改激情被顺利激发出来，后来这位老师还被评为省优秀历史教师。所以有人说："指导教师成长，只需要帮助他获得第一次成功，足矣。"这句话是有一定道理的。

在教师成长问题上，以成长体验激发教师的成长意识，往往会取得预想不到的效果。校本研修的形式非常多样，有讲座式、论坛式、报告式等，但这些大多比较严肃，气氛比较紧张，更多的是一种单向的信息传递，缺少交流与碰撞，很难调动教师的研修积极性，甚至会让教师感觉到研修是一种负担，无法让教师体验到主动研修的幸福感和成功感。校本研修要充分尊重教师在研修活动中的主体地位，最关键的是要让教师开动脑筋，发出声音，产生思维碰撞。我们提出"茶馆式"研修就是要打破这一研修瓶颈，让教师广泛参与到研修活动中，真正成为研修活动的主体，在研修活动中让大家幸福成长。

茶馆是爱茶者的乐园，也是人们休息、消遣和交际的场所，给人的是一种轻松、自由、活泼、无拘无束、可以畅所欲言的环境。我们提倡"茶馆式"校本研修，把这种文化追求引入校本研修实践中，就是要追求和营造一种和谐、合作、民主、进取的教研文化氛围。但是作为一种研修形式，"茶馆式"校本研修追求气氛活跃、谈话自由宽松的同时，要注重主题集中，就像名家的散文一样，形散而神不散。所以，作为活动的组织者每次都必须确立一个明确的主题，为了达成一定的研修目标，还必须有精心的准备和设计，甚至是必要的专业引领。主持人要对活动进行整体的组织和把握，在轻松的研讨活动中，实现与会教师的共同成长。

值得强调的是，在开展各项研修活动时，我们一直坚持两个有效的原则：一是先做减法再做加法，二是先做功再做课。"先做减法再做加法"强调每一次活动的开展，组织者要减少其他不必要的形式主义活动，腾出相应的时间来保证活动的进行，从而提高活动的效能意识。"先做功再做课"强调组织者每一次活动都必须做足功夫，精心组织设计，精心才会有精彩。只有活动精彩，让每个参与者都体会到收获与成长的快乐，才能提升他们的活动积极性。在教师成长问题上，我们尤其注重以下几点。

（1）抓住一个重点：以中青年教师为重点，分层打造。从附中教师的年龄结构看，中青年教师占80%以上，我们紧紧抓住这个重点，针对不同的群体，采取不同的目标定位，给予不同模式进行打造。一方面，对30岁以上的青年教师，我们充分搭建不同的舞台，如骨干教师教学展示课、专家讲座……想方设法把他们打造成附中的"校园专家"。另一方面，通过对新教师进行引导和辅导，让他们迅速成长。附中专门成立了"有效教学视导室"，在学校教导处的指导下，聘请退休特级教师，开展年轻教师的帮扶工作。"视"就是调查和了解，"导"就是指导和引导，成立"有效教学视导室"的目的很明确，就是通过调查和了解，然后有针对性地对年轻教师进行指导和帮助，促进其快速成长。其主要职责：一是指导教师做好发展规划；二是指导教师做好常规教学；三是指导教师开展校本研究；四是有计划地主持教学教研讲座；五是向学校教学管理部门提建议。"有效教学视导室"成立以来，效果非常显著，最值得一提的是，它点燃了年轻教师校本研修的激情。记得第一批跟岗结束时，有一位年轻教师说："我们的跟岗就结束了？"言语中充满了不舍与期待。在总结会上，学校领导对他们说："我们今天的小结会，不是结束，而是一个新的开始，我们对年轻教师的关注和培养永远不会结束。"

（2）抓住一项技术：让现代信息技术在研修中发挥其独有的作用。学校为每位教师配了一台10寸的手提电脑，充分发挥现代技术在校本研修中的作用。积极开展校讯通短信、QQ群和教育博客研修。试想，每天早上我们的老师来到学校，第一时间收到来自学校校讯通发来的温馨短信，或者是经典教育名言，或者是经典教育故事，那是多么美好的事。当然，最好是来自我们老师中间的经典教育语言或故事，来自广大老师平时的积累和智慧，这不仅是分享和交流，更是一种莫大的鼓励。又如，我们要求教研室领导、教研组组长和年轻教师都要建立博客，并互相添加好友，建立起博客群。学校引导教师定期开展教学反思，并把反思写成教育日志，互相交流。教导处领导和视导室老师每天光临博客群，进行指导和引导，重在点拨和激励。

（3）高举一面旗帜：创新研修平台，让校本研修更有实效。有一种智慧，叫创新。在校本研修的道路上，我们高举创新这面旗帜。"有效教学视导室"的建立、教师短信研修都是根据学校实际进行的创新研修模式，还有前面所说的"党员教学示范岗"和"茶馆式研修"。

此外，学校还开展教学巡视活动。随着学校的发展，教师人数也越来越多，旧的"集中式"教学检查已越来越形式化，教学检查的作用不断弱化。如何根据实际情况，革命教学检查方式，使其更有实效，更有可操作性？在教研组的共同参与下，我们修订了《教学巡视制度》。每一次巡视活动都对年级所有班级、年级所有教师进行教学调研与指导，并及时召开反馈会议，对年级教学工作进行指导。这种集现场检查、学生反馈、教师座谈于一体的教学检查方式，已得到了大多数教师的肯定。教学检查有效实现了业务检查中与教师的对话和交流，更有利于教师的专业提高。

## ◎ 走出职业倦怠的误区

人不能顺利应对工作压力，却又不得不为之时，就会感到厌烦，从而产生一种在情绪、认知、态度和行为上的衰竭状态，导致自身潜能难以得到充分发挥，工作能力和工作效率下降，这种状态就是职业倦怠。现在这种"职业倦怠"悄悄地侵袭和感染了越来越多的"人类灵魂工程师"。如何才能有效引领教师走出职业倦怠呢？对此问题，苏联教育家苏霍姆林斯基就回答过："如果你想让教师的劳动能够给教师带来乐趣，使天天上课不至于变成一种单调乏味的义务，那你就应当引导每一位教师走上从事教育科研这条幸福的道路上来。"教师从事教学研究不仅仅是改进教育实践的需要，还可以改变自己的生活方式，并在工作中获得理性的升华和情感的愉悦，提升自己的精神境界和思维品质，从而远离职业倦怠的泥潭。

那么，作为一名校长，应如何有效地引领教师走进校本研究的幸福殿堂，在研究的工作状态中不断提升教师的职业幸福感呢？我依据美国行为科学家麦格雷戈的 X – Y 理论，结合附中在诚真教育理念下实践和探索了一些具体而有效的做法。

### 一、什么是 X – Y 理论

美国行为科学家道格拉斯·麦格雷戈（Douglas M. Mc Gregor）通过对员工关系的长期观察，发现管理者关于人性的观点是建立在一些假设基础之上的，然后，管理者又根据这些假设来塑造他们自己对下属的行为方式。也就是说，管理者是基于对人性的不同假设，而采用不同的方式来组织管理。因而，对人性的假设，就成为管理方式选择的前提和关键。基于这些思想，麦格雷戈提出了两种截然不同的观点。

一种是消极的 X 理论，该理论的假设是人性本恶。X 理论对人性的假设有：①员工天生不喜欢工作，一有机会就逃避工作；②员工只要有可能，就会逃避责任；③员工总是安于现状，无雄心壮志；④员工的需求受到较低层次需求的支配，一旦满足就不思进取。显然，按照这样的假设，对员工的激励就是以强制措施或者处罚为主，迫使他们为实现的目标而工作。

另一种是积极的 Y 理论，该理论的假设是人性本善。Y 理论对人性的假设有：①员工视工作为人生必然的需要；②人天生愿意负责，只要员工对某项工作做出承诺，就会努力自我控制并积极完成；③人一般都有上进心，会积极主动寻找工作，迎接挑战，承担责任；④大多数人都具有承担责任、做出正确决策的能力，只要将其能力发挥出来，实现组织目标就容易了。按照这样的假设，对员工的激励主要是来自工作本身的内在激励，让他负责具有挑战性的工作，担负更多的责任，促使其做出成绩，满足其自我实现的需要。

就教师这个特殊群体、特殊职业而言，根据 X 和 Y 理论，可把教师分成两个截然相反的群体，这种假设在现实生活中过于简单、过于片面。就每一教师个体而言，都有性善的一面、性恶的一面，不同的是有些人性恶多过性善，有些人性善多过性恶，因此在管理的时候，不能简单地采取基于 X 理论或 Y 理论的管理，而是应该认识到人类的多样性与可塑性，在管理工作中综合运用 X 理论和 Y 理论，让每一个不同特质的教师均能在工作中获得不同程度的积极的体验与幸福的感觉。

## 二、基于 X 理论的校本教研提升策略

X 理论假设人们对于工作的基本评价是负面的，即从本质上来说，懒惰是人的天性，表现为不喜欢工作，在工作上反对变化，愿意被人指挥并且希望逃避工作、逃避责任。基于上述假设，管理者必须采取比较严肃的、强制性的措施或处罚性措施来迫使他们实现组织的目标。

在校本研究视野下，很大一部分教师受传统观念的影响，一些教师尤其是一些中年教师不愿意进行教研工作，认为中学教师搞研究费时又费力，还会影响教学工作。这一部分教师，在中小学里还是占大多数的。基于 X 理论，我们需要采取多管齐下的办法积极唤醒教师的教研自觉，将教师对专业成长的愿景内化为教师个人自愿、自觉的行动。

（一）帮助教师形成正确的专业价值观，在激活教师的教研原动力上下功夫

一方面，学校要格外重视教师的阅读引领，为每位教师订购专业学习报刊，不定时组织各类阅读活动，让读书成为习惯，让书香润泽生命，带领全体教师过一种幸福的教育生活。另一方面，重视开展师德师风专题学习教育。例如开展"今天，我们怎样做教师""如何实现教育幸福"等专题讨论，

组织先进教师事迹报告会等活动，让反思成为教师成长的主渠道，让爱与责任成为教师进步的主旋律。

**（二）引导教师制定自主发展的专业规划，在激发教师教研内驱力上做文章**

教师个人发展规划的制定展现了一个人的专业发展方向和目标，是对专业理想的具体化和操作化，是教师人生之路的一盏明灯。它不仅能帮助教师确定专业发展方向，而且能引领教师立足教育事业，努力工作，有条不紊地完成目标，为教师提供不断上升和发展的内驱力量。近年来，我们成立了"有效教学视导室"，具体负责指导中青年教师的成长。视导室的一项重要工作就是指导年轻教师做好五年内的成长规划，规划内容包括"自我设计—读书活动—自我反思—同伴互动—辅导报告—反思修改—榜样展示—自我完善"等。学校以教师专业发展规划的制定为载体，引导教师确定自己的专业发展愿景，从而激发教师在专业成长路上积极实践反思的"内驱力"。

**（三）建设和谐的校本研修文化，为教师研讨创造平等、自由的氛围**

在一个人成功的因素中，态度所占比例远远大于知识和智力。校本研修的主体是人和人的活动，人的态度直接决定校本研修效果如何。如果让教师在校本研修中充满激情，研修效果肯定不一般；如果教师对校本研修工作冷淡或冷漠，研修活动越多，越感到厌烦。所以，调动教师积极性，让教师都有研修激情就显得非常重要。而激情这东西非常脆弱，经不起任何打击，更经不起轮番打击。一句不经意的话，一个眼神，都有可能使激情受到伤害。为此，我们致力于和谐研修文化的构建，对学校领导和教师的研修语言提出具体要求，要求非常细致，细到研修时如何说，如何倾听……

过去附中年轻教师不能不上公开课，但又非常害怕上公开课。每每上完公开课，教研组都组织评课议课，如果上得不好，听课者会从不同角度将其批得体无完肤，这样一来，试问，谁还敢上公开课？为此，学校要求所有公开课都必须事先确立研讨主题并进行公布，上课教师就这一主题率先进行探索，其他教师在评课议课时也必须紧扣主题，而且要求所有发言教师听课前做相应功课，要对这一主题有一定的思考与感悟，在交流时才能更加明确和有效。由于研讨时议题不议人，教师的心理负担轻松了，积极性自然也就高了。

以此为起点，我们要求教研组所有教研活动都必须有明确的研究主题。为了保证研讨与研究的成效，我们要求研究前教师必须有个人的自主学习与思索，在集中交流与研讨后，还要有学习的思考与体会。为了让教师都能关注课堂，经常反思，我们要求每个教研组每学年必须至少有一项校本课题申报学校立项，通过校本课题来带动教研组教师的成长。

**（四）坚持师本教研，引领教师在解决教学问题的过程中体验教研的乐趣**

师本教研就是指以教师为研究主体，有目的、有计划地以本校教育教学问题为出发点，解决本校教育教学问题，提高教师的研究水平，带动师资队伍建设水平的提高，推进素质教育为归宿的研究。我们的主要做法是：

第一，制定校本教研制度，建立校本教研常态运作机制。以校长为第一责任人，以教导处和教研组为依托，以广大教师"学习研究、实践交流、反思提升"为主线，形成常态研修文化。

第二，大力开展"教学型教研、研究型教研、学习型教研"，形成大家注重教学实践、人人参与课题研究、个个注重自身专业发展的良好局面。教学型教研以"课例"为载体，聚焦课堂；研究型教研以"课题"为载体，围绕一个教学问题而展开；学习型教研以"学习（读书）"为载体，以教师的专业发展为主题，倡导在学研中工作，在工作中学研，旨在提高教师的教学水平和专业素养。所有研究都服从、服务于学习提高的需要。

第三，顺应校本教研制度建设的三个发展阶段，逐步提升层次。活动化阶段以"活动"为载体，推动学习研究，形成有效运作机制。制度化阶段体现规范化、科学化，以制度促进教研文化的生成。文化化阶段成为工作范式，形成"学习、教学、研究"一体化的职业生活和工作方式。

第四，创造条件让教师外出参加各种学习。对参训教师提出明确要求，回校后要认真总结，把学习内容与自己的教学实践相结合，在规定的期限内至少上一节展示课，通过上展示课的形式来汇报自己的学习收获，以便对学科教师进行二次培训，从而加大培训的针对性和实效性。

**（五）在教研活动中坚持减负增效原则，为教师主动参与教研求保障**

教师，尤其是年轻教师，都有发展的要求，都有成为优秀教师甚至成为名师的梦想。从这一点讲，学校组织任何形式的研修活动都是为了帮助其成长。但在实施时，很多学校都有事与愿违的感觉，觉得教师热情不高，效果不明显。其实，这里有一个根本性的问题，往往被我们忽略了，那就是教师的情绪。任何活动的组织都必须充分关注到教师积极情绪的调动。这些年，我们学校组织校本培训，一直坚持以师为本，奉行两项原则：一是先做减法再做加法，保证活动不给教师造成额外的负担（例如开会、晚修、教学巡视）；二是先做功再做课，保证每一次活动都能让教师体验到收获的喜悦

（特指研修活动，组织者必须精心组织每一次活动，不要浪费大家时间）。这样，既保证教师有时间参加活动，又保证教师在活动中获得成长的体验，从而让教师感受到研究的乐趣与职业的幸福。

### 三、基于 Y 理论的校本教研提升策略

Y 理论假设人对于工作的基本评价是正面的，它的主要观点是，人并不都是懒惰的，在正常情况下人都愿意承担责任，都热衷于发挥自己的才能和创造性。基于上述假设，按 Y 理论来看待管理，管理者要创造一个多方面满足员工需要的环境，使员工的智慧、能力得以充分地发挥，以更好地实现组织和个人的目标。

在校本研究的视野下，教师积极主动地以研究的状态开展工作，需要管理者多形式、多渠道地开辟研究平台，让教师都能充分发挥自己的潜能与创造力，并在一次又一次的成功体验中找到教师职业的幸福感。

（一）积极搭建教师教与研的实践平台，在提升专业发展力上添措施

教师的专业成长离不开适合的"温度"和"土壤"，只有给教师充分展示自己的空间，为教师搭建施展才华的舞台，教师的个性才能得到张扬，水平才能发挥出来。附中每年通过建立党员教学示范岗、组织课件大赛、开展名优教师展示等活动，展示教师的个人风采，让教师在实践活动中不断获得成功的体验，从而提升教师专业自觉的"发展力"。

（二）建立促进教师发展的评价激励机制，在追求教师发展的幸福道路上循方法

评价是一把"双刃剑"，恰当的评价能激励教师积极主动地参与活动，不合理的评价会打消教师主动参与活动的热情。为此，我们十分关注对教师的评价，努力建立引领教师主动发展的评价激励机制。附中通过教学视导，建立以青年教师自我评价为主的"教师电子成长记录册"，在青年教师中开展"教育教学随笔评比""我的教育故事征文"等活动，让成功的快乐浸染教师的成长之路。附中每年还组织教学成果奖，学校召开隆重的颁奖大会，激励先进与典型，鞭策后进与保守。

（三）建立学科教研组主动发展的机制，引领科教教研工作在规范中求创新

省、市示范教研组建设开始后，附中就开始思考两个问题：一是如何让示范教研组保持高度的战斗激情，在教研工作中不断创新；二是如何让未能评为示范教研组的教研组同样有方向感，有旺盛的教研激情。在反复论证的

基础上，学校建立了"以规范为基础，以示范为引领"的发展性教研评价机制，引领教研组在规范中求创新，在创新中求发展。学校分别出台了附中规范教研组评审方案和附中创新型示范教研组评审方案。

学校每学期组织评审一次"规范教研组"，具体要求是：一学期内不打折扣地完成学校要求的基本教研任务，并有完整的材料积累。重点考核教研组两项教研工作：一是积极配合学校开展各项教研活动；二是主动完成相应的课例研讨、主题研修、业务讲座和校本研究任务。为更好地指导、落实工作，教导处每学期为各教研组配制了专门的工作盒，明确教研组学期教研的基本任务，同时印发《学期教研工作指导意见》，对每一项活动的开展与实施做出具体的要求，规范教研组评审，使各项研修活动从形式到内容都有了明确的指引和规范，教研组工作自然能做到"从规范走向实效"。

学校每学年组织评审一次"创新型示范教研组"，具体要求是：连续两个学期都被评为规范教研组的，才有资格申评学校创新型示范教研组。学校创新型示范教研组，必须在规范的基础上，争取在某一方面或几方面的教研工作上做出新的探索，做出亮点，做出创意，并形成特色。创新型示范教研组由符合条件的教研组自主申报，学校依据方案对其进行评审。评上创新型示范教研组的，学校在规范基础上，另给予适当的教研活动经费奖励。

例如，2012学年附中有7个教研组被评为"学校创新型示范教研组"，它们的创新与特色有：高中数学教研组以"问题导学"为主线，积极探讨有效教学策略，让学生在自主建构中提升学习能力，让教师在课例研讨中得到提升；高中英语教研组积极组建"英语强化训练营"，开设特色校本课程，丰富教研活动，促进师生共同成长；高中语文教研组积极开展"阅读教学"实验，建设创新型备课组，丰富研修主题内涵；历史教研组理顺各级课题联系，以课题研究为抓手，引领教师专业成长；物理教研组确立"实验教学"的主题，小切口、深挖掘，以主题式多维教研促进教师成长；政治教研组积极开展案例研究，探索教与学的心理规律，实现心理素质教育在课堂的渗透；初中语文教研组成立资源建设小组，分工合作，以完善资源建设探寻教学发展之路。

（四）努力创新研修模式，让教师在创新的教研活动中体验成长的快乐

在校本研修的道路上，我们高举创新这面旗帜。以下是对附中最近几例创新研修模式的分析。

1. 积极打造校园专家，让他们成为校本研修的引路人

在校本研修实践中，强有力的专家引领是非常关键和必要的。目前，因

为条件不足，从校外邀请知名专家和教授到校指导校本研修工作，对很多学校来说已成为一种奢求，而且即使条件允许，专家的引领也往往是远水救不了近火，很难满足教师日常研修的实际需要。为此，附中另辟蹊径，努力创造环境和条件，打造一支教师身边的"土专家""小能人"，组建"校园专家"团队。目前，附中已拥有"校园专家"20多人，其中12人成长为广东省名教师、名班主任和骨干教师，"校园专家"已成为学校校本研修工作中的一面亮丽的旗帜。

### 2. 建立党员示范岗，开启教师日常研修窗户

为了进一步发挥党员教师的先锋模范作用，引领全校教师切实改进课堂教学，优化课堂教学过程，促进教师专业发展，全面提高新课程课堂教学和教学研究的质量和水平，学校党委制定了"党员教学示范岗"活动方案。基层支部根据示范岗的标准和要求，按"一人一岗"进行推荐。目前，经学校党委授牌，设立了两批共22个"党员教学示范岗"，牌匾挂到相应课室的门口，这对挂牌教师和班级来说既是一种鼓励，又是一种鞭策。"党员教学示范岗"教师的课堂是开放的，他们的教研是随时的，他们的资源是共享的。通过示范课、推门课等向全校教师展示、交流，从而发挥党员教学示范岗的带动、引领和辐射作用。

### 3. 实施茶馆式研修，让教师在校本研修中幸福成长

校本研修的形式非常多样，有讲座式、论坛式、报告式等，但这些大多比较严肃，气氛比较紧张，更多的是一种单向的信息传递，缺少交流与碰撞。这很难调动教师的研修积极性，甚至会让教师感觉到研修是一种负担，无法让教师体验到主动研修的幸福感和成功感。附中提出茶馆式研修就是要打破这一研修瓶颈，让教师广泛参与到研修活动中，成为研修活动的主体，在研修活动中幸福成长。茶馆式校本研修理念源于茶馆，但区别于茶馆。说它源于茶馆是指它追求环境的自由、宽松、愉悦、和谐。首先是形式宽松，讲也可以，唱也可以，演示也可以；其次是发言自由，不规定发言顺序、不规定发言时间长短，可以"插嘴"，打断对方，可以群说，也可以私下交流；最后是内容宽松，甚至偶然说些与主题无关的内容也可以。因为氛围自由、宽松，一般不会产生话语霸权，教师谈话愉悦、和谐。但是作为一种研修形式，茶馆式校本研修在追求气氛活跃、谈话自由宽松的同时，要注重主题集中，就像名家的散文一样，做到形散而神不散。

## ◎ 关注智慧型教师的成长

智慧课堂是教育思维和教育情感互动的产物，是课堂教学中师生智慧互动共生的过程与结果。肖川教授在《教育的智慧与真情》一书中说："没有智慧，教育只是知识、心灵和精神的一种牵连，一种认知结果的堆积；没有情趣和艺术，才情就会逐渐枯萎，生命之花也就不能得到醇美的滋养。"智慧课堂的构建离不开教师智慧的设计和引导。培养一批有教育智慧的教师，是学校构建智慧课堂、打造智慧校园的重要前提和保障。

根据《说文解字》，智慧两个字有以下解读。"智"：①从"日"，每天每日；②从"知"，知道，了解和掌握。"智"可以用一句话概括，指每天坚持学习，知之为知之，不知为不知，使自己知道和掌握的知识越来越丰富，人变得越来越聪明。"慧"：①从"心"，用心思考，用心做事；②从"丰"，思考、考虑得极为丰富、周全（双"丰"）；③从"灵"，灵活、灵巧，即思维的反应速度快。合起来解读，即智慧之人就是指每天能坚持学习，用心做事，对事物能迅速、灵活、正确地理解和处理的有突出能力的人。

### 一、智慧型教师的主要特征

根据《说文解字》，智慧之人最明显的特征，一是从"丰"，二是从"灵"。根据这一启示，对智慧型教师，同样可从以上两个角度进行解读和诠释。

#### （一）从"丰"：智慧型教师在研究教学问题时能做得丰富周全

第一，能周全地把握教学规律。教学规律指教学中客观存在的、固有的、内在的、必然的、本质的联系。教学活动中有效地处理好这些关系就是遵循了教学规律。反之，则是违背了教学规律。毛泽东在《中国革命战争的战略问题》中说："不论做什么事，不懂得那件事的情况，它的性质，它与它以外的事的关系，就不知道那件事的规律，就不知道如何去做，就不能做好那件事。"智慧型教师的显著特征之一就是能准确把握教学活动中的内在规律，遵循教学规律，灵活施教，从而有效地保证教育教学效果。

智慧型教师周全地把握教学规律，不仅仅体现在遵循固有的客观教学规律上，更体现在教学活动中能不断发现教学规律，探索教学规律，丰富教学规律。苏联教学论专家斯卡特金把教学规律分为"教学过程本质上固有的客观规律和有赖于教师活动而表现出来的规律"两种。"有赖于教师活动而表现出来的规律"是指在教师教学活动各要素间的内在联系中表现出来的一种规律，往往具有很深的隐蔽性。智慧型教师之所以智慧，就是能积极地发现、思考、理解与内化教育教学规律，从"发现规律""理解规律"到"运用规律"，以此不断促进自己教学水平的提升。这种对教学规律的探索是教师对教学的一种深层的理性认识，不是一朝一夕可以做到的，要经过长期丰富的实践才能最终形成，因而是智慧的高度表现。

第二，能周全地确立教学目标。落实课程目标的途径就是将课程目标转化成具体的、可操作的课堂教学目标。课堂教学目标是教学活动的灵魂，是统领教与学全过程的纲领。教学目标作为课堂教学的出发点和回归点，不仅影响着教学过程的展开，很大程度上也牵制了最终的学习效果。智慧型教师对课堂教学目标的把握，既要有高度又要有角度，要既能站在整个课程目标的高度进行系统设计，又能站在对每位学生未来负责的高度上综合考虑。

一方面，智慧型教师确立教学目标要充分关注学生的思想情感、道德品格、跨文化交际意识、智力和非智力因素的开发等要求，注重对学生综合素养的全面规划和培养，能够将教学过程作为引领学生追求真、善、美的过程。另一方面，要充分关注教学目标的预设与生成。预设与生成是课堂教学的两翼，是辩证的对立统一体。课堂教学既需要预设，也需要生成，缺一不可。如果说预设体现对相关文本的尊重，则生成体现对学生的尊重；预设体现教学的计划性和封闭性，生成则体现教学的动态性和开放性，两者具有互补性。凡事预则立，不预则废。精彩的生成离不开课前的精心预设。智慧型教师在确立教学目标时，要对课堂生成目标做好充分的预设，使教学中的预设与生成成为一个有目标、有计划的活动。

第三，能周全地处理教学内容。教材内容是依据一定的原则将课程内容组织在教材中的学科知识。科学合理地处理教材是优化教学的一个重要手段，也是提高教学有效性的一个重要前提。智慧型教师在教学中，既不会仅仅局限于教材内容，只凭教材来组织教学内容，更不会受制于教材设计顺序，按教材内容顺序来安排教学顺序。他们能在不违背教材和课标的基本思想、基本内容和基本方法的前提下，针对不同的教学实际情况，因地制宜地对"原版教材"部分内容进行智慧的"处理"和"整合"，真正做到"用教材教"，而不是"教教材"。

**（二）从"灵"：智慧型教师在解决和处理教学问题时，能做到灵活快捷**

第一，能灵活地选择教学形式。教学没有固定的教学形式和方法，适合学生的形式和方法就是好方法。但到底怎样的教学形式才是适合学生发展的呢？21世纪是知识经济时代，知识经济的核心是创新。在教学中，创新的教学形式，才能有效地发展学生的创造思维。智慧型教师在教学中能根据不同的教学内容和不同的学生实际，灵活地选择教学方法和教学形式，用最适合学生的教学方法来激发学生的兴趣，提高教学质量，培养学生的创新能力，并在这个过程中形成个性化教学风格。

第二，能灵活地处理教学问题。能驾驭复杂多变的教学工作、教育情境，具有深刻的洞察力和敏锐的反应，也是体现教师智慧很重要的方面。智慧型教师在课堂中始终能因势利导，寓教无"痕"，能巧妙地将教育要求转化为学生自身的需要，帮助学生扬长避短，使他们逐渐增强克服缺点的内在力量；随机应变，对教育教学过程中随时可能发生的偶发事件，能及时地确定自己的行为方向，灵活果断地采取有效措施；风趣幽默，把握适度，对于比较尴尬的突发事件，能够采用幽默而风趣的态度及方式进行处理，并善于确定自己言语和行为的适当界限，以最小的代价取得最佳的效果。

第三，能灵活统摄教育与教学工作。智慧型教师能有效地统摄教育与教学两张"皮"，使它们有机地融合在一起。具体地说，就是能够将教学过程作为引领学生追求真、善、美的过程，在教育教学中懂得以知识学习的过程为依托，充分挖掘教材中的教育要素，引领学生在学习知识中感悟社会的真、善、美，让学生的心灵逐渐被感化。

"情感是育人的重要纽带，情感能升华人的心灵、陶冶人的心境、改善人的心智。"有智慧的教师还善于发挥情感因素在教书育人中的重要作用，注意以情激情、以情动情。在他们的课堂教学中，流淌着的是师生间对真、善、美追求的激情，荡漾着的是师生间相互关爱、相互尊重的真情。教师的人格魅力无声地教育和感化学生，从而达到"不教以教"、教书与育人高度统一的艺术境地。

## 二、智慧型教师的成长路径

《说文解字》给我们的另一个启示是：智慧的生成要经历"知识积累"（日知）和"技巧丰富（双丰）"两个阶段，然后才是智慧的生成。同样，智慧型教师的成长,也要经历"知识型""技能型"和"智慧型"三个成长历程与阶段。

### (一)知识型教师到技能型教师

知识型教师的主要特点是专业知识比较扎实,但教学经验不足,教学形式单一,在教学中比较重视教学内容和知识的传授。他们为了准确无误地把知识灌输给学习者,容易把学习者的情绪、意志、价值观等被排除在学习之外,使得学习者的学习仅仅局限在第一层次,也就是学习的表层阶段,人为地割裂了学习的完整性,与此同时,也割裂了人的整体的、完整的发展。但是知识型教师最大的优点是:热爱学习。在工作之余,知识型教师会不断加深对专业知识和相关教育理论的阅读与学习,在此基础上不断完善知识结构,丰富阅历。他们是教师中的"传道、授业、解惑"的典型代表。

技能型教师的主要特点是在知识型教师的基础上,经过较长时期的教育教学实践,基本功较好,技能水平较高,在教学中能根据不同教学内容和不同学生的实际灵活地采用相应的教学形式,其教学有一定的观赏性,会对学生产生不同程度的吸引作用。但是长期停留在这样的教学层面,课堂容易成为讲堂,讲台容易成为教师表演的舞台。在这些教师的课堂上,精彩总是教师的,而学生则容易沦为被动、呆板的看客。

从知识型向技能型教师转变,相对于智慧型教师的成长过程来说,是一个量变的阶段。在这个阶段,发生的明显变化是:一是教师的专业知识越来越丰富;二是教师的教学技能越来越娴熟,教学艺术越来越引人注目,并开始渐露头角,甚至开始成为名师。

### (二)技能型教师到智慧型教师

智慧型教师是集理论智慧、实践智慧和情感智慧于一身的统一体,具体表现为在教学过程中具有辨析判断、发明创造和主动适应的能力,以充分的理论知识及其创新能力做基础,在实践中既不墨守成规、传统呆板,又能灵活机动、巧抓时机地开展工作,在情感智慧的调配下,能恰到好处地把原则性和灵活性结合起来。

教育的本质在于"成人",即"使人成人"。智慧型教师最大的教育智慧应表现为教育的一种自由、和谐、开放和创造的状态,表现为真正意义上尊重生命、关注个性、崇尚智慧、追求人生幸福的教育境界。这也是智慧型教师与知识型教师、技能型教师的本质区别。智慧型教师对教学本质的理解更加深入,对课堂的把握也更加准确,既关注学生的个性成长,关注学生创新思维能力的培养,也关注学生智慧的生成和心灵的健康成长。

技能型教师是智慧型教师成长的关键阶段，技能型教师由于教学艺术水平的不断提高，在区域内开始受同行关注。这种关注，让其有更多的机会参与到更广泛的学习与交流活动中。这种学习与交流，对技能型教师来说，往往是一种教育思想与理念的更深层次的冲击与碰撞。受这种冲击与碰撞的影响，教师关注的视角必从重形式走向重本质。如果说，从知识型教师到技能型教师转变是量变的过程，那么从技能型教师向智慧型教师转变就完全是一个质变的过程。

### 三、智慧型教师成长的关键

《说文解字》给我们的第三点启示是：要成长为有智慧的教师，一要从"日"，天天坚持学习；二要从"心"，用心思考与实践。许多智慧型教师成长的经历告诉我们，教师用心的艺术关键在于以下几方面。

第一，用心反思，让深入的反思成为教师提升和固化自己的教学艺术，培养自己的教学智慧的主要途径。"智慧和机智是我们通过教学的实践——不仅仅是教学本身，所获得的。通过过去的经验，结合对这些经验的反思，我们得以体现机智。"[①] 对教学的反思过程，也就是教师借助行动研究，不断探索、解决自身各方面教育问题的过程。教师以"自修—反思—实践—研究"的方式进行自主反思的过程中，利用教育学、心理学的知识去构建自身专业成长所需的知识结构和能力结构，为自己教育智慧的生成奠定更为坚实的基础。

第二，用心交流，让多层次的交流成为教师丰富教学艺术、激发智慧火花的平台。美国心理学家威廉·詹姆斯说过："有太多这样的人，在他们自认为思考的时候，只不过是在重复自己的偏见。"教师的教学成长离不开群体互助的支持，智慧型教师既要强调以自我成长与反思为特征的个体自研，更要强调教师之间的专业切磋、协调合作和专家的引领作用。

教学智慧是智慧型教师良好教学行为的体现，是教师具有的教育理念、教育意识、教学能力、教学艺术等方面的整合统一，是教师专业化的一种新境界。从知识型教师到技能型教师，再从技能型教师到智慧型教师，教师的成长要经历一段相对较长的过程。在这个过程中，需要教师有坚强的学习毅力，而这个毅力往往源于教师对教育工作的执着与热爱。所以，热爱教育工

---

① 范梅南. 教学机智：教育智慧的意蕴[M]. 李树英，译. 北京：教育科学出版社，2014.

作,才是教育智慧生成最根本的前提。很难想象,一位不热爱教育教学工作的教师,能成长为教师的典范。一位有志成长为智慧型教师的教师,应当在工作中不断培养和丰富自己对教育工作的情感,让自己对教育工作有一种不容割舍的情怀。

## ◎ 关注年轻教师的生存状态

寒假期间,我潜心阅读了一些人才成长方面的书籍,颇有受益。印象最深的有两点:一是哈佛大学的一项研究表明,工作中能否做出成绩,态度占85%,知识和智力只占15%。二是细节管理专家汪中求著名的2.18分理论。汪中求认为,人的智商分为智力因素和非智力因素两大部分,从对人的一生的作用来分,智力因素占40%的权重;智力因素中知识和技能的对比,知识占40%的权重。知识又分为书本知识和社会知识,书本知识占40%的权重。假设我们同意以上的权重分配,那么,一名总平均分为85分的在校学生在学校学习所打下的底子,不过是:$1 \times 40\% \times 40\% \times 40\% \times 40\% \times 85 \approx 2.18$(分)。

以上说法提醒了我们:基础不是问题,起点不是问题,每一个人都可能成为人才。所以,仅凭手头的几张分数单,就认为自己是一个人才,就大错特错了。大量事实表明,最聪明的人,往往不是最有成就的人;最有成就的人,也往往不是最聪明的人。罗丹在父亲眼里是"白痴",在老师眼里前途无"亮",艺术学院考了三次也没考进。爱因斯坦4岁才说话,7岁才识字,老师给他的评语是"反应迟钝,不合理,满脑子不切实际的幻想"。但他们却成为世界最敬仰的人。他们的成功成才靠的是什么?不是靠先天的聪明,也不是靠过人的基础和能力,更多的是一种学习者的意志和态度。在学习的征途中,无论多么的不堪,他们依然能在嘲笑中保持着自我,保持不懈的努力和奋斗。所以,成功需要一种态度,一种积极的态度;成功需要一种坚强的精神品质,需要坚忍不拔的毅力。

很多年轻教师,他们的致命弱点恰恰是不想飞、不肯飞,他们躲藏在传统这顶大伞里,怕外面的风和雨,怕太阳的炽热,怕路途的坎坷,怕寒风的凛冽,怕秋雨的狂暴,怕黑夜的漫长,怕身心的疲惫,怕失败,怕出丑……所有这些"怕"的背后隐藏的一个心理阴影,就是"自信心不足"。怕这怕那,到最后,整个教育人生都将淹没在"怕"的海洋里。

让年轻教师从眼前的安逸、享受和懒惰中走出来，是关系到学校可持续发展的一个重要课题。教师的成长是一个较长期的过程，在这一过程中必然会遇到许多不利成长的因素，能不能有效预防和解决这些问题，很大程度上会影响到教师主观能动性的发挥。

充分关注年轻教师的生存和成长状态，必须在强化制度管理的同时，张扬诚真理念，突出文化管理。

## 一、以制度管理为保证

人性是复杂的、多元的、可变的。人性既有勤奋工作、积极上进、求真求善等良好的一面，也有懒惰自私、贪图享乐、不思进取等不良的一面。管理，就是要抑制人性中不良的一面，培养良好的一面。制度管理就是使教师明辨行为的对错，规范自己的行为，其主要效应是抑制人性中不良的一面，从而保障学校教育教学工作的正常开展。

实施制度管理应包括制度的建立和制度的检查落实两个方面。规章制度的建立是制度管理的基础性工作，它直接关系到管理的效果。制定制度要遵守科学性、民主性、时效性原则。制度条款要简洁、明晰、具体、易记、易操作，制度要合情、合理、宽严适度。再好的管理制度如果不落实在行动上，只是一纸空文。因此，狠抓制度落实，是制度管理的关键。学校要按制度对教师的工作状况进行检查评估、奖励处罚，对教师的工作能力进行全面评价，这样有利于调动全体教职工的工作积极性，使制度管理产生效应。制度的检查落实应注意做好以下几方面的工作：①领导的以身作则；②部门的检查落实；③教师的自我约束；④学生的民主监督。

## 二、以文化管理为根本

学校的制度管理只是规范了教师的行为，带有强制性、外在性。它在短时间内会产生很好的效应，但是它忽视了作为人的教师的主观能动性和创造性，文化管理就是通过文化的提升，增强广大教职工的向心力、凝聚力、责任心、忧患意识，使人的思想言行统一到学校的思想目标上来。人人都是学校的主人，形成一种学校文化精神。如果说制度管理是外在的、控制性、表面性的管理，那么文化管理就是内在的、精神的、润物细无声的本质管理。

### 三、确立两种理念：以研究的态度对待工作，以崇高的师德从事教育

**（一）积极引导教师从研究的角度对待教育工作，培养科研型教师**

英国教育家贝克汉姆指出，教师拥有研究机会，如果他们能够抓住这个机会，不仅能有力地、迅速地推进教育技术，而且将使教师工作获得生命力与尊严。教师作为教育实践者，对教育工作面临的问题具有最深切的感受和最直接的认识，他们不仅处于最佳的前沿和实际研究位置，而且还拥有最佳的研究机会。因此，教师完全能够成为研究者，并在不断自我反思和探索实践的基础上改进教育实践活动。教师观念转变的过程，就是他们理解科研和参与科研的过程，也是科研型教师成长的过程。

我们也清醒地认识到，任何一项教改实践，都绝不会仅仅是方法、程序或技术上的改革，而都是以教育理念、教育思想的转变为前提的一个复杂和逐渐演进的过程。因此，我们要求教师结合学校实际与学生特点，在不断实践、探索、归纳的基础上，逐步建立起指导教育教学的"六种观念"，即以学生发展为本的育人观，以培养创新精神和实践能力为重点的教学观，以互促合作、共同发展为基础的师生观，以培养自主探究学习能力为目的的方法观，以启发讨论为主的训练观，将学生个人发展与祖国需要相结合的责任观。

**（二）积极引导教师确立一个观念：教学伦理永远高于教学形式，打造师德高尚的教师**

教育是一种信仰，教学伦理永远高于教学形式。教师的专业知识和技能、教学智慧、人格魅力、价值取向、人生态度以及对待学生的态度和教学方式，是学校教育最直接、最重要的素材性课程资源，是学校教育对学生成长产生最重要影响力的元素。

教师良好的师德师风、正确的教育价值观、崇高的职业精神永远是学校办学品质提升的关键所在。当今的教师队伍建设要大力提倡"用智慧启迪智慧、用精神铸造精神、用人格塑造人格"。

### 四、开辟三条渠道，促进教师在研修中幸福成长

名校要有名师，一流的学校，必须要有一流的师资。学校管理的使命就是搭台，为教师成长、成功搭建平台。具体而言，我们要通过开展形式多样的校本研修活动，让教师在研修中幸福成长。研修活动形式多样，就其研修

载体来说，可以分为三类：以课题为载体、以课堂为载体和以案例为载体。

第一，以课题研究为载体，让教学孕育智慧。倡导开展有针对性的类似主题式研究的学科小课题研究，促进教师对新课程实施的学习与理解，有创造、有实效地实施新课程。

第二，以课例研究为载体，让课堂充满活力。每节课都是研究的起点和终点。学校利用现有教育资源，开展制度化、分层次的课堂教学展示以及教学经验、教研案例研究等活动，把新课程的理论学习培训与教学实践、反思寻源、教育科研融为一体，为学校在新课标理念下的课堂教学模式研究提供依据，提高课堂教学的有效性。

第三，以案例为载体，让教师走向成熟。案例分析是运用文本、声像等手段，通过对具体的教育教学情境、故事的描述，引导受训者对已经发生的或正在呈现的某一特殊情境进行研讨，以解决特别问题为目的的一种参与式培训。其基本要领是：①精心选取案例；②认真设计案例；③准确分析案例。（案例分析的全过程＝呈现案例＋个人反思＋同伴互助＋专业引领＋新的困惑）

你只顾享受眼前，便不能享受将来；你现在怕吃苦，到头来会吃一辈子的苦。当前，湛江市新一轮课堂教学改革正如火如荼地展开，这对教师来说既是挑战，也是机遇。达尔文在晚年时这样感慨：我这样一个才智平庸的人，居然能够在那么大程度上影响人们的信仰，实在出人意料。我的小学老师和我的父亲甚至认为我是一个平庸的孩子……面对这份人生感慨，年轻的你，还有什么理由不鼓足自信的风帆呢？所以，我总是这样告诉年轻教师：从现在开始"振翅"，就不算晚；从现在开始起飞，教育人生一定能够精彩和美丽。

巴尔扎克有一句名言："一个有思想的人，才真是一个力量无边的人。"年轻教师要有勇气接受工作和生命价值的挑战，才会赢得机遇，快速成长。在教育之路上，只要善于将自身的成长与学校的发展结合起来，志存高远，多些实干、少些浮躁，养成爱学习的良好习惯，做一名有思想的教师，无论面对鲜花还是嘲笑，依然坚信"我行，我可以"，"十年磨一剑"，你就会收获一个精彩的教育人生。

以下是一位优秀青年教师在教师节上的成长感言。

尊敬的各位领导、各位老师：

大家晚上好！

今天，我们共同迎来了第 28 个教师节。能在这样一个特别的日子里，作为青年教师代表发言，我，十分荣幸，心情也特别激动。首先，请允许我代表全体教师向一直关心、支持我们学校教育的教育局领导，表示衷心的感谢和崇高的敬意！向奉献于我们附中教育事业的每一位老师说一声："节日快乐！幸福安康！"

永远忘不了，12 年前 8 月的那天早上，我揣着一颗紧张而兴奋的心，在一双双新奇的眼睛里出现。从此，一支洁白的粉笔，一块神奇的黑板，把我引向一条漫长的路，引向无穷智慧的境地。无论是初为人师时的第一句"上课"，还是学生的一声"老师您好"，都已成为我人生里最难忘的记忆，最珍视的时光。

我很幸运，生活在附中这个大家庭。是它给了我实现生命价值的空间，给了我施展才华的舞台。在这个大家庭里，每个人都面带微笑，为着共同的目标而创造；在这个大家庭里，每个人都心怀真诚，为着共同的希望而努力；在这个大家庭里，每个人都爱岗敬业，为着共同的理想而打拼。可敬的家人们孜孜不倦地在没有惊涛骇浪的教室里寻求着生命的价值和真谛。我很幸运。每当在工作中遇到困难时，总会遇到长者的信任、鼓励的目光，在身边每一位热心人的帮助下，我在附中这片沃土上，在教师这一职业里，尽快地成长。我是一位年轻的教师，虽然以我目前的能力还无法成为这一职业的代言人，但是，我为自己能从事这种绵延亘古、传递未来的职业而自豪，因为我知道，学生跳动的、期待的目光就是对我的掌声，学生挥舞的录取通知书就是对我的最大的褒奖。

教师，没有华丽的舞台，没有簇拥的鲜花，三尺讲台一块黑板就是我们挥洒人生的天地。

当岁月变成星辰，历史成为沧桑，我们依然守着讲台，放飞着希望。

当花红柳绿，鹰飞草长，我们依然固守清贫，培育桃李芬芳。

尽管我们也会两鬓成霜，年轻的心却从未改变模样。

尽管我们也会当爹做娘，三尺讲台却仍然是我们的主战场。

可能我们也为柴米油盐烦恼焦虑，但内心的忧伤却从不写在脸上。

我们被社会这样赞誉："一支粉笔两袖清风，三尺讲台四季晴雨，加上五脏六腑七嘴八舌九思十想，教必有方，滴滴汗水诚滋桃李满天下"；"十卷诗赋九章勾股，八索文思七纬地理，连同六艺五经四书三字两雅一心，诲人不倦，点点心血勤育英才泽神州"。

我是一名数学教师，俗称数学佬。数学，是神奇而美妙的，是有用而有趣的。所以，最后，我用美妙的数学语言真诚地祝福大家：祝您的身材像双曲线一样苗条，祝您的嘴角永远像开口向上的抛物线一样上扬，祝您的幸福像指数爆炸一样增长……我们一起做教育，就像在解一道生活的魔法方程，X 的解总是快乐和幸福。祝大家永远幸福！谢谢大家！

## ◎ 给新教师一对隐形的翅膀

新教师是学校的新鲜血液，是学校的新生力量。随着学校规模的不断扩大，附中每年新进教师少则十几名，多则几十名。因此，重视新进教师的培育，是学校的一项重要工作。

概括我多年的经验，新教师培育中最重要和最根本的，就是让新教师尽快找到归属感，归属感和认同感就像一对隐形的翅膀，能让新教师起飞。要让新来的教师和原来的教师合心、合力开展工作，第一就是人文关怀，让所有教师对新集体产生更多的认同感；第二就是专业支持，让每一位教师把交流当成专业成长的"加油站"。

### 一、送给新教师的几句话

每年我都以"解放思想 青年先行"为题，给新教师心灵寄语，我送给他们的几句话，成为青年教师成长路上共勉的励志格言。

#### 1. 第一句：小树慢慢长大——学会等待

《南方周末》专栏作家连岳有篇文章叫《小树慢慢长大》，文中说：树木最好地诠释了"成长"的内涵。第一点，它把"成长"视为生命最本质的特征，自我否认、自我怀疑、自我更新，能使"成长"过程进行到生命体的最后一刻。第二点，成长只能是缓慢的，拔苗助长行不通。一棵小树只能慢慢"长大"，这是它成长的基本准则。而在人类社会，缓慢似乎已变得不合时宜，人们都在追求快速成功，GDP 要快速成长，爱情要讲究"速配"，连发掘古墓也要在中央电视台搞现场直播。物欲烧灼着芸芸众生浮躁的心灵。

学会等待，一是对自己的工作要有一分从容的态度，不心浮气躁，不急于求成。不能指望一次谈话就可以改变人的一生，一次活动就可以百分百完成预定任务，一次科研就能形成自己的教学风格。农民常说：播下种子就庆祝丰收未免高兴得太早。学会等待的另一层更重要的含义是能够用发展的眼光去看待学生。教育学原理告诉我们，学生道德观念、优秀品格及学习能力的形成是一个长期的过程，即使是对一个概念、一个原理的理解和运用有时也需要反复训练，学生的认知水平时常会从较高层次突然回落到初始状态。唐诗警句说："试玉要烧三日满，辨材须待七年期。"学生的成长不会一帆风顺，更不可能一蹴而就。

学会等待，要求教师树立这样的理念：这节课没学好，不等于下次课学不好；这次没考好，不等于下次考不好；这门课没学好，不等于别的课没学好；学科文化没学成，不等于一生不成功。在校优秀日后平平者有之，在校平平日后优秀的也大有其人。

## 2. 第二句：学校是学生可以犯错的地方——学会宽容

《现代汉语词典》对"宽容"的解释是："宽大有气量，不计较或追究。"宽者，不狭隘，如登高望远，坦坦荡荡；容者，能包涵，如天覆地载，有容乃大。宽容，是圣人所云"己所不欲勿施于人"；宽容，也是"己之所欲亦不强加与人"。德国哲学家莱布尼茨说：世界上找不出两片相同的树叶。更何况我们面对的是"万物之灵"的人类呢？

要允许学生犯错误。《左传》云："人谁无过？过而能改，善莫大焉。"毛泽东说："不犯错误的人只有两种——未出生的人和死去的人。"马克思说："青年人犯错误，上帝都原谅他。"可以说，人的成长过程正是一个不断犯错、改错的过程。不能因为学生屡次犯规就把他打入另册，不能因为学生几次没考好就急忙向家长发"病危通知"，更不能因为学生达不到教师的期望而武断地签署"死亡证明"。

要允许学生有不同的见解。没有差异，就没有多样性。不难想象，千人一面的学校是多么的乏味。要把学生间的差异当成一种重要的课程资源，没有对差异的珍视，也就没有个性培养的可能。"不同的见解"当然也包括学生中某些偏激的思想，偏激的思想往往有着"片面的深刻"，这对思想解放、教学相长有着更重要的价值。教师不能把教室当成自己的王朝，君临天下，唯我独尊，独霸"话语权"。

肖川博士说："尽管宽容难以避免对于罪错的迁就、姑息和纵容，但我们仍不能因噎废食，因为在教育中，宽容比惩罚更具有力量，它对于造就健康人格，培育宽容、真诚、信任与正直的品质，有着不可替代的价值。"[①]

## 3. 第三句：用心发现"美"——学会赏识

李白说："天生我材必有用。"教师必须经常不断地暗示并使学生牢固树

---

① 肖川. 教育的理想与信念［M］. 长沙：岳麓书社，2002：192.

立起这种观念。来到学校的择校生特别是实验学校的学生，有相当一部分是初中时期的所谓"差生"，是应试教育体制下的失败者、牺牲品，不少人曾受过老师的白眼、同学的歧视和家长的皮肉教育，花季笼罩于阴霾之下，前途迷失在缥缈之中，因此造成了严重的心理障碍，所以经常呈现的是过度自卑的萎靡状况。学校教师要用自己的爱心和智慧，扫去他们心灵深处的尘埃，照射温暖纯洁的阳光，让我们的学生在充满希望的氛围中成长。

当然，仅有希望是不够的，还必须要为他们创设成功的机会。学生的潜能何在？学生的特长何在？学生的"亮点"何在？教师要慧眼识人，学校要为他们的潜能开发、特长展示、"亮点"放光搭建平台。实验心理学证明："一个人只要体验一次成功的欣慰，便会激起多次追求成功的欲望。"自信心的建立和强化必须在一次又一次成功的愉悦体验中完成。所以，除了文化课和专业技能训练之外，必须开辟第二课堂。不能把这些活动简单地看成无关宏旨的说说唱唱、蹦蹦跳跳、写写画画，看作是学生剩余精力释放式的自娱自乐，看成校园文化简单的标签。运动场上的不凡身手，联欢会上的出众表演，同学的一声喝彩、老师的一声赞许、家长的一次夸奖，都可能在被赞誉者心中留下难以磨灭的印象。可以说，每一次有针对性的特长展示，都是一部分同学的重大节日，都是一次激活热情的诱因，都是一次重树自信、重塑自尊的契机。

赏识是肯定、是重视、是赞扬、是激励。在充满赏识的环境中，学生可以学会有效的自我表达、健康的自我导向，才能获得自主发展的能力。

4. 第四句："二人同心，其利断金"——学会合作

当今时代是一个崇尚个性的时代，也是一个崇尚合作的时代。没有个性就无所谓合作，只有在合作中才能张扬并发展个性。学会了合作，就意味着学会了对不同意见的尊重与接纳，就意味着学会了必要的妥协和退让，就意味着多了一份谦虚、多了一份成熟、多了一份美德。

与校长合作，齐心协力，有益于打造学校的品牌；与同事合作，敬业乐群，优势互补，有益于形成教育合力；与学生合作，以诚相见，教学相长，有益于师生共同进步达到"双赢"；与家长合作，相互尊重，及时沟通，有益于优化教学资源；与兄弟学校合作，互通信息，资源共享，有益于共同发展共同繁荣。

遗憾的是，合作至今尚未形成良好风气。在部分教师看来，校领导是负责方向的决策者，自己只是个服从差遣的执行者，对学校的大计方针不闻不问。和同事交往，不求思想碰撞、学术共进，但求相安无事，一团和气。打

心里看不起学生，没有坏事不叫家长，跟外界老死不相往来，等等。当然，这种现象不仅取决于教师的认识程度，更取决于学校的倡导与决策。学校要为教师的合作创设宽松积极的环境。

合作是一种能力，一种热情，一种品质，更是一种和平相处的宽广胸怀。独学无友势必孤陋寡闻，单打独斗往往难成气候，只有团结协作才能共铸辉煌。

5. **第五句：众里寻她千百度——学会选择**

教育内容的选择。面对教材，教师必须在思想性和艺术性两个方面对其进行价值判断，根据其优劣高下决定取舍。大力弘扬民主、科学、正义、高尚、公平、自由等精神，抛弃封建性糟粕，决不能"唯上""唯书"，随波逐流，人云亦云。教师对教育内容的选择，不仅是对个人思想和艺术功底的考验，也是培养学生独立思考能力的有效途径。

教育时机的选择。所谓瓜熟蒂落，水到渠成，教师必须善于把握教育的时机。抓准切入点，找准症结，不疾不徐，不温不火，恰到好处才能事半功倍。

教育方法的选择。教师在教学过程中，要借助于教学内容，运用教学艺术，采用适合学生实际需要的手段和方法，诱发学生的学习动机、兴趣、愿望和需要，使学生主动参与、主动探索、主动思考、主动实践，把书本知识转化为个体的知识，把前人的智力知识转化为个人的思想和行为。

6. **第六句：正人先正己——学会自律**

讲的是教师的法律、道德及人文素养问题。作为教师，我们必须经常叩问自己：现代公民的权利和义务是什么？学生有哪些权利？什么是民主与法治？什么是教师的基本规范？什么是我们的伦理底线？怎样尊重人类的尊严？怎样承担社会责任？是否具有自由意志和独立人格？自己是否真诚？是否善良？作为教师，我们必须经常告诫自己：刻毒的辱骂，是对学生人格权和名誉权的侵犯；行为暴力，是对学生的身体健康权的侵犯；随意停课，罚不当罪地开除学生，是对学生受教育权的侵犯；私拆信件，不准宿舍上锁，是对学生隐私权的侵犯；乱收费、乱罚款、吃请索礼，随便没收学生的东西，是对学生财产权的侵犯；……须知，学生作为独立的社会主体，享有与成年人同等的权利，必须受到保护与尊重。

如果我们不具备"终极关怀"式的人文精神，那么至少要有较为理想的教师职业道德；如果因为嫌实行显性规则成本太高、风险太大而不愿追求道德规范，那么至少也要学会守法。

学校教师要学习以下法律:《中华人民共和国宪法》《中华人民共和国教师法》《中华人民共和国教育法》《中华人民共和国未成年人保护法》。

7. 第七句:求木之长者,必固其根本——学会继承

自从江泽民同志提出"创新是民族进步的灵魂,是国家兴旺发达的不竭动力"的观点后,"创新"成了使用频率最高的一个名词。这里我想琵琶反弹,泼一点"冷水"。

什么是创新?创新是指在前人知识和技能的基础上,开拓前进,创造新的教育思想、教育方法和教育成果。了解前人的知识和技能是创新的先决条件。以数学教学为例,新教法花样繁多,层出不穷。

那许许多多的新教法是否超越了"朴素""本真"的传统?我看很难说。不少标榜新异的提法,一缺扎实的传统素养,二缺先进的理论指导,三缺具体的实验证明,探求新路是假,追名逐利是真,浮躁而已!

当然,要适应千变万化的形势,要想引领时代潮流,就要与时俱进不断创新。但是切记:创新之大厦只有建立在厚重的传统基础之上,才可能牢固;创新之树只有扎根在肥沃的传统土壤里,才可能繁茂;创新之河只有与传统之水沟通,才可能浪涛汹涌,永世不竭。

在新教师的具体成长规划上,学校也要精心做好指导方案,帮助他们获得更多成长的支持和力量。

### 学校对新教师成长规划指导

一、青年教师成长的基本目标要求

实行"一、二、三、四、五"目标制——一年入门,两年过关,三年成熟,四年成骨干,五年初创特色,再五年成为学科带头人。

一年入门:了解所任学科的新课程标准和教材内容,会独立编写规范教案,能比较完整地完成课堂教学过程;能够积极辅导优秀学生和学习困难学生;掌握初步的研究方法;教学成绩跟上其他教师。

二年过关:教学基本功基本合格,并具有合理地处理教材内容和驾驭课堂教学的初步能力;能基本胜任班主任工作;学会把科研的思想与方法应用到教学中;教学成绩处于中等水平。

三年成熟:胜任教师工作,能将计算机信息技术较为熟练地用于课堂教学之中,充分利用多媒体课件进行教学;能独立开展班主任工作,做好学生的政治思想工作;参与立项课题论证,能独立承担校级立项课题研究任务;教学成绩处于中上水平。

四年成骨干：形成具有一定特色的教学风格，开始发挥教学骨干作用；初步成为科研型教师；教学成绩处于中上水平。

五年初创特色，再五年成为学科带头人。

## 二、提高基本素质的总体要求

政治思想要"明"，改革意识要"强"，教学业务要"精"，面对学生要"爱"，基本功要"硬"。

## 三、练就扎实基本功的基本要求

一颗奉献的心，一笔漂亮的字，一副端庄的仪容仪表，一口流利的普通话，一套有特色的教材处理办法，一手熟练的电脑操作技巧。

## 四、教学基本功要重点训练："五功"

说功，重在言语表现；写功，重在文字表现；画功，重在艺术表现；做功，重在操作表现；气功，重在气质表现。

为把新学年的工作做好、做优，全体教师就要努力做到以下几点：

第一，倡导一种教育精神："强内涵，知难而进；重合作，协力同心；求优质，务实践行"的教育精神。

第二，遵循一个教育原则："分层教学"中"关爱每一个学生，为了每一个学生的发展"的原则。

第三，有培养学生的意识：培养学生"好强的个性，竞争的意识，不服输、不断进取的精神"。

第四，明确一条教育底线："从最后一个学生抓起，用动态发展的目光看待每一个学生，让每一个学生得到天天有进步！"

第五，善于运用教学三个准则：①依学生的"最近发展区"施教；按学生现有水平略高一点施教，即是让学生"跳一跳，才可摘桃子"的方法；②关注"需求"与"质量"，对各种类型、各种层次学生进行推进；③"让每一个学生尽可能成为他可能成为的人"，要求教师教其所教，学生人人能成有作为的人。

第六，要有成为"魅力"教师的梦：①教师的教学能适应学生的认识发展，我们称之为合格教师；②教师的教学能促进学生的认识发展，我们称之为优秀教师；③教师的教学能培养学生的创造性思维，我们称之为魅力教师。

## 二、最近发展区理论和教学反思

在教育教学方法与技能的指导上，我们必须从教育规律出发，给予具体的指导，要引导其关注细节，关注过程，要研究"有效的教法"与"有效的学法"，要学会善导，培养学生乐学。在具体的指导过程中，一要重视"最近发展区理论"；二要重视教学反思。

**（一）"最近发展区理论"引导年轻教师的教学成长**

20 世纪 30 年代，苏联教育家维果茨基提出的"最近发展区理论"是心理学理论应用于指导教学实践的典范。我们当中有不少教师对"最近发展区"这一概念也不陌生，其本质可归结为"'教学'应当走在'发展'的前面"，"只有针对最近发展区的教学，才能促进学生的发展；而停留在现在发展区的教学，只能阻碍学生的发展。发展的过程就是不断把最近发展区转化为现在发展区的过程，即把未知转化为已知、把不会转化为会、把不能转化为能的过程"。

的确如此，要做到这点，就必须要了解学生的认知结构，就是教师在教学前，首先要了解学生已经掌握了什么，要对学生的知识"有底"，唯有如此，才能在这个基础上，让学生走向最近发展区。

其实，也很容易理解：以素质教育为背景的我国当前教学改革倡导要面向全体学生、使学生全面发展的现代发展式教学观。这一观点认为，教学的本质是激励学生的学习积极性，帮助学生全面发展。而"最近发展区理论"所倡导的教学观恰好与之暗合。最近发展区理论认为，学习与发展是一种社会合作活动，它们是永远不能被"教"给某个人的。它适于学生在他们自己的头脑中构筑自己的理解。而正是在这一过程中，教师扮演着"促进者"和"帮助者"的角色，指导、激励、帮助学生全面发展。"最近发展区理论"指导我们教学时，具体要做到以下几方面。

**1. 树立"新型"的因材施教观**

论古今，人们对因材施教的最本质的解读是"依据学生的实际情况，施行相应的教育"。而当我们通过最近发展区这一理论来透视传统的因材施教观时，就会发现建立"新型"因材施教观之必要性。在最近发展区理论看来，仅仅依据学生的实际发展水平进行教育是保守、落后的。学习依赖于发展，但是发展并不依赖于学习。有效的教学远远地走在发展的前面，应该超前于发展并引导发展。因此，教师不仅应该了解学生的实际发展水平，而且应该了解学生的潜在发展水平，并根据学生所拥有的实际发展水平与潜在发展水平，寻找其最近发展区，把握"教学最佳期"以引导学生向着潜在的、最高的水平发展。

当我们去到杨桃沟、橙子园，吃着果农给我们准备好的与自己亲自采摘的，感觉是不一样的。特别在果农指导下（长在上面太阳晒着的果特别甜），我们都要跳起来采摘挂在树上的果子，我们跳一跳便能摘到果子的那种愉悦心情是难以用语言来描绘的。那么，在我们的教学实践中，我们为什么不引导鼓励学生"跳一跳"去达到他们最高的发展而只是"依据学生的实际情况，施行相应的教育"呢？显然，传统的因材施教观应进一步发展，更新其含义。"新型"的因材施教观中，"材"不应该是一个单一的、静止不变的概念，而是一个动态的、发展的概念。它启发我们不仅要以学生的"实际发展水平"而教，而且要以学生的"潜在发展水平"而教，从而使教学引导学生全面而超前地发展。

### 2. 鼓励学生在问题解决中学习

对某一学科知识的掌握是重要的，但是对有效教学来说，通过问题解决来鼓励学生学习，以超过他们的现有知识和技能发展水平是更为重要的。从"最近发展区理论"看，学习应当被融入对日常不断产生的矛盾冲突的解决中；而教学则应当为学生提供重新解决问题的机会，鼓励学生在解决问题中学习，成为解决问题的主人。

在教学与课程改革中，我们学校的高中教育进行了按学生层次分班，更有利于教师寻找同一个班学生的"最近发展区"的举措的实施，从而更有效地用好"最近发展区理论"指导教学，进一步鼓励学生在问题解决中学习、在问题解决中探索，激发他们的好奇心，引发他们对问题解决的深层理解，从而通过问题解决使学生建构起对知识的理解。

### 3. 落实用好"最近发展区理论"

（1）掌握教材知识结构与学生原有知识、技能和经验等之间的联系，使教学内容置于学生认知水平的"最近发展区"（"国家课程"校本化的一个表现）。

学习中的问题，一般应来自于学科与现实生活的情景中，来自于学生原有知识、经验和技能。教学中，教师要善于钻研教材，把握教材的脉络；研究学生的认知特点，依据学生的发展规律来创设问题，使教学内容置于学生认知水平的"最近发展区"之内。事实表明，设置的这些问题应该有两个显著的特点：一是可接受性，即能激起学生的学习兴趣，学生愿意运用已掌握的认知结构来解决；二是障碍性，即学生不能直接看出问题的答案，必须经过深入的研究与思考才能得出其结果。只有这样，才能保证教学内容是适应学生的，并能被吸收到他们的认知结构中。

（2）分析问题时要注意"最近发展区"对实践的指导意义。

首先，善于挖掘同一认知水平的不同"最近发展区"，力求问题在尽可能多的维度上展开。从同一来源材料中探求不同答案的思维，是学生能力中很重要的部分。培养这种能力，有利于提高学生学习的主动性、积极性、求异性、创新性。因此在教学中，要善于挖掘同一认知水平的不同"最近发展区"，使学生在训练中逐渐形成具有多角度、多方位思考问题的方法与能力。

其次，善于多步骤、小幅度设疑引导，借助"最近发展区"，使认识不断深化。教师在进行学科教学时，要针对学生思维的"最近发展区"，在明确他们现有发展水平和潜在发展水平之间的差距的基础上，从低起点、小跨度起步，遵循由简单到复杂、由具体到抽象、由低级到高级的思维发展顺序，循循善诱，要做到师生共同多层次、小步距设疑释疑，从而引导他们逐步消除思维障碍，科学地突破"最近发展区"。

（3）问题解决后，要坚持回头看，扩大认识的"最近发展区"，促进思维向更高层次发展。

学生的思维突破"最近发展区"以后，思维的潜在发展水平转化为新的现有发展水平，在新的现有发展水平的基础上，又必然出现新的思维潜在发展水平，并形成新的思维"最近发展区"……如此螺旋上升。因此问题解决后，要坚持回头看，扩大认识的"最近发展区"，促进思维向更高层次发展。

总之，教学中，教师一定要认真分析学生发展的两种水平，激发起他们那些尚处于最近发展区内的发展过程。通过主动、广泛、深入思考、推理、反思再造等活动，不断占领新高地，开辟新的最近发展区。

### 三、加强教学评价与反思教学，将经验内化为能力

#### （一）将"听课"改为"观课"

##### 1. 何谓"观课"

"观课"不只是我们常说的"听课"。"听"指向声音，"听"的对象是师生在教学活动中的有声语言往来；"观"即"观察"，不但要"听"——听教师的授课，还要"看"——看课堂的具体表现，更要"思考"——思考课堂展示出来的价值。"观"强调运用多种感官（包括一定的观察工具）收集课堂信息。在多种感官中，"眼睛是心灵的窗户"，透过眼睛的观察，除了语言和行动，课堂的情境与故事、师生的状态与精神都将成为感受的对象。更重要的是，观课追求用心灵感受课堂，体悟课堂。"观课"的内涵比"听课"更丰富，更能表达出教师专业发展的一种形态。"观"还有"观摩"的意思，更侧重于同级之间的交流、欣赏、学习；"听"虽然也含有学习等

意味，但总排除不了考核考评的感觉。

听课一旦涉及教师的"利害""奖惩"，就失去了教师"学习""发展"的真正意义。观课的主要目的是"观课者"与授课者之间的交流、学习和提高，教师接受了新课程的理论指导后，必须把学习的心得、学习的成果转变为课堂实践。观课互动能使教师在不断的教学实践中持续发展成长，对推动教师的专业化发展有积极的作用。

2. 怎样"观课"

观课中，要注意观察和记录课堂教学中与研究问题有关的有声语言和无声语言。例如，我们今天要研究的问题："基于课程标准的课堂教学是怎样的？""'数学文化'在数学课堂上的魅力是怎样表现的？"就第一个问题，应关注课堂教学中的三维目标："基本知识与基本技能；过程与方法；情感、态度与价值观"。

从组织教学方面来看，我们看好"双主"：教师的教是怎样突出"主导作用"？学生的学所显出的"主体地位"表现在哪？（是否突出"自主学习"）；师生之间的互动是怎样开展的？（是否突出"探究学习"）；生生之间的互动又是怎样进行的？（是否突出"合作学习"）。

3. 观课后的交流（议课）与反思

讨论主要围绕课前大家确定的问题以及教学处理的过程，授课教师避免向观课教师提这样问题："你觉得这一堂课怎么样？"这样会容易引导"观课者"往评估这堂课好坏的角度考虑，失去了互相指导、互相学习的意义。授课者可以这样问："就我们共同商量确定的某某问题，你从哪一个环节谈起？""观课者"和授课者在讨论的时候，如能就自己提出的做法用课程的有关理论印证，效果会更好。

议课要议出更多的教学可能性，拓展可能性空间。教学可能性空间是多种教学路径、方法、行为、效果等发展变化的可能性集合。议课的任务不是追求单一的权威的改进建议，而是讨论和揭示更多的发展可能以及实现这些可能的条件和限制。议课的过程，是参与者不断拓宽视野，不断开阔思路的过程。在了解和认清更多教学选择以后，教师可以自主选择更适合自己、更适合学生、更适合教学内容与情境的教学方式和行为。譬如食用鸡蛋，那就是使参与者在单一的传统的煮鸡蛋的食用方式基础上，再多了解煎、炸、炒、蒸等可能的方法，掌握相应的控制方法以后，自己根据需要自己煮，并不断创新。介绍煎、炸、炒、蒸的方法，不是否定煮鸡蛋的方法、丢弃煮鸡蛋的方法，只是多提供了一些选择，以满足加工者的不同特点，适应不同消费者的需要。

观课、议课要促进对日常教学行为的反思。观课、议课强调教师要以课堂为平台检视自己，反省自己，改进自己。课是平常的、普通的课，针对习以为常的行为，观课、议课追求对这些行为和背后的观念进行批判和反思，强调透过表面行为直抵内心的价值观念和教育假设，通过深度挖掘，使隐性知识显性化，通过深度对话帮助教师认识教育假设，更新教育观念。

### （二）善于运用撰写"教学随笔""教育故事"方法反思教学

#### 1. 先写后用

在教学检查中，发现我们很多教师都有写"教学随笔"的良好习惯。当然，写"教学随笔"也是学校对每位教师的教学提出的一个基本要求。然而，写了教学随笔如果不善于运用就等于没写，甚至有作秀的成分。善于运用撰写的"教学随笔"，先决条件是大家要先写，然后才有可能去谈善于运用。连写都不写就难谈运用，更难谈善于运用了。

#### 2. 教学随笔

在教学中多把教学成功的喜悦、失败的教训、瞬间得到的领悟与启示写下来，把平时没有想到的观点、没有注意到的材料一旦发现就要写下来，把教材中不完美的、经深入思考研究而得到新的认识或新的疑点写下来，把观课过程中找到的差异或个案写下来，把在课后师生之间的交谈和在学生学习的成功或失败中捕捉到的题材写下来，等等，就是我们所讲的教学随笔。

#### 3. 为何要用

教学随笔可能是我们在教学中的瞬间的体会，也可能是我们教学后得出的心得，也可能是其他教师或学生提供的意见。它具有参考价值和指导意义，写下来就是为了反思自己的教学、指导自己的教学。善于运用撰写的"教学随笔"，就可能事半功倍，就可能得心应手，就可能少走弯路，就可能有不断的新发现。实践证明，许许多多的教学能手都是在其"教学随笔"的指导下成长并成才的。

#### 4. 如何去用

（1）要多回头看，每节课前都应回头看看上节课的教学随笔，甚至是更早前的教学随笔，做到最大限度的有效教学。

（2）要重新修改、补充和完善，使教学随笔更加全面和准确。

（3）要及时整理自己的教学随笔，形成系统的理论指导自己的新教学实践。

（4）要多交流教学随笔，同学科之间甚至跨学科之间的教师、同年级或不同年级的教师教学随笔都可以相互交流，相互参考，同与异的相互交流可以让新手快点成熟起来，让已成熟的更加优秀起来。这一点我建议教导处指导网管中心尽快在学校网页上建立起全校教师的博客，为大家搭建教学交流平台。

## ◎ "互联网＋"成就教师未来

在第十二届全国人民代表大会第三次会议开幕会上，李克强总理在政府工作报告的"新兴产业和新兴业态是竞争高地"中提到："制定'互联网＋'行动计划，推动移动互联网、云计算、大数据、物联网等与现代制造业结合，促进电子商务、工业互联网和互联网金融健康发展，引导互联网企业拓展国际市场。国家已设立 400 亿元新兴产业创业投资引导基金，要整合筹措更多资金，为产业创新加油助力。"

李克强总理在政府工作报告中提出"互联网＋"的概念，对全社会、全行业来说，是一个非常大的振奋。

### 一、"互联网＋"是什么

通俗来说，"互联网＋"等同"互联网＋各个传统行业"，这正是目前大多数人对于这个概念的解读。其实，这么表述不够准确。"互联网＋"的概念远远大于"互联网＋传统行业"的概念。"互联网＋传统行业"仅仅是字面解读、直接解读了"互联网＋"这个概念，可以说，这也是这个概念最初的意思。如果把二者画上等号，就会给各方面的工作带来偏差。

那么，问题又来了，除了"互联网＋传统行业"这层意思，"互联网＋"还有什么别的意思？

记得微信里有一个段子："邮政行业不努力，顺丰就替他努力；银行不努力，支付宝就替他努力；通信行业不努力，微信就替他努力；出租车行业不努力，滴滴快的就替他努力。"这个段子虽然不是十分贴切，但也从某种角度说明了正是因为这些行业做得不够好，才有了互联网公司施展拳脚的地方。从而可以倒逼这些行业去提高效率，加快创新。

另外还有一个段子，是从另外一个角度阐述的："百度干了广告的事，淘宝干了超市的事，阿里巴巴干了批发市场的事，微博干了媒体的事，微信干了通信的事，不是外行干掉内行，是趋势干掉规模！"

所以，到了"互联网+"的时代，互联网已经不再是一个行业，已是跳出了一个行业范畴，早就"随风潜入夜，润物细无声"，再也没有传统企业的概念了。互联网就成为国民经济的一个大的引擎，是效率的引擎，是创新的引擎。"互联网+"时代，应该是介于互联网时代和后互联网时代之间的这段时期。到了这个层面，才是李克强总理更看重的，也是"互联网+"写进政府工作报告的意义所在。

"互联网+"具体可理解为："互联网+"是互联网思维的进一步实践成果，它代表一种先进的生产力，推动经济形态不断地发生演变。从而带动社会经济实体的生命力，为改革、创新、发展提供广阔的网络平台。"互联网+"是利用信息通信技术以及互联网平台，让互联网与传统行业进行深度融合，创造新的发展生态。它代表一种新的社会形态，即充分发挥互联网在社会资源配置中的优化和集成作用，将互联网的创新成果深度融合于经济、社会各领域之中，提升全社会的创新力和生产力，形成更广泛的以互联网为基础设施和实现工具的经济发展新形态。

其实，"互联网+"早已经改造及影响了多个行业，当前大众耳熟能详的电子商务、互联网金融、在线旅游、在线影视、在线房产等行业都是"互联网+"的杰作。

## 二、"互联网+教育"又是怎样的情况

大家知道，第一代教育是以书本为核心的，第二代教育是以教材为核心的，第三代教育是以辅导和案例方式出现的。而如今的第四代教育，用中国工程院院士李京文的话来说，"中国教育正在迈向4.0时代，这个时代才是真正以学生为核心的"。李院士说："过去在课堂上看到学生玩手机要没收，而在今天，学生是用互联网在进行学习和创新创业实践，这种方式能够真正激发学生学习的热情和创新创业潜能。'互联网+教育'是以思维方式培养为导向，真正开发学生的创新思维，通过启发、开拓和训练，最终实现'互联网+教育'深度融合。"

"互联网+"对传统行业显示出其强大的力量，不断促使其进行换代升级。当"互联网+"遇到教育的时候，互联网对教育变革作用也体现得很明显。传统的教育模式基本就是学生坐在教室里，教师在讲台面对一个班学生授课。而现在的在线教育，只要有一个可以联网的移动终端，你可以在任何地点在网上选择各自喜欢的课程学习。

互联网早在几年前就开始应用在了教育领域，一个最典型的例子就是

"慕课"。"慕课"的出现使得优质的教育资源在全球范围内得到了共享。这些资源均由各地优秀的教师录制而成，无论何时何地，都可以进行学习。"慕课"不同于传统的视频课程，里面的课程是由许多时间大概在 10 分钟的"微课程"构成，而且整个课程都是由一条主线贯穿其中，每个模块都有一个关卡，只有通过这个关卡才能接着下一个模块学习。这种学习模式类似于玩游戏，学生在学习的同时也能享受到"游戏通关"带来的乐趣。

目前，在线教育在国内外都发展得很快。前不久，阿里巴巴和北京大学合作打造了大型网络课程平台——华文慕课，里面的课程资源都是由北京大学顶尖的教师录制而成，学生在网上可以免费学习，只要通过考核便可以得到学业证书。国外还有比较知名的可汗学院，这个学院在全球范围内拥有数百万学生，在互联网教育行业具有较大的影响力。

另外，通过云计算的应用，也可以大力促进教育资源的共享，例如珠江三角洲地区一所学校的精品课程，通过上传至云端，便可以供全国范围内的师生使用。

概括来讲，"互联网＋"会给教育带来以下几方面的改变。

### 1. "互联网＋"让教育从封闭走向开放

"互联网＋"打破了权威对知识的垄断，让教育从封闭走向开放，人人能够创造知识，人人能够共享知识，人人也都能够获取和使用知识。在开放的大背景下，全球性的知识库正在加速形成，优质教育资源正得到极大程度的充实和丰富。这些资源通过互联网连接在一起，使得人们随时、随事、随地都可以获取他们想要的学习资源。知识获取的效率大幅提高，获取成本大幅降低，这也为终身学习的学习型社会建设奠定了坚实的基础。

### 2. 在"互联网＋"的冲击下，教师和学生的界限也不再泾渭分明

在传统的教育生态中，教师、教材是知识的权威来源，学生是知识的接受者，教师因其拥有知识量的优势而获得课堂控制权。可在"校校通、班班通、人人通"的"互联网＋"时代，学生获取知识已变得非常快捷，这使得师生间知识量的天平并不必然偏向教师。此时，教师必须调整自身定位，让自己成为学生学习的伙伴和引导者。

### 3. 在"互联网＋"的冲击下，教育组织和非教育组织的界限已经模糊不清，甚至有可能彻底消失

越来越具备灵活性的社会教育机构正对学校教育机构发起强有力的冲击。育人单位和用人单位也不再分工明确，而是逐渐组成教育共同体，共同促进教育协同进步。

从实质上看，"互联网+"对教育的影响主要体现在教育资源的重新配置和整合上。一方面，互联网极大地放大了优质教育资源的作用和价值，从传统的一个优秀教师只能服务几十个学生扩大到能服务几千个甚至数万个学生。另一方面，互联网联通一切的特性让跨区域、跨行业、跨时间的合作研究成为可能，这也在很大程度上规避了低水平的重复，加速了研究水平的提升。在"互联网+"的冲击下，传统的因地域、时间和师资力量导致的教育鸿沟将逐步被缩小甚至被填平。

#### 4. "互联网+"加速教育的自我进化能力

"流水不腐，户枢不蠹"，这句话告诉我们一个系统的自我进化能力是其生存和发展的根本。传统教育滞后于社会发展，教学内容陈旧、教学方式落后、教学效率低下，其培养出来的人才不能够满足社会发展的需求。这种自我进化能力低下的原因在于教育系统自身的封闭性。"互联网+"敲开了教育原本封闭的大门，也就加速了教育的自我进化。人人都是教育的生产者，人人又都是教育的消费者，这种新型的教育生态必然会更加适应社会的发展。

### 三、"互联网+教育"教师专业发展的未来思考

在这样的教育时代，面对这样的教学方式，我们教师又应该怎样做才能适应这个时代呢？

面对"互联网+"的挑战，教师不能刻意逃避，也不能任由互联网"肆意妄为"，而应从教育变革的真正需求出发，抓住机遇，直面挑战，让教育在"互联网+"的"风口"飞得更高、更稳、更远。

#### 1. "互联网+教育"的教师专业发展

教师专业发展指的是教师专业结构的各个要素的不断提升；是教师作为专业人员，在专业思想到专业知识、专业能力、专业心理品质等方面从不成熟到比较成熟的发展过程，即由一个专业新手发展成为专家型教师或教育家型教师的过程。

信息时代教师专业发展的特征，主要体现在它必须适应两方面的变化：

一是知识经济社会的来临，学习型社会形成和终身教育体系建立，人们不仅通过学校教育学习知识，而且在各种组织中，通过各种形式进行学习。

二是信息网络技术在教育教学领域的应用，正在改变传统的教育方式、过程和组织。教与学的关系正在发生变化，教师的作用、工作方式以及教师和学生的关系都将发生深刻的变化。信息时代的教师，不仅是教育者，而且

是终身学习体系和学习型社会中的学习者,还是教育工作的研究者和自身工作的反思者。

因此,教师专业发展的过程,是教师自身学习的过程,是教师对教育实践不断反思和建构的过程。

2."互联网+教育"对教师专业发展的影响

(1)教师专业素质呈现出信息化特色。现代教师的专业素质包括专业知识、专业技能和专业态度三个方面。教师专业化是一个发展的概念,教师专业发展也是一个持续不断的过程,在信息技术对社会的影响日益广泛的今天,教师专业素质呈现出信息化的特色。为了提高学生的信息素养,学校的许多课程在教学中采取了信息技术与课程整合的方式。将信息技术引入到教学中,增加了教师教学的复杂程度,增强了教师教学的创新性质,使得教师的专业知识、专业技能和专业态度呈现出信息化的特点。

(2)教师的角色发生转变,呈现出多样化趋势。在传统的教学中,教师是知识的传授者,在教学活动中处于权威地位。随着信息技术的发展和多种学习模式的出现,教师的角色呈现出多元化的趋势。网络环境下出现的新型学习模式,比如研究性学习等,使得教师成为学习的引导者和促进者。

利用网络,教师可以收集资源、广泛听取学生意见,同学科专家进行交流、共建教学资源、创造性地使用教材,教师成为课程的开发者。

网络信息时代知识更新迅速,对教师的学习提出了挑战,教师只有成为一名终身学习者,与时俱进,才能保持知识结构的鲜活。同时,网络技术的发展又为教师的终身学习提供了新的渠道与方法。

网络信息时代新的教育理念和教学模式的出现要求教师成为"科研型"教师,以研究者的眼光审视已有的教育理论和教育实际问题,在经验中学习,在反思中成长。当前的计算机、网络、多媒体教室等现代媒体给行动研究提供了便利的工具与手段,使教师成为行动研究者。

3."互联网+教育"实现教师专业发展的有效措施

(1)基于网络的自主学习。基于网络的自主学习是教师在拥有计算机、可以上网的情况下,自由选择学习时间和地点,自己制订学习计划,自己选择学习内容和学习方式,使自己的知识结构得到持续发展和完善的过程。

通常,中国教师的状况是工作紧张、精力有限,很难拿出整块的时间参加正规的面对面学习。网络具有时间、空间上的灵活性,使学习变得可以随时、随地自由地进行,更能适应教师的实际情况。此外,网上教学资源丰富。使用百度、Google 等搜索引擎能够很方便快捷地找到与课程内容相关的文本、图片、动画、音频、视频等素材，提高备课的质量和效率。

（2）基于学习型组织的教师共同体。学习型组织是教师集体的专业发展模式。在网络环境下，学习型组织不再局限在一所学校之内，只要拥有共同的愿望，无论教师处于哪个省份、哪个地域，都可以组成一个学习群体，相互交流教学经验、技巧和专业知识技能，进一步深化对问题的理解和认识。

网络环境下的教师共同体是以网络等虚拟交流手段为途径、面向教师专业发展的教师组织，共同体内的教师以某种教育目标而集合起来，组成团队，进行交流，实践共同的理念、目标与活动。在共同体中，组织成员围绕感兴趣的话题进行讨论，分享对方的观点，相互帮助，实现自我超越、促进某领域主题知识的积累和传播，使整个团体共同进步。

（3）教师的反思性学习。网络环境下的教师反思性学习是指在网络环境下，教师以自身的思想和行为作为思考和研究对象的学习活动。网络环境下教师反思性学习的内容主要有：对知识结构进行的反思、对教学能力进行的反思、对教师自身进行的反思。

博客为教师的反思性学习提供了更简易的平台。教师将自己日常的生活感悟、教学体会、教案、课件等上传发表到博客上，既可以对日常的教学经验进行反思、总结，还可以通过其他教师对自己博客内容的留言或浏览其他教师的博客实现交流学习的目的。

# 第四篇　用爱铺设学生的未来之路

教育家苏霍姆林斯基说:"教育是人和人心灵上最微妙的相互接触。"在从教的生涯中我深刻认识到:每一个人都是平凡的,但在平凡的岗位上能充分发挥自己的作用就是伟大的,爱的力量更是神奇的。让我们用真诚的心,走进每一个学生的心灵,用真诚的爱灌溉每一棵幼苗茁壮成长。

——作者心语

苏联教育家苏霍姆林斯基说:"教育是人和人心灵上最微妙的相互接触。"美国心理学家威廉·詹姆斯说:"人性最深刻的原则,就是恳求别人对自己的赏识。"林肯也说:"每一个人都喜欢别人的赞美。"教师爱学生,还应当期待学生。在教师的眼里不应有教不好的孩子。即使非常顽劣的孩子,也有闪光点,关键在于我们是否用心去发现。这正如苏霍姆林斯基所说的:"世界上没有才能的人是没有的,问题是在于教育者要去发现每一个学生的禀赋、兴趣、爱好和特长,为他们的表现和发展提供充分的条件和正确的引导。"

师爱不仅是教育的前提,而且爱的本身就是一股极大的教育力量。教师尊重学生、爱学生,学生就可以感受到自己的价值,容易形成自我价值感。所以,学校教育不仅仅是文化知识教育,还应是一种人格教育、情感教育,教师如对学生怀有积极的情感,将会对学生产生巨大的感染、教育作用。教师给予学生以鼓励和期待,哪怕只是一个眼神,都是在给学生传递他能行的信息,学生就会发展自信心、自尊心,并且愿意努力,克服困难,求取成功,而成功的体验又将进一步强化学生的自信心。

## ◎ 学科教育,应给学生留下什么

杭州师范大学东城实验学校在家长会上做了一个调查,有家长在调查中提及自己心中理想的课堂："我经常想起自己上学的时候，因受传统教育模式的影响，'灌输'式的课堂不为少见，老师在课堂上声嘶力竭地讲，学生在下面静静地听，然后再去完成一大堆强化式作业，死记硬背，应付考试。可以说，这毫无快乐而言，学生学得累，老师教得更累，那个时候心里是多么期盼有一种异样的课堂啊！"

所以，什么样的课堂才是理想的课堂？如何开展轻松有效的教学？如何采取更有效的教学方式达到事半功倍的效果？这已成为教师、学生和家长永远谈不完的话题和共同期待的目标，更是老师们心中一直追寻的教育理想。

没想到的是，这位家长代表还结合自己的人生体会，谈了对"家长心中的理想课堂"的认识，他提出的理想课堂是：

"充满爱的课堂。我们的老师应该是和蔼、慈祥、微笑着的，给学生的印象应该是乐观的、亲切的、可信任的。……应该是新颖有趣、千变万化的。……每堂课都颇有回味，使学生对课业产生好奇与期待，对学习赋予渴望与主动性。在轻松、自由、快乐、主动、感兴趣的前提下，什么问题都不成问题了，甚至可以达到事半功倍的效果。……偶尔也可以自我'放纵'一下的课堂。可以展示自己得意的作品，可以就某一现象交流一下想法，可以任意发表见解与辩解，可以在特定的教室大吼大叫等等，培养学生思维能力、创造能力，增强自信心和团队合作精神。"

最后，这位家长也非常清醒地表示：期待中的理想课堂是美妙的，但理想与现实之间必然存在差距。所以，他希望：在学校和老师的不断创新实践下，学校课堂建设能越来越成熟。

这位家长的观点告诉我们，当前的招生体制下，成绩固然重要，但学生综合素质的培养，亦不容忽视。毕竟，素质才是我们教育的最终追求。用美国萨达特的一句话来说："我们应该教我们的学生每天都来问老师一句话，现在教给我们这些东西，我们将来哪一天有用？"当然我们没法真的让学生每天都来重复这个问题，但是我希望每位老师都能心中有面镜，用这个问题照亮自己每一次备课，照亮自己每一次教育。这样，我们的教育就能萌发更多素质教育新芽，开出更多创新的花朵。

学科教育和课堂教学艺术应该讲究创新与特色，我们研究学科教学也已习惯把目光更多地投向"教什么""怎么教"这两个层面上，关注教材的剪裁和教学内容的安排，关注教学策略的选择和运用。其实解决好"为什么教"的问题远比上述两个问题重要得多，或者说如果没有解决好"为什么教"的问题，再怎样研究"教什么""怎么教"，也只不过是一种徒劳。

我们坚信：成功从来不只是一种模式。如果哪一天，当我们的学生倾心付出青春和汗水，而这一切，不只是为了"高考"这一件事情；而我们的教师也不再是知识的传声筒和观点的复印机，成为学生学习的引路人和成长的催化剂时，那么我们的教育新课改离成功就不远了。

此时，我们的课堂就会萌生诗人杜甫所说的"由来意气合，直取性情真"的美妙，就能成为师生心与心的互动，情与情的交融，构建起师生共同成长的天地。

## ◎ "我是谁，为了谁"的问题

教育工作中"我是谁，为了谁"的问题，也就是教师要清楚与明确教师的角色与学生的角色，然后才能按教育规律进行教育活动。

教育部在《基础教育课程改革纲要（试行）》中明确提出：课程改革的具体目标，要改变课程过于注重知识传授的倾向，强调形成积极主动的学习态度；改变课程结构过于强调学科本位，科目过多和缺乏整合的现状；加强课程内容与学生生活以及现代社会和科技发展的联系，精选终身学习必备的基础知识和技能；倡导学生主动参与、乐于探究、勤于动手，培养学生搜集和处理信息的能力、获取新知识的能力、分析和解决问题的能力以及交流与合作的能力。课程改革对教师提出了新的要求，呼唤着教师和学生从传统的教育角色中摆脱出来，进入新的角色。

### 一、新课标下教师的角色定位

新课标下教师在课堂中的地位发生了重大的变化。教师必须改变传统的重知识轻能力、重理论轻实践、重结论轻过程的教育观念。新课标强调"尊重学生的多样化发展需求""重视学生的创新精神和实践能力"，更强调"学习是一个主动建构知识、发展能力、形成正确的情感态度与价值观的过程"。由此可见，新课标下的教师的角色定位为：学生学习和探究活动的"引导者、启发者、参与者、倡导者、鼓励者、诊断者"。

1. 教师是引导者

俗话说"师傅领进门，修行在个人"，这句话一针见血地指出一个人的发展过程中教师起到的仅仅是其引导者而不是搀扶者的作用。学习的主体应是学生自己，教师应以学生为中心，充分调动学生的积极性和兴趣性，让学生主动地参与到学习和探究活动中去。

教师不可能代替学生掌握知识与方法、提高技能素养，更不能代替学生体验学习过程。教师的职责倾向于越来越少地传授知识，而越来越多地激励思考，越来越成为一个顾问、一个交换意义的参加者、一个帮助发现矛盾论点而不是拿出现成真理的人。他必须集中更多时间和精力去从事那些有效的和有创造性的活动——相互影响、讨论、激励、了解、鼓舞。也就是说，教师所能做的只能是从情感上感化，从方法上指导，运用自己的工作魅力和人格魅力去激发学生的学习兴趣和自信心，通过各种途径给他们创造条件，通过言传身教引导他们实现自身的健康发展。也就是说，教师应把教学的中心放在如何促进学生"学"上，引导他们学会学习，真正实现"教是为了不教"这一教学目的。

教师引导的重点：一是引导学生自己发现问题。教师应对教学环节和过程进行科学的设计，创设问题情境，提出要解决的矛盾，引导学生自己发现问题，以引起探究兴趣，激发学习动机和问题意识。这样，久而久之就能培养学生学会发现问题，并运用所学知识分析问题的能力，也有利于学生创新思维的培养。二是引导学生对问题进行主动探索。引导学生主动探索是最佳的双边活动。

**2. 教师是启发者**

学习活动依赖于学生自身的智力活动，而思维则是学生学习中主要的智力活动，教师传授给学生的不仅是文化知识而更应该是学习方法。正确的灵活的思维方法是教师应传授学生的重要方面，它是打开知识宝库的金钥匙，它使学生终身受用。学生在分析问题、解决问题的过程中，必然会遇到这样那样的困难与障碍，以至于问题无法得到解决。这时，就需要教师对学生进行启发诱导。因此，教师是问题解决的启发者。

在教学中，我们一方面要转变传统的思想观念，从培养能力和素质出发，确立明确的素质教育目标；另一方面，要善于启发学生思维，训练学生学会正确运用思维，这就需要我们改"灌输式""填鸭式"教学为启发式教学，让学生学会运用自己的思维活动解决问题，获得知识。在学生形成"悱""愤"的心境时，当学生无法自己获得对问题的解决的情况下，教师需要对学生进行诱导点拨，以使学生"开意""达言"。在这一过程中，教师必须掌握点拨诱导的方法。点拨诱导的方法很多，主要有：补充知识——在学生没有对解决问题的相应知识足够产生重视的情况下，教师需要给学生必要的知识提示或知识补充，以引起学生相应的知识重视，为学生解决问题打下基础；教授方法——在很多情况下，学生不能解决问题主要是没有掌握方法。因此，教师必须教给学生解决问题的具体方法或者思维的方法：原型启发——在学生思路发生阻塞的情况下，教师需要疏通学生的思路，一个很重要的方法就是原型启发，也即通过一个与问题情境相通的、学生易于理解的原型，引起学生由此及彼的联想活动，以获得对问题的解决；变换角度——当学生对问题感到无所适从、难以回答时，教师可以变换问题，从另一个角度设问，从而展开学生的思路；问题分解——教师提出的问题有时文本覆盖面较大、答域较宽、内涵较深，学生对这样的问题一时摸不着头绪，教师可以把问题分解，从一个个具体的问题入手，逐步展开。这样，既可以获得对问题的解决，也可以让学生明确解决问题的方法与过程。

### 3. 教师是参与者

教学是师生的双边活动，只有科学、适当的师生间共同活动，才能促进课堂教学信息的流通和反馈，才能增强师生的情感、意志等的相互沟通，才能真正达到相应的教学目的。所以，在教学中教师应由传统监视人转变为参与者和引导者，应十分注重换位意识，定位于主导地位，突出学生的主体作用，为学生轻松愉快地学习创造一个良好的心理氛围。参与知识结构的形成。在学生知识结构形成中对于新旧知识和经验间的联系认识往往是不足、不深刻的，教师与学生共同分析、综合，能有效地改变这一现象，使学生掌握完整的、全面的学科基本知识结构。参与学习的迁移过程。杜威说："比较聪明的教师注意系统地引导学生利用过去的功课来帮助理解目前的功课，并利用目前的功课加深已经获得的知识。"这就是说，教师应当参与学生的学习迁移。

### 4. 教师是鼓励者

学生是发展中的个体，他们正处于成长发展阶段，他们的世界观、价值观、人生观等都还没有形成，身心发育尚未成熟，社会生存能力尚不健全。因此，在日常生活、学习过程中难免会产生这样或那样的困惑、困难和问题，也很容易产生无助感和孤独感，客观上需要得到具有良好素养的教师的激励和帮助。

一是激励学生思考，引导学生在思考中学会如何利用现有知识去达到发展自己的目的。丰富多样的世界、浩瀚无际的知识使得每个学生时刻面临着选择和判断。学生必须学会认知——学会从各个角度来了解他所处的环境，学会在独立思考的基础上辨别是非，学会运用自己的注意力、记忆力和思维力来学习。这就需要教师的及时帮助和正确引导。从教学实际方面讲，教师如果不顾学生的心理特点，不给他们留出思考的空间，只是一味地关注自己的教学进度，那么，其教学效果也不会明显。因为教学是否有效，并不是指教师有没有完成教学内容，而是指学生有没有学到什么以及学得好不好。简而言之，没有学生思维参与的教学是不成功的教学。在知识学习过程中，教师应善于引导学生充分展开想象，不断地去发现问题，并寻求解决问题的方法。

二是要激发学习者的学习兴趣，帮助其树立学习的自信心，使学生带着浓厚的兴趣愉快地学习。"兴趣是最好的老师"，而学习兴趣的培养，一方面在于学生自身的需求，更重要的还在于教师的妥善引导，尤其是在知识更新加快的时代中，教师再也不能满足于仅仅传授书本知识了，而是必须"唤起学生的兴趣、好奇心和个人热情，唤醒未被知晓或沉睡中的能力，使得每个人都能感受到完全能够发挥自己才能的幸福"。唤醒的过程其实正是教师对其进行适当引导的过程。学习兴趣和自信心都是学生发展的驱动力。从教学实际来看，没有信心或自信心不强的学生很难对自己学习的内容和事物感兴趣，其潜能也难以得到完全释放。因此，教师的任务就是要结合教学实践，运用符合学生现有水平的任务和内容，耐心细致地进行知识传授和引导，帮助他们不断获得成功感，使他们在此过程中不断提高学习兴趣，增强自信心。

"兴趣是最好的老师"，学生一旦对学科产生兴趣，就会主动、轻松愉快地学习钻研。教师的重要任务之一就是要采取一切办法激发和保护学生的学科兴趣。教师要善于抓住学生的闪光点给予表扬、鼓励，以激发他们学习学科的兴趣。当然，对学生的表扬方式要因人而异。

### 5. 教师是诊断与评价者

在整个课堂教学过程中，教师要对学生的学习活动以及学习结果进行必要的评价，通过评价及时反馈学习情况，激励学生，并对学生进行必要的指导。教师的诊断与评价，对学生来讲，是极其重要的反馈信息，必然能极大地促进学生的学习。对学生评价要多元化。既要对学生获得的知识进行评价，又要对学生情感态度和价值观的发展状况进行评价，同时也要对学生的探究能力进行评价。通过多元化评价，正确引导学生个性化健康发展。

所谓课堂评价，是指在课堂教学过程中，教师或学生对教学活动所进行的价值判断。其基本内涵有四点：一是课堂评价是在课堂教学过程中进行的，其运用的空间环境是在课堂上，评价的时间延续和局限在一节课的时间之内。二是课堂评价的主体是教师和学生，包括教师评价学生学习活动、学生评价教师教学活动、学生之间对学习活动的互相评价。三是课堂评价的对象（客体）是教学活动，是对教与学的行为及其结果的评价，而不是评价教师或学生。四是课堂评价是一种价值判断，但是价值判断必须以事实判断为基础。所谓事实判断，是对事物的现状、属性与规律的客观描述，事实判断是对是与非、对与错的判断，是一种描述性判断，主要解决是"什么""怎么办"的问题；所谓价值判断，是指根据一定的价值标准，在事实判断的基础上，对客观事物的价值做出评判。它是对好坏的判断，是一种解释性判断，主要回答"为什么"的问题。价值判断与事实判断的根本区别在于，价值判断包含着人的需要，具有事实判断所不具有的主体差异性。

课堂教学评价的内容大致有以下几个方面：一是对学生学习行为的评价。这方面的评价主要集中在对学生在学习过程中所采取学习方法、学习步骤（即过程与方法）和在学习过程中通过行为所表现出来的态度、情感等方面的评价。二是对学生学习结果的评价，这是课堂即时评价当中最常评价的内容。三是对教师自身的教学活动和结果的评价，这一方面的内容主要由教师引导学生进行评价。

从根本上讲，课堂评价的任务在于以评价为手段指导、帮助和激励学生达成掌握知识技能以及培养能力，形成学生正确的情感、态度、价值观等目标。在这一点上，课堂评价与其他的评价类型如教师评价、学生评价、教学评价等有着本质区别。具体来说，课堂评价需完成以下任务：一是肯定正确；二是否定错误；三是补充提高；四是系统归纳；五是表扬鼓励。

## 二、高中新课程标准下的学生角色定位

新课程标准强调学生在教学过程中的主体性，突破以往"以教师为中心"的课程观念，力求促进学生学习方式的转变——由被动学习向主动学习转变。在教学过程中，教师不要满足于把知识点内容讲明白，而更重要的是鼓励学生主动探究，引导学生思考和讨论。只有通过探究以及讨论交流等活动，才能全面提高学生的科学素质。通过转变学生的学习方式，培养学生主动学习，主动探究，发展创新精神和创新能力，为学生进入学习化社会、信息化社会和科技化社会打好坚实的基础。

### 1. 学生是探究者

新课程标准提出了"倡导探究性学习"的理念，要求学生在新课程的学习中应以探究学习作为主要的学习方式之一，把科学探究能力作为培养学生科学素养的一个重要方面。因此，教师必须向学生提供更多的机会，让学生

参与到探究性学习过程中来，要引导学生主动参与、乐于探究、勤于动手，要重视科学方法教育，教给学生观察的方法、调查的方法、实验的方法、收集和分析资料的方法，培养学生的科学素养。通过学生长期的探究性学习，逐步培养学生收集和处理科学信息的能力、获取新知识的能力、分析和解决问题的能力，以及交流与合作的能力等。

探究性学习是指学生通过类似于科学家的科学探究活动的方式获取科学知识，并在这个过程，学会科学的方法和技能，培养科学的思维方式，领悟科学观念，形成科学观点和培养科学精神，让学生在探究问题的活动中获取知识。这种学习方式是对传统的教学方式的一种彻底的变革，要求学生从过去的教师讲什么就听什么，教师让做什么就做什么的被动学习者，变为主动参与的学习者。

探究性学习是一种学生学习方式的根本改变，要求学生由过去从学科的概念、规律开始学习的方式变为学生通过各种事实来发现概念和规律的方式。这种学习方式的中心是针对问题的探究活动，当学生面临各种让他们困惑的问题的时候，他们就要主动想办法寻找问题的答案，在解决问题的时候，要对问题进行推理、分析，找出问题解决的方向，然后通过观察、实验来收集数据，也可以通过其他方式获取相关资料，通过对获得的资料进行归纳、比较、统计分析，形成对问题的解释。最后通过讨论和交流，进一步澄清事实、发现新的问题，对问题进行更深入的研究。

**2. 学生是创造者**

在国内，近几年来，有关创新精神和创造能力培养的问题引起了教育界和全社会的广泛关注，并成为当前基础教育改革的一个热点。

在我们课本中所介绍的知识只是科学的一个组成部分，而不是科学的全部。真正推动科学前进的动力是科学精神和科学方法的运用。以往的教学，对学生创新精神和创造能力培养力度不够，大部分时间，学生在课堂上是在看科学、听科学，而不是做科学。由于学生对科学方法缺乏了解并对自己没有信心，导致我们的学生缺乏科学创新的能力。新课程标准要求注重启迪学生的创新意识，培养学生的创新能力，鼓励学生创造性地学习。教师在教学中要努力为学生创设宽容、理解、和谐、平等的课堂气氛，根除"灌输式"这一过分偏重讲授、偏重分析、偏重演绎、偏重推理，轻视综合、归纳、渗透的教学方法体系。要尽可能精减课堂讲授时间，为学生创造更多的自学、观察、操作、思考、表达、交流、表现的机会，为学生的创新活动提供更多的时间和空间。这样，学生既学习了知识，培养了操作技能，又激发了学习兴趣。

**3. 学生是体验者**

在学生学习新知识、新原理时，要善于引导学生联系他们熟悉的生产、生活实践事例，使他们在已有体验中轻松学习知识。

总之，随着新一轮课程改革的推行和新课标的贯彻落实，教师应加强学习新理论，接受新观念，从传统教学中解脱出来。从培养学生素质和能力出发，不断深化课堂教学改革，确立新型的、融洽的平等师生关系。教师应该相信学生，最大限度地把课堂还给学生，让学生参与讨论、活动，多让学生想、多让学生做，多教学生学习方法和分析解决问题的方法，多培养学生的学习兴趣，多树立学生的自信心，培养学生自主探索问题和独立思维的能力，为学生终身学习打下良好的基础。

## ◎ 苦心孤诣，关注学生的创新意识

2005年，时任国务院总理温家宝在看望著名物理学家钱学森时，钱老曾发出这样的感慨："回过头来看，这么多年培养的学生，还没有哪一个的学术成就能跟民国时期培养的大师相比！""为什么我们的学校总是培养不出杰出人才？"这就是著名的"钱学森之问"。

"钱学森之问"是关于中国教育事业发展的一道艰深命题，需要整个教育界乃至社会各界共同破解。培养创新人才是高等教育、基础教育、学前教育联动的教育系统工程。如果说高等教育是创新人才培养的关键阶段，那么中等教育就是创新人才培养的奠基阶段。在中学阶段，对学生发展影响最久远的就是对学生潜能的开发、激发，就是潜能的"激活"。所谓奠基，就是要求我们紧紧抓住学生发展的本质，为每一位学生创造最佳发展空间，为每个学生的发展创造最适合的教育，以此激活每位学生的创新潜能。

作为湛江市唯一一所大学附中，因发展起步原因，附中的生源质量排在湛江一中、二中等学校之后，学生的素质参差不齐。近10多年来，迎着新课程改革的春风，学校积极践行创新教育的理念，从课程创新到课堂创新，从教育创新到教学创新，有效地促进了学校的快速和持续发展。借用市教育局领导的话来说，附中是以自己的创新实践，创造了教育的一个又一个奇迹，开辟了一条既符合教育规律又具有自身特色的创新之路。

## 一、构建个性化课程体系,为学生的创新潜能开发备足条件

多元化的课程是由许多个性化课程共同构成的,是实施多元化教育的重要途径。它强调以文化多样性为前提,整合多元化的文化资源以适应所有学生的学习需求,为不同文化背景学生创造平等的学习和发展机会,以促进社会正义,实现教育公平。个性化的课程是学生个性化潜能开发的重要保证。因为学生个性化潜能开发,必须通过个性化的课程实施来达到,所以学校要从学生的兴趣爱好和特长发展出发,鼓励教师根据不同年级、不同学生需要,大胆整合资源,在国家课程的基础上对教材进行改编重组和深度挖掘,开设丰富的个性化课程。

一是拓宽必修课内容。按照有益于学生终身发展的要求,在严格执行国家必修课程以外,要挖掘潜力,开发旨在启发学生独立思考和创造思维的系列校本必修课程。二是在努力创造条件,开足、开齐国家选修课以外,自主开发丰富多彩的校本选修课程。三是开设贴合学生实际的德育课程,将教学与德育联系起来,引导教师注重在课堂教学中渗透和融入德育。四是开设综合实践活动课,强化学生的创新精神和实践能力。以上课程从自然科学到社会科学,从综合实践到体育艺术,课内课外结合,打破过去"千人一面"的人才培养模式,有效地构筑起激发学生发展潜能的课程体系:通过德育课程和人生规划体验课程,激发学生动力潜能;通过基础型课程的校本化实施,激发学生学习潜能;开发融拓展、体验、探究三位一体的社团课程,激发学生志趣发展潜能;架构创新素养培养课程,激发资优生的优势潜能。

近几年来,围绕探索创新人才培养模式,学校积极开发各种个性化的课程。一方面,在开好综合实践活动必修课的基础上,利用岭南师范学院的资源开设物理探究实验、计算机与网络、湛江气候与物产等研究性学习课程,努力提高学生的科学素养,重在培养创新精神。另一方面,还通过开发外语类课程和竞赛类等课程,拓宽和强化学生的个性特长与技能。如英语学科开设英语口语听力、翻译、英语口语、英语交际、英美文化等提高性课程。还开设了人文艺术类课程,包括哲学类、艺术类课程丰富学生的人文素养。我们还开辟了疯狂英语、心理健康指导、人生励志、科学探索等有利于学生心理健康成长的课程。所有这些个性化课程构成多元化的课程体系,有效地促进了学生创新潜能的开发。2012 年 12 月 1—2 日,附中学生参加由广东发明协会和广东教育学会联合主办的第六届广东省 DI 创新思维竞赛并获特别奖"文艺复兴奖"(全省共 3 名),同年 12 月 7—10 日学生代表省参加全国高中

组挑战角逐，再次摘取特别奖"文艺复兴奖"（等同于全国一等奖），赢得赴美国参加DI创新思维全球总决赛的入场券。同时，我们"创新课程"项目是被广东省教育厅确定为"广东省提升500所普通高中办学水平项目"，并被评为"优秀"项目。

## 二、打造思维拓展性课堂，为学生的创新潜能开发奠定思维基础

课堂教学仍是目前中学教育的主要途径。因此，课堂教学也必然是中学生创新力培养的主要平台。所以要在学科教学中渗透创新教育。在这方面，教师的态度是关键，学生习惯的改变是难点。

第一，教师要树立创新意识。创新人才的培养，首先需要教师具有两种意识，即每一名教师都有创新意识和教师有责任培养与激发学生创新能力的意识，并基于此确定合理的教学内容、设计教学方案。在这样的基础上，还需要教师有足够的耐心。中小学的应试教育，使得大多数学生被严格的课堂纪律和消灭问题的教学追求塑造成学习被动和人格自抑的"乖孩子"，使得他们不习惯在课堂表现自己，参与意识较差，更别提向教师提出质疑了。而大胆表现和积极探索恰恰是发展创造精神和创造力所需要的。

第二，学校大力推进教学方法的改革。课堂是学校教育最重要的阵地，学生创新潜能的开发和创新能力的培养，必须通过课堂教学来实现。教学的一项重要任务是训练学生的创造性思维，培养学生创造性思维习惯，增强学生思维活力，尤其是培养学生的独立思考能力、分析能力、批判能力和解决问题的能力。要想让课堂成为创新人才培养的沃土，教师要革新传统的讲课方法，探讨新的教学模式和教学方法，积极构建思维拓展型课堂，突出教学过程的探究性、创造性、启发性和灵活性。

构建思维型课堂应注重运用几个原则：一是发散性原则，鼓励引导学生进行发散思维，强调解决问题方法的多样性；二是开放性原则，有些课程不设答案和标准，学习过程和学习内容都是开放的；三是交叉性原则，注重学生新旧知识的交叉及不同学科之间的交叉；四是个性化原则，尊重学生的独立性和自主性，鼓励学生探索，坚持以学生自主学习为主，就让学生自己去发现、去操作、去小结，从而促进学生的全面、主动发展，提高实践能力和创新能力；五是注重激励原则，对于学生的答案与观点，不论荒谬与否，只要是主动性探索，都要给予鼓励。

为了保证和促进全体学生共同发展，在思维型课堂中还必须实施"差异化教学"。长期以来，"两极分化"的现象困扰着教师和学生，成为制约学

校教学的一大顽症。教学中采取"一刀切""一锅煮"的方法进行教学，造成优生吃不饱、差生吃不了、中等生吃不好的现象。为了保证让每一个学生得有应有发展，学校提倡差异教学。教师要充分分析本班学生学习水平的差异，对学生的基础知识、学习方法、学习能力、学习动机、智力高低、心理层次等方面进行分析，做到心中有数，然后将水平相近的学生归结为同一个层次，一般分为 A 层——基础层次，B 层——提高层次，C 层——优秀层次。教师应及时掌握同一层次学生在不同阶段的发展情况，在动态发展中把握学生的层次划分。在实施分层教学时，应尊重学生的人格，尊重学生的个性差异，不在班级中公布各层次学生的名单，不给学生以学习的压力，使学生在宽松和谐的环境中学习，从而更好地发挥学生学习的主动性和积极性。

### 三、建立自主发展型团队，为学生的创新潜能开发提供实践平台

学生的创新潜能必须在实践的摸爬滚打中激发与提升。为此，学校还必须通过建立学生自主发展型团队，为学生的创新潜能开发提供丰富和充实的实践平台。

**1. 班级工作中，学校要积极倡导自主性管理，强化学生的主体意识**

苏霍姆林斯基有一个著名的论断："真正的教育是自我教育，是实现自我管理的前提和基础；自我管理则是高水平的自我教育的成就和标志。"借鉴苏霍姆林斯基的观点，我们完全可以这么说，真正的管理是自主管理。班级自主管理真正地体现了把学生当作教育的客体，又把学生当作教育的主体，以及在教育中教师的主导作用。把"班级还给学生，让学生在自主中管理中成长"，需要我们做到以下几点。

第一，更新观念，充分展示学生主体人格与意识。要让学生学会做主人，班主任先树立学生主体意识，通过发挥学生主体作用来展示学生主体人格。由于长期传统教育思想和教育模式的束缚，学生已经习惯于做一个只知道完全服从的乖孩子，但随着竞争不断加剧，按这种模式培养出来的"乖孩子"已不适应时代发展要求。因此，班主任不仅要更新观念、转变思想，更要帮助学生摆脱传统教育束缚，发挥其主体地位，培养学生的主人翁意识，充分展示其主体人格。组建班级自主管理委员会，并且实行承包责任制，每人自愿承包一个环节，从而使学生感觉到自己是班级的主人，班级是自己的，充分发挥学生的主人翁意识，充分展示其主体人格，为建设学生自主管理型班级打下了扎实的基础。

第二，积极探索，建立自主管理型班级。现实中，我们可以看到有些班

主任，整天忙个不停，眼睛一睁，忙到熄灯，事无巨细，事必躬亲，从不愿也不敢让学生去做，担心学生这做不好、那做不对，对学生苦口婆心，喋喋不休。结果却适得其反，既苦了自己，又影响了学生积极性和创造性的发挥，形成了"班主任怎么说，学生就怎么做，班干部最多只是招牌或助手"的情况，这不利于促进学生素质全面发展。

要把班级还给学生，让每个学生参与到班级管理中来，就要组建班级管理委员会，把班级自主管理委员会分为"班委""团委""学委"等部分，依次对班级常规管理、学校年级活动和学习情况进行分工合作。部门分工明确，各司其职。在实施自主管理过程中，实现了从自主管理到自主发展，学生成为评价者和被评价者，逐步形成了"事事有人干、人人有事干"的全员管理与评价机制。这不仅增强了学生主动学习意识，增强了学生的责任意识，而且发挥了学生的主体作用，学生的自我约束、管理能力明显增强，规范了教学秩序，张扬了学生个性，形成了浓厚的学生自主发展的班级文化氛围，使得学生能在轻松愉悦的学习、生活氛围中，不断地完善自我，发展自我。

由于学生还不够成熟，他们的能力有限，因此，教师要注意发挥自己的主导作用，及时指导学生的工作，为学生创设自主管理的气氛，引导学生积极开动脑筋，想办法，根据班级特点，能动地、自主地进行工作，做好自己主管的工作。如果教师要么包办代替，要么放任自流，都将不利于培养学生的自主管理能力，也不利于建设一个自主管理型班级。

**2. 在学科学习活动中，学校要倡导建立师生学习共同体，在团队活动中培养学生自主学习与团队协作的意识**

"师生学习共同体"是指由具有共同信念、共同目标的教师和学生共同构成的学习团体。叶圣陶说过这么一句话："教是为了不教。"建立"师生学习共同体"正是为了学生更好地自主发展。实施新课程以来，很多学校尝试建立和完善课堂学习小组。在教学活动中，教师发挥好组织者、引导者和合作者的作用，引导学生在个体自学、小组讨论、大组交流和教师点评中有效地进行自主、合作和探究学习。这就是"师生学习共同体"的一个很好的例证。但"师生学习共同体"功能还不只在课堂学习中，还包括在课外的交流与活动。

"师生学习共同体"的建立，有利于师生转变传统教学中的角色，有利于建立民主平等、合作互动、和谐融洽的新型师生关系，促进师生教学相长和共同发展。能让学生的学习兴趣得到普遍提高，会促进学生课堂参与欲望、表现欲望大幅提升。由于学生主动学习的氛围变得浓厚，大部分学生在学习上变得更加自信大方。学生学习不再是一种负担而是生命的生长，学生在生本教育里快乐成长，自信表达，个性张扬。

人才培养模式的创新是人才培养体制改革的核心环节。创新人才培养模式要做到"三个注重"，即注重"学思结合""知行统一""因材施教"。实施新课程以来，附中积极寻找开启学生创新潜能的钥匙。如果说这些年附中教育教学取得了显著成效，其中重要原因就是课程创新、课堂创新与管理创新三把钥匙发挥了重要作用。这三把钥匙之所以能发生如此效能，就是因为做到"学思结合""知行统一"和"因材施教"，从而有效地激活了每一位学生的发展潜能。

## ◎ 花香蝶自来，关注课堂教学品质

新课程改革是一场教育思想、教育理念、教育方式和教育行为的深刻变革，对学校工作提出了新的挑战，同时也为学校的发展提供了难得的机遇。2004年以来，我们始终坚持"课程是主载体、教学是主渠道、课堂是主阵地"的工作思路，在开齐课程、上足课时，不增加学生在校学习时间，不增加学生学业负担前提下，调整教学关系，积极构建"双主"学习型课堂，走出了一条"轻负担、高质量"的教学改革之路，让课堂真正焕发了生机与活力，促进了学生、教师和学校的全面、持续、和谐发展，助推了教育教学质量的发展。回顾这几年的课堂教学改革之路，以教师观念转变为切入点，以课题研究为载体，有序推进。整体实施过程可以用"且行且思，且悟且进"八个字来形容和概括。

### 一、且行且思，推进课堂教学改革

教师观念的转变，是课堂教学改革成败的关键。没有教师观念的转变，教育改革就不会取得成功。然而，观念的转变是最难的。中国教育科学研究院副研究员韩立福认为："课堂教学所面对的最大'瓶颈'，是教师观念的深度转型问题。"教师教育观念转型是一个"隐形"工程，是一个深度的渐变过程，这一渐变过程需要经过教师自身的反思以及实践来推动。为此，学校制定了"观念转变促行为自觉"的推进策略，在实施过程中坚持以观念转变为目标，以课题研究为载体，分类分步推进课堂教学改革。

**1. 理念先行：引领教师的课堂教学角色转变**

教学理念是对教学和学习活动内在规律的认识的集中体现，是教师开展教学活动的信念，更是指导学校开展教学工作的中心思想。确立以人为本的教学思想，不仅是新课程素质教育的召唤，更是以科学发展观统筹学校教学工作的前提和根本。面对新课程改革的浪潮，2007年学校召开教学工作会议，我作了《提高教学工作质量 关键在于狠抓"落实"》的报告，报告在充分调查与研究的基础上提出：要把课堂教学作为达成课程标准的主阵地，把延伸学习作为发展学生思维能力的补充。课堂教学要充分体现"精讲、善导、激趣、引思"，把"微笑、尊重、宽容、民主、探究、合作"带进课堂，为学生的发展创造良好的氛围和条件。重视学法研究，指导学生学会学习，培养学生"尊师、乐学、勤问、竞先"的良好风气。报告还指出：我们必须运用新观念，灵活实施教学，"向40分钟要质量"，突出学生的主体地位（一堂课让学生自主学习的时间$T \geq 15$分钟，就算是"实验班"学生也不能少于15分钟），教师起主导作用（$T \leq 25$分钟，就算是"实验班"学生教师讲授时间也不能多于25分钟）。教师多给学生鼓励性评价，激发学生兴趣，提高学生学习效率。

这份报告在附中几十年发展历史的基础上，依据新课程改革的要求，正式提出以"双主协调，共同发展"作为学校新的教学理念。"双主"指教师的主导作用和学生的主体作用。教学中"双主"作用发挥是目的，更是手段，实现师生共同发展才是最终目的。这一教学理念的确立，使学校各项教学工作的开展有了更加明确的思路，也为学校新的课堂教学改革明确了方向。

面对新课改、新理念，如何才能让教师以最积极的方式、最主动的态度，在最短的时间内适应新课程改革呢？学校确立了"新课程实施与中学教师的适应性研究"的课题，为了引领教师更好地成为新课改的弄潮儿，作为课题主持的我要以身作则，带领各教研组长和各学科的骨干教师，以积极的态度学习新课程改革的相关理论与知识，并在教学实践中积极态度尝试实践，并对课改实践中遇到的困惑与问题进行总结与研讨，寻找对策。课题组经常性地开展公开课、示范课、研讨课等多种形式的交流活动，加强对其他教师的正面影响与教育。课题实施不到两年，就带动和影响了大多数教师，让他们对课程改革有了更深入的认识，并有效地促进了他们的教学观念的转变，也为学校进行课堂教学改革奠定了坚实的基础。课题研究成果也获得了总课题组组织的子课题成果评比的特等奖。

## 2. 模式引领：让课堂教学改革在实践中前行

课程改革是挑战，更是机遇。面对新课程改革的浪潮，我们没有犹豫，没有彷徨，第一时间与新课程改革的理念对接，完善了学校教学理念，提出"双主协调，共同发展"的教学理念，同时，我们及时和准确地将新的教学理念转化为普适性的教学策略，引导教师在实践中改变教学方式，养成新的课堂行为习惯，建立了民主平等的课堂新文化。

一方面，学校在领悟课改理念的基础上，组织一批骨干教师通过理论学习、课堂观察、交流研讨、征求意见等方式，根据不同课型的需要，制定了符合学校实际，又符合新课程理念的"两个20分钟的操作要求"和"新课程课堂教学评价量化标准"，以"操作要求"来引领，以新的"评价方案"来促进教师新的教学理念的形成。"两个20分钟的操作要求"从时间上严格保证学生主体地位的发挥。师生各自20分钟，强调师生各有约20分钟的教与学的活动过程。教师"善教"的意义在于有效地指导学生会学、爱学、学好。这是落实常规教学中的分层教学和实现有效学习的有效途径。

另一方面，学校又依据"双主协调，共同发展"的教学理念，设计出文理两类"双主"学习型课堂教学模式，确立了"新课程背景下的双主协调，全效教学"研究项目，组织骨干教师先行实验。项目确立前，学校通过个别访问和座谈，了解到很多教师对"双主协调"的理解还处于比较肤浅和片面的层面，真正要教师转变观念还有一个很长的过程。如何才能缩短这一个过程，尽快让"双主"的理念在全校的教学活动中体现呢？通过充分讨论，我们认识到学校非常有必要组织一部分教师先动起来，做出成效，为广大教师树立榜样，从点到面影响那一部分犹豫不决的教师放下包袱。为此，学校提出了"双主协调，全效教学"的研究项目，研究的主要目的有两个：一是通过研究让教师进一步清晰其理念的内涵。二是通过组织一个由各层次教师参加的团队，开展全方位的持续的课堂实验，探索出能有效地发挥"双主"作用的"高效课堂"教学模式，以便全校教师实践与操作。四年多来，项目组通过集中或分散形式组织了218节实验课。实验教师从落实"双主"理念出发，根据不同学科、不同教学内容的实际，对研究目标与内容进行实验与反思，并在此基础上，对项目"预设"的"双主教学模式"进行论证与完善。这一项实验与研究成果在2012年被评为"广东省中小学教育创新成果三等奖"。

## 3. 课题推进：分学科破解课堂教学改革难题

在开展"新课程背景下的双主协调，全效教学"的项目实验过程中，我们遇到最大的困扰和难题是，课改必须借助一定的模式来推进教学规范，但矛盾的是，如果完全按照模式化教学，势必会出现教条、僵硬，没有生机的状况，而且很难兼顾不同层次、不同个性学生的发展现状与需要；如果完全按个性化教学，又显得随性，缺乏规范，教学改革难以深入，甚至难以保证改革成效。

考虑到不同层次和不同个性学生的发展现状与需要的不同，学校在"双主协调，全效教学"教学模式的基础上，提出了实施"分层教学"的要求：分层教学法包括行政的分层和课内的分层。学校一方面根据学生的不同发展程度，分成几类不同层次的班级，并对教师资源进行合理的搭配，以实现最优化搭配。另一方面，在行政分班的基础上，要求教师在课堂教学过程中必须兼顾同一班级内不同学生的发展现状与需要，让每一个学生都获得不同程度的成长。这样，"双主协调，全效教学"的内涵才会更加丰富，课堂教学模式也更具有可操作性。

同一模式，在不同学科的实施过程中会出现不同的差异与困难。考虑到不同学科的特点，2009年9月，学校制定了"分学科破解课堂教学改革难题"的策略，要求并指导各学科在领会新课程理念与"双主协调，共同发展"新理念的前提下，充分吸收和借鉴"新课程背景下双主协调，全效教学"项目研究成果，结合学科特点与实际，寻找切入点，深入开展学科课堂教学改革实践与研究。为了推动和配合这项工作顺利进行，学校制定了《附中课题研究管理办法》，学校积极创设条件，启动"校本课题"研究工作。三年来，学校12个教研组共组织了100多项校本立项与研究，这些研究有效地推进了"双主协调，共同发展"理念在学科教学中的实现。其中，历史科开展的《基于课堂的情景探究式历史教学研究》；数学科开展的《问题导学模式下的数学教学》；地理科开展的《三环节地理教学》等14项校本课题还被省市教研部门立项，成为省市"十一五""十二五"规划课题。而且，已有30多篇研究成果在省级以上刊物发表或获奖，其中有3篇被中国人民大学报刊资料中心全文复印与转载。

这种先进行模式化教学，再进行探索创新的推进策略，使各学科展现出有规范、有个性的教师"双主"教学风格，为培育出有规范、有个性、高素质的学生创造了条件。例如，学校教导处副主任陈洪义老师提出的"基于课堂的情景探索历史教学"在全国、省市多项教学竞赛中获一等奖，并多次在国内和省内交流推广。我带领数学教研组探索"数学问题导学教学法"，其实践成果获第八届广东省基础教育成果二等奖。

### 4. 重塑文化：唤醒学校教师的专业自觉与教研自觉

我们认为，课堂教学改革绝不仅仅是观念、模式、方式、行为的变革，即教学活动本身的改革，它首先而且主要是课堂教学文化的重建——这是核心、根本和终极追求。课堂教学文化是课堂教学的"土壤"，是课堂教学存在、运行和发展的"元气"，是课堂教学的活力之根和动力之源。没有课堂教学文化的重建，课堂教学改革必将走向形式化，最终无功而返。正如钟启泉先生所说的，课堂教学总是存在着某种文化，不管我们是否意识到，学生都在进行着某种"文化适应"，其本质就是思维方式和价值观念对学生的影响。重要的问题就在于，教师应当创造一种怎样的"教学文化"？

2013年年初，湛江市教育局颁布了《湛江市新一轮课堂教学改革方案》，方案提供了课堂教学改革的参考模式。结合学校这几年的课堂教学改革成绩与实际，我们决定借市教育局这一阵课堂教学改革的东风，将学校的课堂教学改革全面推向深入。考虑到模式的探索已比较成熟，近几年来学校围绕教学观念的转变这一关键点，根据"立足实际、讲求实效"的原则，以课题研究为切入点，"典型示范、分类指导、分步推进"取得了扎实成效。现在学校的课堂教学改革已进入"全面推进"阶段，学校决定新一轮课堂教学改革的重点放在：重塑课堂教学文化，唤醒教师的专业自觉。学校结合市里新一轮课堂教学改革的精神，从几年的课堂教学改革实践中提炼出课堂教学的核心的价值与追求："自由与平等，理解与倾听，信任与尊重，开放与分享"。提出教师教学的基本要求：献给学生一个对话的课堂；献给学生一个开放的课堂；献给学生一个探究的课堂；献给学生一个建构的课堂；献给学生一个感悟的课堂；献给学生一个快乐的课堂。

为了让这种教学文化与追求在广大教师课堂中全面实现，学校制定了《湛师附中新一轮课堂教学改革方案》，方案以重建课堂教学文化的为目标，计划用两年时间，全面推进。为了保证此项工作的顺利开展和进行，学校一方面重新修订《新课程课堂教学评价量化标准》，以完善的评价促教学文化重建；另一方面，制定附中教学巡视制度，通过组织定期与不定期的教学巡视活动，强力推进课堂教学文化的重建；另外，还积极通过开展"党员示范岗"、茶馆研修、教学教研竞赛等活动，多形式多渠道促进课堂教学文化的重建。

## 二、且悟且进，将课堂教学改革进行到底

在新课改的探索实践中，学校根据"双主"教学理念，将新的理念转化

为普适性的教学策略，以课题研究为载体，分步实施，以点带面，促进教师改革课堂组织形式，转变教师的教学方式和学生的学习方式，使教师从根本上改变了教学方式，养成了新的课堂行为习惯，建立起民主平等的课堂新文化。有力地促进了学生、教师和学校的全面、持续、和谐发展，有力地助推了教育教学质量的发展。回顾这几年课堂教学改革之路，有以下几点思考与启发。

　　第一，课堂教学改革的推进离不开新的课堂教学评价体系。不同的教育价值观就会有不同的课堂教学评价标准，从而做出不同的价值判断。不同的价值判断，会直接影响和引导着课堂教学改革的方向。面对新的课堂教学改革，原来的评价已经丧失了对课堂教学改革的导向与激励功能，在某种程度可以说已经成为改革的严重障碍与阻力。因此，重建新的课堂教学评价体系已刻不容缓。如果在推进课堂教学改革过程中，没有及时明确提出一个有建设性、主导性的课堂评价体系来，那么在实际操作中，依然会有很大一部分教师在很大程度上沿袭着以教师为中心、以知识为本位的老路子进行教学。

　　第二，课堂教学模式创新的基础是遵循模式。课堂教学改革必须有一定的规范作指引，这样，教师才能少走弯路，更快地实现教学方式的转变。从大范围来说，省市上级部门可规定课堂教学改革相应的原则，以便各校百花齐放；但从学校角度来说，学校制订课堂教学改革方案，推行课堂教学改革，必须借助于一定的教学模式来切入。学校要在领悟课改理念，借鉴其他学校经验的基础上，拟定出符合学校实际的课堂教学改革的模式，让教师尝试模式化教学，在这一过程中深刻领悟课改精髓。"在创新前一定有模仿，模式化教学就是模仿。"等课改得心应手了，再进行创新，也就能水到渠成了。

　　第三，课堂教学改革的推进要坚持分类推进原则。教师观念的转变，涉及学生观、学习观、教师观、师生观、教学观、评价观和教育观等方面的转型。这种在意识形态层面上已经固化了的"东西"，不同教师由于固化程度不一样，改变的难易程度也就有所不同。为此，我们在课堂教学改革中坚持分类推进原则：首先，对认识程度高、有课改意愿的教师，坚持采用"先吃后尝"的转型策略。"吃"是指"行动"，"尝"是指"提高认识、观念转型"，让这部分教师先行动起来，让这部分教师在行动中体验，在体验中感悟，在感悟中提升认识。其次，对认识程度一般、课改信心不够坚定的教师，坚持采用"边吃边尝"的转型策略，让这部分教师进行尝试性的改进。最后，对观念保守、"顽固不化"的教师，坚持采用"先尝后吃"的转型策略，让他们从感性认识逐步上升为理性认识，抓关键性人物的观念转变，实现"以点带面、以点促面"的效果。

第四，创新的校本研修为课堂教学改革的深入保驾护航。课堂改革是一个渐进的过程，在这个过程中会遇到许多困惑与问题，而这些问题的解决必须借助于创新的校本研修方式。实施课堂教学改革的这几年，我们一直致力于校本研修的创新，通过积极有效的研修来为课堂教学改革的深入保驾护航。课改这几年，我们一直坚持"课、研、修"一体化研修模式。"课"指课堂；"研"指教研；"修"指培训和修习。简而言之，就是我们聚焦课堂，以课堂和课例为载体，进行各种形式的研讨和研究，以此促进每位教师的共同成长。为此，我们建立了一系列促进"课、研、修"的策略与制度。例如，我们建立起党员教学示范岗，发挥党员在课堂教学改革中的先锋模范作用。我们开展茶馆式研修，通过轻松和谐的研讨，促进民主平等的研修氛围；我们建立教学巡视制度，通过教学现场的对话，督促和指导的教师课堂教学改革实践；我们成立有效教学视导室，聘请退休的特级教师，专门指导年轻教师进行教学实践与研究，尤其是指导新教师在课堂改革实践中迅速成长。我们还建立了"创新型特色教研组建设方案"，鼓励各教研组带领教师在课堂教学改革实践中，做成特色。以上这些经验，曾经广东省教育工委于2010年10月在"争先创优"《简报》中全文登载，向全省推广。2010年12月在深圳宝安举行的全省校本研修创新发展研讨会上，附中受广东省校本培训项目办的邀请，做经验介绍。

我们创新校本研修的方式还有很多，经验也很多，但有一点，我们所有研修紧紧围绕的是：校本研修必须以解决学校教学实践中面临的实际问题为目的，以促进教师专业成长、提高学校课程质量为目标，以校本的、开放的、互助的形态呈现。也正因有始终坚持这一点宗旨，才使得我们的校本研修不断创新，但不流于形式，始终能有效地促进课堂教学改革的深入。

《国家中长期教育改革和发展规划纲要（2010—2020年）》明确指出，今后教育改革与发展的战略主题是"坚持以人为本、推进素质教育"。作为基础教育学校，我们清醒地认识到课堂教学改革趋势将是"教"的课堂逐步走向"学"的课堂，教师观念深度转型将是从"形转"走向"心转"。我们将会充分借鉴前期努力的经验与思考，在前期课堂教学改革取得成绩的基础上，将课堂教学改革进行到底，为国家教育事业发展做出更多更大的贡献。

## ◎ 正视差异，寻找分层培优的支点

　　分层教学是一个古老的教学话题。17世纪中叶，捷克教育家夸美纽斯在《大教学论》中阐述了"班级授课制"。从此，班级授课制取代了历史悠久的个别化教学。"把一切知识教给一切人"的口号，拓展了教育的知识范围，也提出了教育普及的理想。教育，开始从贵族走向平民。它显然是资本主义生产方式的产物——一位老师可以同时教几十个学生，按照年龄随机编班，统一时间授课，教师以相同的方式对待每一个学生，学生则以相同方式学习相同的学科，然后以相同的测试接受统一的评价，从而甄别出成绩好与差的学生。

　　有其利，必有其弊。班级授课难免顾此失彼，顾了共性就顾不了个性。而人是差异最大的生灵，世界上不会有两个或多个相同的人。

　　每一个学生的知识基础、认知能力与学习能力存在着差别。我们不能用同一把尺子衡量学生，也不能用同一个标准要求学生。长期以来，教师对全班学生提出同样的要求，布置同样的作业，实际上是一种无视学生个性差异、无视学生的个体特点的教学行为。

　　面对"千篇一律、千人一面"的传统教育，人们提出了各种各样的质疑，逐渐认识到人是教育的核心和精髓，人应是教育的起点，也是教育的归宿，教育已不单是"传道、授业、解惑"，教育要以人为本的呼唤已越来越强烈。这种质疑，促使教育体制和教育模式处于不断变革之中。

　　19世纪末期，有人开始倡导"按学力、成绩分班分组教学"的组织形式，以纠正班级授课制的弊端。可是到了20世纪40年代，这种教学组织形式遭到非议：不民主、易造成对"低能儿童"的歧视和"高能儿童"的娇宠。1957年，苏联卫星上天，欧美各国开始意识到科学技术落后的危险，产生了加速培养尖端人才的紧迫感，于是，对20世纪的"分组教学"又重新认识评价。真应了中国那句老话："天下大事，分久必合，合久必分。"

　　在中国，早在两千年前，我国著名教育家孔子便提出了"因材施教"的教育原则。实施分层教学正是尊重学生个性差异和遵从"因材施教"教育原则的重要体现。

　　附中从2008年开始从"正视差异，承认差异，让每一个学生都得到发展"的基本理念出发，形成了"区别对待差异、分层递进，达到个体优势发展为教学目标"的分层教学模式,努力走出一条稳步提高教学质量之路。以下是我们培优策略的经验总结。

一、分层培优策略源的分析

从备考的角度来看,我们认为高二第二学期已是"学生能力养成的高峰期"。因为高一第一学期是从初三到高一的"转折期"到高中学习的"适应期"的过渡,那时的工作重点放在良好行为、学习等习惯的养成上。

在"学生能力养成的高峰期"应怎样"分层教学、因材施教"呢?我认为"能力"应是分层培优策略之源泉、之根本。"能力"包括注意力、观察力、记忆力、思维力、想象力及表达能力,即智力因素。

要想提高学生学习的成绩,务必要有分层培优之良策。分层培优良策的重点应在如何调动学生的智力因素的积极参与上,当然,也需要非智力因素的积极参与。智力因素和非智力因素对学生获取学习的成功都是不可缺少的。许多专家把智力因素比作种子,把非智力因素比作土壤,优良的种子只有播在肥沃的土壤里才能茁壮成长。非智力因素是指人的智力因素之外的那些参与学生学习活动并产生影响的个性心理的因素,主要内容有:如兴趣与爱好、愉快的情绪、对挫折的忍受度与意志力、活泼的性格、宽阔的胸怀、自信心与好强心、远大的理想与目标、高抱负和焦虑等。

二、分层培优策略源的培养

(一)非智力因素的培养

首先,明确非智力因素的结构。根据非智力因素对心理活动的调节范围以及对学习活动直接作用的程度,可将非智力因素划分三个不同层次。

第一层次,指学生的理想、信念、世界观。它属于高层次水平,对学生学习具有广泛的制约作用,对学习活动具有持久的影响。

第二层次,主要是指学生个性心理品质,如需要、兴趣、动机、意志、情绪情感、性格与气质等,这些属于中间层次。它们对学习活动起着直接的影响。

第三层次,指学生的自制力、顽强性、荣誉感、学习热情、求知欲望和成就动机等,它们是与学习活动有直接联系的非智力因素,对学习产生具体的影响。这些因素充满活力,对学习的作用十分明显。

其次,注意三个非智力因素的培养。

学习动机:在这方面我们不能要求学生树立远大的理想,唱高调。要结合学生的实际,以"学习改变命运"为载体,从学生的切身利益出发,积极引导学生保持良好的学习心态。

磨炼意志：学生在学习过程中不可能一帆风顺，可能由于一次成绩的优异而沾沾自喜，也可能由于一次成绩的降低而情绪低落。教师在教学中可安排难度适当的练习题，让他们独立解决。要从思想上加以指导，提高他们抵抗压力的意志。俗话说得好："不经历风雨怎能见彩虹。"

良好习惯：可以指导学生制订学习计划，如何听课，如何分析问题，如何记忆等，在教学过程中指导学生书写解题步骤，规范解题过程。

（二）能力培养

能力包括注意力、观察力、记忆力、思维力、想象力及表达能力等。方法是分层教学。

课堂教学分层。教学过程中教师要精心设计提问，在共同提高的基础上将有一定难度的问题留给尖子生，让他们当先生说一说，讲一讲。习题的配置也要分层。可以每次课后布置一道思考题由尖子生完成。

作业分层。在共同提高的基础上，每次的作业全都可以给尖子生留一些有一定难度的题目，如习题当中带有星号的题目可以让他们去做。

第二课堂。对尖子生进行集中辅导。（尖子生培养：扎实基础＋纯熟技能＋良好身心＋正确策略＝尖子生成功增值）

第一招：目标不宜过高，从多拿1分做起

尖子生的培养重在平时，重在细节，重在积累。如果要求学生在短时间内突飞猛进，一般来讲不太可能，但是"多拿一分、多对一题"却容易做到。千万不要小看卷面上的1分，高分与低分，有时就是一分之差。

很多学生意识不到"1分"的重要性，定的目标太高，结果实现不了，还打击了自信心。其实只要每科努力提高1分，总成绩就会是一个大的进步。

如何才能多拿一分、多对一题呢？

第一，要养成改掉应得而未得的分数的习惯；

第二，要改掉屡犯重复错误的毛病；

第三，克服答题不规范的弊端；

第四，改正审题不清、题意理解不准确的错误；

第五，留意粗心大意出错的地方；

第六，加强识记，保证记忆题的得分；

第七，训练答题的速度，学会正确用时；

第八，提高书写质量；

第九，注意答题步骤的清晰性和周密性；

第十，严格遵守题目的要求。

做到以上十点，多拿一分、多对一题就不是难事了。

第二招：重复做题没有错，善于记录得高分

一些学生认为，重复做题没有意义，这其实并不全面。有些题目对自己薄弱环节有针对性，有些题目涉及的知识点非常关键，这类题目就有必要多次重复去做。

另外，上课时记录老师的"启迪"，做题时记录"实战的心得"，评改时记录老师的订正，都是非常重要的提高成绩的方法，特别是做题时遇到的难点、所需的时间、所犯的错误。这些对于提高自我、避免重复犯错非常有用。会做的题目不做错，不会做的题目要做出来。解题要想得快，算得准，写得清。

第三招：学了、知了、做了还要"拿了"

不少学生"学了"（学了知识）、"知了"（了解了知识），也"做了"（做了习题），但考试时就是拿不到高分。为什么会出现这样的情况？这是因为，任何知识从学习到应用再到转化为一个人的能力，需要一个过程。在这个过程中需要不断练习和巩固，所以学生不要以为"学了、知了、做了"就一定能"拿了"。"学了、知了、做了"只是量变的积累，而"拿了"才是质变的提升，所以考生要明确以拿分为目标，不要仅仅满足于前面的付出，而忽略了后面的收获。

解决"付出却无回报"的问题，考生要找出自己拿不到分的具体原因，究竟是掌握概念出了问题、理解原理出了问题、答题规范出了问题，还是运用过程中出了问题，然后对症下药，就会收获颇丰。

一般来讲，存在这样问题的学生都有一定的知识基础，只要突破运用这个"瓶颈"，成绩就会提高一个档次。

第四招：知识结构化、复习系统化、训练综合化

对于尖子生来说，结构化的知识、系统化的复习和综合化的训练是最为重要的。

首先要学会把零散知识变成结构知识，考查知识之间的相互联系，分辨、归类并总结同类知识的特点和内在规律。其次是学会将考点知识变成题型知识，考点知识是很抽象的，要具体通过题目才能得以体现。最后就是学会把缺漏知识变新增知识，把残缺知识变成系统知识，也就是查缺补漏，综合运用。

第五招：做好信息搜集也是增值的关键

平时教学中，教师要善于结合教学内容，帮助并指导尖子生搜集、整理与教学内容有关的知识信息、新题型。建立尖子生之间相互交流所搜集、整理的与教学内容有关的知识信息、新题型的机制。

学生对当前的时事、社会热点要注意了解，在考试时对考题的理解就会有背景依托，有助于进行全面和深入的分析。要学会从命题者的命题意图出发，关注他们"可能"会关注的信息，特别是近期的国内外大事和社会热点。

第六招：吃好"正餐"，恰当选择资料

这里的"正餐"指的就是学习以"正课""正题"为主。所谓"正课"，是针对目前许多学生存在的上课内容、目标错位现象而言的。比如学生在语文课上做数学习题，不但课没有上好，做题也没有达到预期效果，白白浪费时间。

其次是使用适合考生的"正题"，集中精力做"好题"。老师应按照教学计划或所掌握的最新情况给学生编写参考资料和习题，这些习题是老师教学经验的总结，比学生自己找的其他题目更有价值。

第七招：找尖子生谈话

找尖子生谈话，不断给尖子生暗示，挖掘尖子生内在潜力，调动尖子生的非智力因素，往往会取得意想不到的收获。

第八招：放手让尖子生自主学习

尖子生学习能力相对较强，按正常教学计划、教学进度，尖子生吃不饱。因此培养尖子生主动"找食吃""找好食"吃的能力是老师的首要任务。

加德纳的多元智能理论认为，任何学生都有其优势智能领域，教育者的作用是激发学生的潜能，让学生的优势智能得到充分的利用与发挥。从这个角度说，仅仅停留于知识记忆与学习的"分层作业"是肤浅的、狭隘的，对学生个性差异的认识还是没有脱离应试教育的束缚与捆绑，并不是真正的"以生为本"，也并不是真正意义上的"因材施教"。

苏霍姆林斯基也给学生布置"分层作业"，其中包括：给儿童上思维课、开展课外读书、按自己的兴趣和爱好参加课外小组活动等。在帕夫雷什中学，所有学生整个下午都参加各种课外小组活动，课外小组有100多个。这样的作业不仅深受学生喜欢，而且将学生知识的学习建立在广阔的"智力背景"之上，极大地促进了学生的发展。这才是真正的"分层作业"，即建立在科学的教育理念与视野之上，对学生发展起积极作用的"分层作业"。

所以，真正意义上的分层教学模式，从本质上是为学生主体性的发挥创造了更好的环境。学生能主动地根据自己的需求、兴趣、潜能规划设计自己的学习，可以从更深层次真正实现因材施教，这需要我们教育工作者潜心做深入的研究和探讨。

## ◎ 以敬畏之心铺就教育路

古语云："凡善怕者，必身有所正，言有所规，行有所止。"只有心存敬畏，才会产生边界意识而不越界，才能遵循规矩而不违法，守住良知，保住人性。有些人不守规矩，无视纪律，不讲廉耻，不把法律法规当回事，不知敬畏，没有戒惧之心，夜郎自大，自然容易落入"虎口"，最终害了自己。

比如2015年年初二（1月29日）下午2点30分左右，在宁波雅戈尔动物园发生了一起老虎咬死人的悲惨事件。死者是一名叫张某的男子，当时他和朋友李某两家6口人去动物园。张某妻子和孩子买票进去，但他没有买票，是翻墙进入老虎散放区后被老虎咬伤，救治无效，不幸死亡，而咬人老虎则被当地警方击毙。原想和张某一起翻墙进去的李某由于害怕，最后放弃进入，爬下围墙，从而幸免落入虎口。

这件事件在互联网上引起了较大的关注和轰动。有人对张某的死表示惋惜，有人同情老虎被枪杀，但更多的人表达了对不守规则之人的愤怒。全国知名语文教师王开东老师在一篇"无知猛如虎"的评论中说道："比老虎更可怕的，是没有敬畏之心，是对规则的蔑视。"有些人向来没有规则意识，还常常以嘲笑遵守规则的人为乐。但聪明反被聪明误，甚至丢了卿卿性命。比如事故中的张某，不仅丢了自己的性命，还搭上了老虎的性命，而且还让他的妻子失去了丈夫，他的孩子失去了爸爸。这是血淋淋的沉痛的教训，我们不得不警醒自己，尊重生命，我们应从敬畏规则开始。中国古代先贤早就告诫我们说："天下守法度者最快活。"

敬畏是一种信仰，是一种态度。敬畏是自律的开端，是创造美和促进成功的基石。

北宋理学家周敦颐在《爱莲说》中把莲描写为"出于淤泥而不染，濯清涟而不妖。中通外直，不蔓不枝，香远益清，亭亭净植，可远观而不可亵玩焉"。意思是说，莲花自淤泥出，不同流合污，更显其纯美。"可远观而不可亵玩焉"正道出了敬畏的真谛，人们尊敬莲却又不敢去亲近它，正是这样，便让莲美得极致。所以说，敬畏创造美。

海尔集团董事长张瑞海本着"有缺陷的产品就不是合格产品"的信念，毅然决然亲手砸坏不合格的海尔冰箱，轰动一时，也使得员工和广大顾客对他产生了敬畏，从而使海尔的事业得以崛起，并走向成功。

那么，我们师生怎样心存敬畏呢？

心存敬畏，需要我们全体师生员工坚守良知，敬畏法治，敬畏规则，敬畏自然，敬畏生命，敬畏他人，包括敬畏自己，自觉树立道德意志，明辨是非善恶，自觉心系周遭，内心坦荡无欺，并且真心待人待物，识取真理真知，睿智洞识世界，人格丰美健全。简而言之，心有敬畏，懂规则，讲规则，守规则，自觉自律，自立自强。我们学校提倡的校风"尊道敬人"讲的就是要尊重规律，尊重规则，尊重生命。

# 第五篇　精细化管理中再谋出路

> 肖川教授在其所著的《教育的使命与责任》一书的扉页这样写道："没有使命感的教育是盲目的，没有责任担当的教育是轻薄的。使命与责任赋予教育以高度和灵魂。"就让我们在使命和责任的引领下共同努力吧！
>
> ——作者心语

有这样一个发人深省的事例：日本广岛亚运会上，6万人的会场没有一片废纸曾让人震撼；天安门广场上，眼含激动泪水的人们在参加完升旗仪式后留下满地的废纸却让人震惊。基于此，我们谈何为精细。所谓"精细"就是精密细致之意。也就是说，对任何事情要做到精密细致，精益求精。我国海尔公司提出了"把每一件小事做好就不小；把每一件易事做好就不易"的管理理念。教育实施精细化管理，就是用精心的态度实施细致的管理过程，以获取精品的结果。也就是落实管理责任，变一人操心为大家操心，将管理责任具体化、明确化，人人都管理，处处有管理，事事见管理。精细化管理是"用心工作，爱心育人，真心服务"的教育思想在管理中的具体体现，其目的就是把大家平时看似简单、很容易的事情用心、精心做好。那么学校如何做到管理的精细化呢？

## ◎ 以养成教育为切入点的教育管理

有一个广泛流传的故事：美国一位心理学家在全美选出50位成功人士，他们都在各自的行业中获得了卓越的成就；同时又选出50位有犯罪记录的人。他分别写信给这100人，请他们谈谈母亲对自己的影响。其中有两封回信给心理学家的印象最为深刻：一封来自白宫的一位著名人士，另外一封来自一个正在监狱服刑的犯人。他们谈的都是同一件事：小时候母亲给他们分苹果。

那位监狱的犯人在信中这样写道：

"小时候，有一天妈妈拿来几个苹果，红红绿绿、大小不同。我一眼就看见中间的那个，又红又大，非常想要。这时妈妈把苹果放在桌子上，问我和弟弟，你们想要哪个？我刚想说要最大最红的那个时，弟弟抢先说出我想说的话。妈妈听后瞪了他一眼，责备他说：'好孩子要学会把好东西让给别人，不能总想着自己。'于是，我灵机一动，改口说：'妈妈，我想要那个最小的，最大的留给弟弟吧。'妈妈听了非常高兴，在我的脸上亲了一下，并把那个又红又大的苹果奖励给我。我得到了我想要的东西，从此，我学会了说谎。"

那位白宫的著名人士是这样写的：

"小时候，有一天妈妈拿来几个苹果，红红绿绿、大小不同。我和弟弟们都争着要大的，妈妈把那个最大最红的苹果举在手中，对我们说：'这个苹果最大、最红、最好吃，谁都想要它。很好，现在，让我们来做比赛，我把门前的草坪分成三块，你们三个人每人一块，负责修剪好，谁干得最好，谁就有权利得到它！'于是我们三个人开始比赛剪草，结果我赢得了那个最大的苹果。我非常感谢母亲，她让我明白了一个最简单也是最重要的道理：要想得到最好的，就必须努力争第一。她一直都是这样教育我们，也是这样做的。在我们家里，你想要什么好东西，都要通过比赛来赢得，这很公平，你想要什么、要多少，就必须为此付出相应的努力和代价！"

习惯往往起源于看似不经意的小事，而这些小事却蕴含了足以改变人类命运的巨大能量。

所以，养成教育，就是养成良好习惯的教育。

好习惯让人受益终身，因此，养成教育是管一辈子的教育，是教给少年儿童终身受益的东西，它与素质教育紧密相关。

多一个好习惯，就多一份自信；多一个好习惯，就多一份成功的机会；多一个好习惯，就多一份享受生活的能力。好习惯常常让人受益终身，坏习惯往往使人深陷泥潭。大概正因为如此，人们赞扬好的行为习惯，而讨厌不良的习惯。

究竟什么是习惯？在人们对这个问题的看法很不一致的今天，我们应该如何理解和把握习惯呢？在孙云晓教授主编的《儿童教育就是培养好习惯》一书中，研究人员从不同的角度考量了习惯的含义，这里参考该书的阐述做一些简要的说明。

## 一、习惯的含义

在汉语里，从辞源上看，习惯最早也写作"习贯"，有两种基本的含义：一是指习于旧贯，习于故常。《汉书四八：贾谊传》中记载，孔子曰："少成若天性，习惯如自然。"二是指长时间养成的不易改变的生活方式。班固所著的《后汉书》之《司马穰苴司马法上天子论》中有："习贯成，则民礼俗矣。"可以看出，这一解释存在个人和社会两个不同层面的含义。前者指人经过一定时间形成的惯常行为；后者指人们在较长时间里养成的共同的生活方式。

在现代汉语里，"习"字主要有以下几种意思："①鸟类频频试飞；②学习；③复习，温习；④积，重叠；⑤了解，熟悉；⑥习惯，习染；⑦亲近，亲信；⑧教，训练。"而"惯"字主要有以下两种含义："①习惯，习以为常；②纵容，迁就"。《现代汉语词典》对习惯做了如下解释："①常常接触某种新的情况而逐渐适应，如习惯成自然；②在长时期里逐渐养成的、一时不容易改变的行为、倾向或社会风尚。"这一解释也说明习惯存在个人和社会两个不同层面。

从现代心理学的角度来看，我国儿童心理学家朱智贤教授认为，习惯是人在一定情境下自动化地去进行某种动作的需要或倾向。例如，儿童养成在饭前、便后或游戏后一定要洗手的习惯后，完成这种动作已成为他们的需要。他同时指出，习惯形成就是指长期养成的不易改变的行为方式。习惯的形成是学习的结果，是条件反射的建立、巩固并自动化的结果。

从心理学的解释中，可以认识到：习惯是自动化了的反应倾向或活动模式、行为方式；习惯是在一定时间内逐渐养成的，它与人后天条件反射系统的建立有密切关系；习惯不仅仅是自动化了的动作或行为，还可以包括思维的、情感的内容；习惯满足了人的某种需要，由此习惯可能起到积极和消极的双重作用。

因此，习惯是个人和社会群体中常见的活动模式，它包括自然的反应倾向、自动化的动作和稳定的行为方式。从个人和社会群体两个层面上对习惯进行定义是比较完整的。从个体层面看，习惯是个体后天习得的自动化了的动作、反应倾向和行为方式，它是条件反射在个体身上的积淀。从社会群体层面看，习惯是人们在长期的生活中形成的共同的、相对稳定的行为方式和反应倾向。

## 二、习惯的特征

习惯有哪些特征呢？

一是后天性。习惯不是先天的、遗传的，而是人在后天的环境中习得的，是一种条件反射。人们可以有意识、有目的地培养良好习惯，克服不良习惯。

二是稳固性和可变性。习惯是一种定型性行为，一般而言，一旦形成就较难改变。但这种稳固性也不是绝对的，只要经过较长时间的强化训练和影响，即使是已经形成的较为牢固的不良习惯，也不是绝对不能改变的。例如，有一个孩子时常生闷气，父亲就对他说："假如你不希望自己脾气暴躁，就不要培养这种习惯，不要做出任何可能助长怒气的事。"这位父亲首先让孩子设法保持安静，然后让孩子计算自己有多少天没发脾气。从原来的天天生气，到后来两天生一次气，然后三天一次，再后来四天一次……这个孩子爱发脾气的习惯起初只是减弱，后来则渐至消灭。

三是自动性和下意识性。习惯是一个行为自动化的方式。所谓自动化，就是稳定的条件反射活动，甚至是下意识的动作。行为习惯形成以后，就不需要专门的思考和意志的努力。从心理机制上看，习惯是一种需要。如果不这样做，就会感到很别扭。因而它具有相对的稳定性，具有自动化的作用，它不需要别人督促、提醒，也不需要自己的意志努力，是一种省时、省力的自然动作。比如清晨喝一杯白开水，如果是在父母的提醒下才去喝，只能算是一种行为，而非习惯；如果想都没想，自动地去喝一杯白开水，一天不喝就感到十分别扭，这样的行为就叫作习惯了。

四是情境性。习惯是在相同情境下出现的相同反映，因而有情境性。养成了某种习惯的人，一旦到了特定的场合，习惯就会表现出来。比如有的小孩子只在学校爱劳动，在家里就不行了，就是受到情境的制约。

## 三、如何培养学生的习惯

为了更好地培养学生的习惯，我们从细处入手，营造健康向上的校园文化，开展"两问三省"的"四育"活动。无论大事小事讲求规范，成为师生的自觉行动。

### 1. 开展"两问三省"活动

活动从细处着手，主要以促进学生养成良好的学习习惯和行为习惯为宗旨，即迎着晨风想一想，今天该怎样努力？踏着夕阳问一问，今天有什么收获？班主任结合班级学生特点每周制定班级的习惯养成目标，让同学以制定的目标为努力方向，对照目标每天自我考评与自我反思。而且，学校每周会根据各班各项指标完成情况，评出先进班，每周一的校会颁发流动红旗。自活动开展以来，学生在礼仪、学习、卫生、安全等方面的习惯明显提高，逐步形成一种"自己教育自己""自己塑造自己"的"内省""自律"的学校文化。

2. 开展"四育"工程

为了进一步发挥环境育人的功效，学校建立了较为完善的德育工作网络，开展"四育"工程，即形象育人、活动育人、文化育人、网络育人。

形象育人。一是抓好师德师风建设。学校每年开展师德征文、师德演讲等活动，在全体教师中宣传师德重要性，同时，由学校党委组织建立了先后三批共33个党员教学示范岗，进一步宣扬党员先锋模范作用。二是每学年做好"优秀学生干部""三好学生""成绩优秀生"等各项评优活动，使学生在学习和工作上有目标、有方向。

文化育人。加强校园文化建设，提升校园文化的内涵。一是将"公民道德建设实施纲要"、"教育方针"、"新世纪教育目标"、《中小学生日常行为规范》、中小学生安全教育挂图、校训等布置在校园显眼位置。二是办好宣传橱窗、黑板报，利用学校广播站宣传好人好事、报道校园新风等。三是各班教室张贴国旗、班训、《中小学生守则》、《中学生日常行为规范》、名人名言，还开办学习园地。四是注重校园环境的绿化、美化建设。浓厚的文化气息，良好的育人环境对学生的健康成长起到了潜移默化的作用。

活动育人。学校还根据学生身心发展的特点，结合各年级实际情况，有针对性地开展多种教育主题活动，达到学生自我教育、自我管理的目的。重点做到四个坚持：一是坚持每周一的升国旗制度，对学生进行爱国主义、革命传统和安全、纪律、卫生教育；二是坚持每周一次的班会活动，增强学生的集体主义观念和遵规守纪的自觉性；三是坚持开展第二课堂和兴趣小组的活动，培养学生特长，激发学习兴趣；四是坚持"文明班""星级宿舍"的评选活动。树立榜样，激励进步。

网络育人。充分发挥学校、社会、家庭"三位一体"的育人功能，构建学校—德育处—班级的内部管理网络和学校—社会—家庭的外部教育网络。成立了"关心下一代工作委员会"和"家长学校"，定期召开家长座谈会，学校经常把孩子在校成长情况与家长进行沟通。

实际上，"四育"工程坚持从大处着眼、小处着手，规范学生日常行为。

规范的制度，科学的活动，只是为我们施教创造了有利的平台。具体到养成教育的过程，还必须注重细节，注重教育的过程渗透，也就是说教育者要关注教育的时机。

有一次学校集会，结合集会中出现的问题，我及时对学生进行行为的教育与纠偏，取得了很好的效果，以下是当时发言的内容：

今天早上的集会，集合的音乐响起之前很多同学早已来到教室，但没及时下来；下来的同学站了很久，又不迅速按指定位置就座。到第二节颁奖时，宣读了获奖班级，请派代表上来领奖，可是叫了几次都未见行动，这一现象给人家的感觉是：散漫！老师很散漫！学校很散漫！由此，我想起台湾的一所学校："台湾有这么一所学校，学生年龄在15～18岁，每年在校生3 000多学生。学校没有工人，没有保卫，没有大师傅，一切必要工种都由学生自己去做。学校实行学长制，三年级学生带一年级学生。全校集合只需3分钟。学生见到老师7米外要敬礼。学生没有寒暑假作业，除了因违反校规被开除的学生以外，没有一个考不上大学的。这就是台湾享誉30年以道德教育为本的忠信高级工商学校。在台湾各大报纸招聘广告上，经常出现'只招忠信毕业生'的信息。"

这所学校校长高震东有一次在国内向大学生讲演：同学们，你们说"天下兴亡"的下一句是什么？（台下声音："匹夫有责"）——不，是"我的责任"。如果今年高考每个人都额外加10分，那不等于没加吗？"天下兴亡，匹夫有责"等于大家无责。"匹夫有责"要改成"我的责任"，我是这样教我的学生的。所以说，现在我们大陆教育办得不好，是我高震东的责任，只因为这样，我才回祖国专门举办道德方面演讲。（掌声）"以天下兴亡为己任"是孟子思想。

"天下兴亡，我的责任"，唯有这个思想，我们的国家才有希望。我们每个学生如果人人都说：学校秩序不好，是我的责任；国家教育办不好，是我的责任；国家不强盛，是我的责任……人人都能主动负责，天下哪有不兴盛的国家？哪有不团结的团体？所以说，每个学生都应该把责任拉到自己身上来，而不是推出去。我在台湾办学校就是这样，如果教室很脏，我会问："怎么回事？"假如有个学生站起来说："报告老师，今天是32号同学值日，他没打扫卫生。"那样，这个学生是要挨揍的。在我的学校，学生会这样说："老师，对不起，这是我的责任。"然后马上去打扫。灯泡坏了，哪个学生看见了，自己就会掏钱去买个安上；窗户玻璃坏了，学生自己马上买一块换上它——这才是教育，不把责任推出去，而是揽过来。也许有些人说这是吃亏，我告诉你，吃亏就是占便宜，这种教育要牢牢记在心里，我们每个中国人都要记住！

学校更应该训练学生这种"天下兴亡，我的责任"的思想。校园不干净，就应该是大家的责任。你想，这么大的一个校园，你不破坏，我不破坏，它会脏吗？脏了之后，人人都去弄干净，它会脏吗？你只指望几个工人做这个工作，说："这是他们的事。我是来读书的，不是扫地的。"——这是什么观念？你读书干什么？读书不是为国家服务吗？眼前的"务"你都不服，你还能为未来服务？当前的责任你都不负，未来的责任你能负吗？水龙头漏水，你不能堵住吗？有人会说："那不是我的事，那是总务处的事。"这是错误的。一般人最坏的毛病是这样：打开水龙头后，发现没水，又去开第二个，第二个也没有，又去开第三个——这样的学生，在我的学校是要被开除的！连举一反三都不懂，第一个没水，第二个会有吗？你就没想到水会来吗？人无远虑怎么能行？作为一个干部，作为一个人，都要想到后果，后果看得越远的人，越是一个成功的人。一个只管眼前，不顾将来的人，不是一个好干部，不是一个有用的人。

爱国可以有两种，一种是积极爱国，一种是消极爱国。积极爱国是为国家创造财富，消极爱国是为国家节省财富。……从自己身边做起，我们国家才有希望——这就是"天下兴亡，我的责任"积极负责的道德观念，这就是道德教育。

培养良好的道德，是从尊敬老师开始的，是从很小很小的事开始的。这种道德是慢慢建立起来的，而不是专门找到大事才干。我给大家讲两个关于渍纸的故事。

第一个渍纸的故事，美国有间"福特公司"，福特是一个人，他大学毕业后，去一家汽车公司应聘。和他同去应聘的三四个人都比他学历高，当前面几个人面试之后，他觉得自己没有什么希望了。但既来之，则安之。他敲门走进了董事长办公室，一进办公室，他发现门口地上有一张纸，弯腰捡了起来，发现是一张渍纸，便顺手把它扔进了废纸篓里。然后才走到董事长的办公桌前，说："我是来应聘的福特。"董事长说："很好，很好！福特先生，你已被我们录用了。"福特惊讶地说："董事长，我觉得前几位都比我好，你怎么把我录用了？"董事长说："福特先生，前面三位的确学历比你高，且仪表堂堂，但是他们眼睛只能'看见'大事，而看不见小事。你的眼睛能看见小事，我认为能看见小事的人，将来自然看到大事。一个只能'看见'大事的人，他会忽略很多小事，他是不会成功的。所以，我才录用你。"福特就这样进了这个公司，这个公司不久就扬名天下，福特把这个公司改为"福特公司"，也相应改变了整个美国国民经济状况，使美国汽车产业在世界占据鳌头，这就是今天"美国福特公司"的创造人福特。大家说，这张废纸重要不重要？看见小事的人能看见大事，但只能"看见"大事的人，不一定能看见小事，这是很重要的教训。

第二个废纸的故事，当1994年第12届亚运会在日本广岛结束的时候，6万人的会场上竟没有一张废纸。全世界报纸都登文惊叹："可敬、可怕的日本民族！"就是因为没有一张废纸，就使全世界为之惊讶。再看看我们10月1日天安门广场升国旗的镜头，当人们散去，满地废纸，到处乱刮！外国人一看当然会这样认为：你们中国此时要同日本比，差得远呢！大家不要总是说：我们国家地大物博，有137枚金牌——这都没用，咱们的道德水准还没上来，还差得远！大家说这些废纸重要不重要？所以说，我让大家捡起一张废纸，这就是爱国的开始。

万事从小事做起。美国太空3号快到月球了，它却不能登上去而无奈地返回来，为什么？只是因为一节30块钱的小电池坏了，他们这个酝酿很久的航天计划被破坏了，几亿元报废了！

养成教育是一个长期的、反复的工作，需要时刻强化，所以在每一个学期开学大会，我会强调养成教育的重要性。以下是一次大会上的讲话内容：

在新学期开始之际，作为你们的朋友和老师，为了让你们更好地学习和生活，我给大家提三点希望：

第一，希望养成良好的习惯，务实做人。良好的习惯是一个人成才的基础。我们不少成绩不理想的同学，根本原因不是因为不聪明，不是因为智力有问题，而是忽视了良好习惯的培养和养成。希望同学们时刻不忘从小事做起，从细节做起，从今天做起，养成良好的生活习惯，培养良好的学习习惯，养成良好的锻炼习惯，培养良好的礼仪习惯，做一个文明守纪、健康上进的合格公民！

第二，希望努力勤奋学习，全面提升自身素质。同学们都明白"知识改变命运，勤奋创造奇迹"的道理。我们所处的时代是知识竞争、人才辈出的时代，认真读书，为未来发展打好基础、做好准备，是我们今天在校学习的责任，希望全体同学以勤奋学习为己任，做到自觉地学习、勤奋地学习、科学地学习，不断享受学习中的乐趣，争取新学期学习成绩有更大进步。

而那些有"不想学习，不愿意学习，谈到学习就头痛，看到书本就发呆，碰到作业就想跑"等不良行为的同学，必须马上纠正。在此，我还要提醒你们切记：放弃学习，就等于放弃幸福，就等于放弃自己美好的未来。只有珍惜中学时代的宝贵年华，才能更好地为自己一生打下良好的根基，将来也才能更好地报答父母、报效祖国。

第三，希望珍爱生命，不断提高生命质量。珍爱生命就是要拒绝毒品的侵害，拒绝参与网络游戏，拒绝拉帮结派、打架斗殴，拒绝开危险的玩笑；珍爱生命就是要自觉遵守交通规则，讲究饮食卫生，积极锻炼身体，不断增强体质，善于与同学友好相处。否则，既害了自己，又害了家人。我相信每个同学都会珍爱生命，对自己负责，对家人负责，对社会负责，牢固树立安全第一的意识，努力提高自己的安全防范能力，让自己的生命活得有质量，活得有意义。

### 3. 学校教育与家庭教育相结合

养成教育更是一个复杂的过程，只有取得家长的重视与配合，才能事半功倍。所以，每年我们都非常重视家长会，都会有针对性地提出具体的配合意见。

有一次给一批教育工作者的家长召开家长会，我提出如下的指导意见，得到了家长们的认同。

第一，家庭教育与学校教育要紧密配合。我们都知道，孩子的品质基础是在家庭中奠定的，是在家庭的塑造下成型的，倘若没有良好、正确、合理的家庭教育配合，再好的师资和学校都不可能产生良好的教育效果。孩子在同样的年龄段里，同时走进同一所学校，在同样的班级里就读，授课的时间是相同的，教化环境、教学方法是一致的，然而接受教育的效果则是区别很大的。这种大优大劣分化的原因，我觉得主要是在于家庭教育与学校教育的配合上。只强调学校教育质量，而不检查自己家庭教育配合的家长，你说这样的家长能行吗？

其实，只有家庭教育与学校教育达成共识，形成合力，才更有利于教育孩子，这应是每一个家长都明白的道理。然而，在现实的教育过程中，不少家长仍然把孩子的出错，看成是给自己丢脸，不能站在一个高度去对待。因而，小孩出了点"毛病"（包括学习方面的、纪律方面的、思想方面的、心理方面的、甚至是突发事件等）时，家长总是不愿主动到校联系。

要知道，学校、家庭的教育目的，都是为了孩子的成才。在孩子发展正常时，家长少出点力还可以，但是当孩子在发展过程中出了"毛病"，就应加以研究，共商对策。因而家长要多一些开明，少一些顾忌，要经常主动与孩子的班主任、科任教师接触、交流，这样才有利于制定相应的教育措施。这样的教育才能做到因材施教，对症下药，才能使家庭、学校默契配合，才有利于你的孩子良性发展。不然，学校、家庭各"唱其调"，甚至背道而驰，教育是很难取得成功的。就算是表现好、成绩也不错的孩子，家长也得关注这一关系！因为大家都想孩子身心健康，好上加好嘛！

第二，建立权威形象。权威形象就是指家长在孩子心里认同的人格魅力。据了解，现在不少孩子不"买家长的账"，家长的教导他非但不听，而且表现为一听就讨厌，甚而公开反对。显然，这样的家长，其监护作用很难得以履行，其教育意愿很难得以实现。究其根源，家长的形象在孩子们的心中已大打折扣，失去了应有的人格魅力。因此，请家长们思考，可不可以这样：为了增加孩子对自己的认可程度，家长就应严于律己，率先垂范。用自己的言行去感染、征服孩子。这样，孩子们才会从心理上接受你、佩服你，你的教育也才会真正产生作用。

第三，投入必要精力。请家长思考，可不可以"双管"齐下，既要保障孩子的物质供给，又要投入必要的精力去了解、督查、关心孩子的学习和生活，去学习、研究、设计对孩子的教育方法。孩子的认知过程具有长期、试误的性质，因而我们的教育也应是一个持之以恒的过程。如果我们不深入、不细致，浅尝辄止，甚至凭头脑发热时就当"天大"的事来抓，忙了的时候就长久不过问，如此时冷时热的教育方式就只会导致对孩子教育的彻底失败。

第四，合理恰当要求。家长们能不能再仔细一点研究自己的孩子，做到给孩子提出的要求要恰当合理。这样才利于对学生的激励，才有利于学生的发展。

### 4. 重视班会活动课

在养成教育过程中，班主任要重视主题班会活动课的"神奇"作用。班会活动是一种特殊的教育方式。从认识角度讲，大多数班主任都能理解它的重要性。但是，不少班主任只把它作为班级学习及纪律情况的小结，表扬先进、指出问题的"说教课"；有的班主任开展班会课是"临阵磨枪"，草率应付，从而使班会活动形同虚设，流于形式，效果不明显；还有的班队活动课成了班主任或其他任课教师的文化课。更有甚者，班主任不在课室让学生自习。

享受国务院特殊津贴的数学特级教师、北大附中副校长张思明把自己用心做教育的工作经验总结出来，出了一本《用心做教育》的书。他说："用心做教育就需要教师留心观察、细心品味、专心实践、恒心坚持；用平常心去面对誉毁成败、用童心和感恩的心态去面对生活和工作。只有教师用心做教育，才能摩擦出智慧的火花，结出创造之果，才能得到学生心的呼应。"那么班会课如何做到用心呢？具体来说，班会活动课要讲究"四性"。

（1）在选择班会主题上要突出针对性。班会主题应根据学生所处的不同年级、不同阶段所表现出来的思想、学习、生活等不同情况来确定。例如，针对高一新生刚入学时普遍存在的对高中阶段学习的不甚了解和不太适应的情况，开学初可将班会主题设计为"高中阶段如何培养良好的学习品质、意志品质"或"合理安排好高中阶段的学习时间与各学科学习时间"等，在引导学生认知高中与初中阶段学习差异性的前提下，指导学生合理地安排自己的学习和生活。

作为班主任要经常深入到学生当中，时刻了解学生的学习、生活情况和思想动态，从学生当前带有普遍性而又亟待解决的问题入手来确定班会的主题，明确召开班会的目的和预测班会的效果，切忌走过场。

一是要制订好计划。作为班主任应对常规教育工作与开展有意义的班会活动要全盘考虑，做到心中有底，工作有序。一般第一学期通常开展学规范、知规范、行规范、守规范；讲文明、有理想、知法制、保安全；爱老敬老、尊敬老师、爱我中华、助人为乐等活动。第二学期开展植树造林、美化校园、绿化祖国；学雷锋做好事；保护环境；感恩父母；爱科学、学科学、小发明、小创造等活动。

与此同时，还要从学校各个时期的中心工作、班级的优势和特长、学生的思想生活实际出发，制订全面的班会课教学计划，做到有目的、有内容、有方式、有时间。

二是要明确目的。班会的目的意义，寄寓在形式多样的思想教育活动之中，让学生动手、动脑、动口，在自编自导、自娱自乐、潜移默化中受到启发和教育，达到预期的效果。

（2）选择班会内容要注重实效性。班会内容的选择应紧扣班会主题，要言之有物，言之有理，言之有用。让学生普遍感受到这样的主题班会开得及时，开得实在，开得有价值。例如，针对大部分学生在进入青春期时表现出迷茫、不知所措的情况，可以设计与组织主题为"构想未来，放飞青春"的班会活动课。为确保班会取得实效性，选择一系列贴近学生实际、贴近学生生活、贴近学生思想的内容，如班会开始时选择了全体学生合唱《光荣啊！中国共青团》，让学生重温入团时的美好情景，激发学生参与班会的热情，营造良好的班会氛围；接着选择诗歌朗诵——以《青春无悔》作为主题班会的首档节目，引入班会课主题，使主题班会的主旨精神得到升华；然后选择小品——《谁会是最受欢迎的人》，使学生认识青春期养成各种良好行为习惯的重要性，达成"做一个健康锻炼、健康品行、健康服务、健康饮食的青春人"的共识；选择近期学生中发生的一些因心理问题引发的真实事件，让全体学生参与交流、讨论、分析，教育学生要拥有积极健康的心态，学会做人、学会学习、学会生活；最后在全体学生唱《青春之歌》的歌声中结束班会，把班会推向最后一个高潮。整个班会的内容紧扣主题，切合学生的实际，学生热情参与，达到预期的教育效果。

总之，选择班会内容应贴近学生实际、贴近学生生活、贴近学生思想。学生目前最需要解决的是什么问题，就为学生解决什么问题，要注重实效性。同时要根据班会主题的需要，合理地安排内容，要注重科学性。只要能给学生实实在在的指导，肯定备受学生欢迎。

（3）组织班会形式要讲求参与性。课堂教学要体现以学生为主体的原则，班会活动则更应体现这一点。班会活动应是学生唱"主角"，让学生自己讨论计划、选择形式、组织实施、小结讲评，班主任以组织者、参与者的身份，与学生一起参加活动。当然作为班主任要指导学生讨论如何制订方案，指导学生做资料、道具、场地的准备工作，活动前提醒主持人考虑可能出现的问题和解决的办法，活动中适时鼓励帮助学生顺利完成任务。班会活动的开展不仅要符合学生的年龄特征，而且要结合学生的兴趣、爱好、知识体系、情感体验和心理特点。要面向全体学生，竭力让不同层次的学生轮流当主角、做主持人，使尽可能多的学生在班级的舞台上得到锻炼，激励越来越多的学生积极参与。

（4）召开班会的场所要注意多样性。班级的主题班会，要适应青少年的年龄特点、兴趣爱好，要力戒枯燥无味的空洞说教和单一不变的呈现方式，要把健康向上的内容用多种多样的形式展现出来，使主题班会常开常新，多姿多彩，如故事会、小品表演、心理游戏、辩论赛等。培养学生的非智力因素，发挥学生在学习活动中的潜在智能。要借助学校现代化教学设备，展现有声有图有字的各种材料和录像。要拓宽思路，丰富内容，不能仅限于学生身边的学习、生活、工作，而应开阔视野，引导学生关注社会的发展进步。可以让学生的活动范围扩展到校外及社会各界，使班级活动由封闭式转为开放式，从而将校内、校外、社会、家庭的力量统一起来，发挥最大合力，促进学生健康发展。

通过主题班会活动课对学生进行集体教育是一个长期、艰辛而又深富艺术性的工作。主题班会活动课设计与组织应具有什么样的理念和指导思想，其创新性、科学性、目的性、教育性、可操作性等许多课题也有待于大家不断去探究。

## ◎ 建构精细化的教学管理体系

原教育部部长周济指出："科学发展观是指导发展的世界观和方法论的集中体现。"近年来，附中紧紧围绕"全面提高教育教学质量，办让人民满意的教育"这一核心工作，以科学发展观为指导，以师为本，以生为本，积极探索一条精细化的教学管理新路，实施精细化管理，达到自我提升，实现学校的内涵发展。

特别强调的是，精细管理，需要引导教师关注教学现场和教学细节。看不到细节，或者不把细节当回事的人，对工作缺乏认真的态度，对事情只能是敷衍了事。这种人无法把工作当作一种乐趣，而只是当作一种不得不受的苦役，因而在工作中缺乏热情。他们只能做别人分配给他们做的工作，甚至即便这样也不能把事情做好；而考虑到细节、注重细节的人，不仅认真对待工作，将小事做细，而且注重在做事的细节中找到机会，从而使自己走上成功之路。

《细节决定成败》是一部管理者和员工的必读书。从表面来看，这是一本关于企业管理精细化问题的书，但对于我们干教育事业的教师来说也有很大的裨益。而《教学现场与教学细节》一书则是彭刚教授就教学过程中对教学细节的研究和探讨，对于我们教师来说更显得具有实际的指导意义。为什么彭刚教授和汪中求教授都将自己的视点放在了细节上？确实如书名所说的，细节决定了商海中的成败，也能决定教学过程中的成败。

纵览《细节决定成败》全书，作者用极为详尽的事例和一系列令人胆战心惊的数据强有力地证明了细节在企业管理中的重要性。千丈之堤，以蝼蚁之穴溃；百尺之室，以突隙之烟焚。那些浮躁冲动的管理者，为了追求更大的利益而盲目地不合时宜地扩大企业规模，全然不知他们对于细节问题的忽略是在"自掘坟墓"。仅以中国企业界为例，曾经辉煌一时的三株、亚细亚、飞龙、巨人、健力宝等知名企业都是因为忽略了细节，导致"蚁穴成堆"，最终毁了自家"大堤"。

"一心渴望伟大、追求伟大，伟大却了无踪影；甘于平淡，认真做好每个细节，伟大却不期而至。"泰山不让土壤，故能成其大；江海不择细流，故能就其深。由于对细节问题高度重视而长盛不衰的优秀企业也不在少数，如中国的联想、海尔，国外的肯德基、麦当劳、丰田、奔驰等。这些企业的精细化管理程度之高，在有些人看来几乎到了苛刻的地步。但正是他们细致入微的管理和关注细节、把小事做细的精神，给企业带来了信誉和利益，才造就了今天的成功和地位。成也细节，败也细节。细节问题的重要性由此可见。

作为教师，可能更多的是考虑教学过程中的细节问题。细节虽小，但是在教学过程中的功能和作用，在促进学生发展中的意义和价值却举足轻重。关注了细节，才能让自己的教学更合理、更精确、更富有智慧，也才能让自己的教学达到一定的境界。

在《教学现场和教学细节》一书中，彭教授对细节做了很细的研究。按照字面理解，"细"者小也，"节"指单位或要点。关于教学细节，广义的理解是教学行为的最小单位，是教学行为的微观分解；狭义的理解是教学过程中的关节点，对教学具有重要推动和连接作用。教学细节是外显的、看得见的，可能是教师的一句话、一个动作、一种表情……教师要考虑的教学细节包括教具的准备、问题的设计、时间的安排、板书的设计，甚至包括对学生情况的分析，对教学效果的预想。只有课前做好认真、充分、精细的设计，才能让好的教案设计落实到位，师生互动过程中动态生成知识，在一种和谐的氛围中提升教师和学生的能力，达到师生共同发展。

教学细节是透视教学理念的放大镜。虽然很多教师前面讲到的教具的准备、问题的设计等惯常的教学行为可以做得很好，但我们还是需要用新课程的理念来反思自己惯常的教学细节。新课程的核心理念是"为了每个学生的发展"，是一种"以人为本"的教学观。但是一些教师的教学行为和细节却忽略了学生的发展，有些连起码的信任学生、理解学生、尊重学生也无法做到。

比如说，有些教师认为拖堂无关紧要，甚至认为这是对学生负责的表现。其实，课间休息对学生的发展很重要，学生坐了40分钟，需要利用课间休息进行身体和心理的调整，以便下节课更好地学习。有没有课间10分钟，效果完全不一样。我个人的经验告诉自己，只有让学生在课间休息、调整得好,他才能精神饱满地投入到下节课的学习。而这样的一个小细节,是不是所有的教师都注意到了呢?

还有,我们要以新课程理念来改造现有的教学细节。在教学过程中,我们有的教学细节是不符合新课程、新理念的要求的。如有的学生发言讲不下去或表达不清楚时,有的教师往往比较着急。这个时候,教师要么自己抢着说了,要么会示意学生"坐下,听别人怎么说的"。其实在处理学生发言讲不下去这个小问题上,是要讲究一些技巧的,因为这个问题如果处理得不好将影响到学生的情绪,严重的还会导致学生自信缺失,不敢发言。这样一个小细节的处理,也许对学生今后的学习都有重大的影响,而不仅仅是影响这节课。

另外,教师应该以新课程的教学理念来创造崭新的教学细节。教学的本质就是创新。这种创新不仅发生在备课环节、教学设计环节,而且发生在教学现场,发生在师生互动中。如高年级的作业批改,教师往往是自己蒙头批改,而不太关注学生的自我评价和自主学习。其实教师完全可以尝试要求学生互改、自评作业,然后教师再进行批改、展评。这样的一个批改过程,既是学生间的相互学习和相互监督过程,也是学生进行反思的过程,效果可能比教师自己蒙头去批改效率要高,学生的兴趣也比较大。

**精细化教学管理的经验总结**

(一)制定全方位的精细化管理目标

制定全方位的精细化管理目标,是实施精细化管理的前提。在现代管理中,实行目标管理已是一种行之有效的手段,因而在精细化管理过程中,也必须制定全方位的精细化管理目标。

学校教育教学目标,最集中的体现就是学校的办学和教学理念。过去我们的教育思想,更多的是关注学生发展,很少关注到教师的成长和发展。实际上这是一个误区,在教育教学过程中,只有教师可持续发展,才会有学生的全面协调和可持续发展。

为此,学校以科学发展观为指导,在总结近20多年发展历程的基础上,结合自身文化的积淀,重新提出了"以人为本,质量至上"的办学思想和"双主协调,共同发展"的教学理念。"以人为本""双主协调"既是学校开展各项教育教学工作的指导思想,也是工作目标。每学期各年级、教研组、备课组、教师都根据学校这一总思想和总目标,制订自己切实可行的教学和教研计划。学校根据"谁分管的谁负责""谁的岗位谁负责""谁的班级谁负责""谁的课堂谁负责"的原则，落实岗位责任制，做到不缺位、不越位，使各单位各司其职，从而达成"时时有人管，事事有人管"的管理目标。

（二）完善可监控的精细化管理过程

有一个公式非常好，"制度＋不落实＝0"，就是说精细化管理的难点在于过程，在于执行。只有增强执行力，不折不扣地落实好制度，才能提高管理效能，实现效益最大化。怎样才算增强了执行力？还是借用一句话：把小事做好，把简单的事做彻底，把平凡的事做精彩。

可当前现状是：喊得多，做得少；精心精致不足，盲目粗放有余；细节不细，落实不实，导致教学管理层次不高，高耗低效，严重阻碍了新课程改革的深入开展，制约了教学质量的再提高。针对这种情况，学校建立了一套较为严密的检查通报制度，加强对教学过程实施有效的监控，在监控中反思，在监控中修正，从而实现在监控中提高。

首先，改革对教师教学工作的检查方式，加强平时抽查的力度。教导处每周至少对2个备课组进行教学抽查，从备课、上课、作业布置与批改等三个环节进行详细检查。检查后，及时反馈，从而对教师的教学进行宏观的把握和微观的指导。其次，加强段考结果的分析，完善常规教学的监测。对每次考试的方式、命题、阅卷、登分都做出了具体要求，考试后，教导处及时组织电教组教师统计成绩，并依据《岭师附中学科教学质量评价实施方案》，对每个教师的教学质量进行评估。再次，强化集体备课，按照课堂教学"两个20分钟的教与学"的要求设计教学过程。要求备课组每周集中备课至少一次，做到"四定"（定时间、定地点、定内容主题、定中心发言人）、"五统一"（统一教学目标，统一教学重点、难点，统一教学的广度和深度，统一讲授纲目和统一课外作业）。为了加强对集体备课的管理，实行教导主任挂点到备课组指导集体备课的制度，努力优化对课堂教学的各个环节和过程的管理。

我们可以做到：办公和课堂教学行为天天查，教学业务周周查，每周教学一研讨，教学状况月月汇总。查后即汇总情况，好的表扬，存在问题的指出来，违规情况予以通报批评。这种连续的、交叉进行的、定时与不定时相结合、定性与定量相结合、表扬与批评相结合并以鼓励和建议为主的检查督促，端正了广大教师的工作态度，调动了工作积极性，确保了教学工作的良性运转。近年来，附中教研水平不断提高，教学质量稳中有升，再次应验了"赢在执行"这个命题。

最近，教导处又草拟了《督促评估制度》，计划成立一个由教学专家和教师代表组成的教学督促评估小组，以加强教师开导教学工作的监控，推进学校教学的改革，提高教学质量。

（三）制定可操作的精细化管理措施

真正健全、完善、合乎情理并得到有效贯彻落实的学校制度，有利于学校的持续发展、教师的专业发展和学生的个性发展。制定并落实可操作的精细化管理措施，是实行精细化管理的必由之路，是教学管理制度由粗放到精细的关键一步，也是强力推进精细化管理并取得效益的基础。制定精细化的管理制度，它的着眼点在于关注教学过程的每个细节、细部。教学所涉及的各个环节，如备课、上课、作业、命题、考试等，也都应该是教学管理所要涉及的环节。

近年来，附中教导处以科学发展观为指导，按照精细化管理要求，结合我校教育教学实际，在原来教学管理制度的基础上，去伪存真，对教学的全过程管理进行了重新细化和规定。学校从教学管理制度、教学质量评价、校本教研激励机制和教师业务培训等四方面努力完善各项教学工作制度，修订和新订教学管理制度10多项，主要有：《岭师附中课堂教学常规管理要求》《岭师附中关于多媒体技术辅助学科教学的若干规定》《岭师附中研究性学习课程实施方案》《岭师附中关于图书馆为师生服务的若干意见》《岭师附中集体备课制度》《岭师附中备课组长工作职责》《岭师附中听课评课制度》《岭师附中考试常规要求》《岭师附中科组考核方案》《岭师附中中考奖励方案》《岭师附中高考奖励方案》《岭师附中教师"一帮一"培训培养制度》《岭师附中科组业务学习方案》等。2005年，根据市教育局的要求，结合学校实际，附中制定了《岭师附中学科教学质量评价方案（试行）》，初步从评价目的、评价原则、评价项目、评价方法等方面，客观、全面地评价教师的教学质量。

这些规章制度以推进质量管理为目标，进一步规范了教师和学生的教与学。从理论学习、集体备课、个性化修改，到上课、作业布批、课后辅导、单元检测，再到教学反思和参加各级各类教研科研活动等，都有了一个详细的规定，这是全体教师开展教学活动的一个规范。它的制订将使我校的日常教学管理更加规范化、精细化。我们认为，我校已经构建起比较完善的教学工作常规管理体系，该体系有较强的系统性、指导性和可操作性，有利于规范教师的教学行为，能调动教师的工作积极性。已有不少老师勇于实践并从中受益。

### （四）注重有反馈的精细化管理结果

有了精细化管理目标，有了切实可行的精细化管理措施，有了可监控的精细化管理过程，精细化管理才有可能实现。但要使精细化管理不断上台阶，那就一定要有反馈，因为有反馈才有提高，有反馈才能促进管理的转型。对教育教学的反馈，最重要的是考核和评估。没有考核和评估的工作就像死水一潭，不会有生机与活力，不能推动工作的开展与创新。

近年来，附中的策略是"靠精细创造公平，靠公平激发活力，靠情感赢取信赖，靠信赖激发激情"。学校的工作安排到哪里，考核奖励就跟到哪里，将教职工和学生的工作学习情况与考核直接挂钩，在公平、公正、公开的考核制度中创造性地开展工作。向成绩倾斜，向正气倾斜，让德才兼备、业务精湛、师德高尚、成绩突出的教师干得气顺，让勤奋刻苦、积极进取的学生获得相应的奖励，让"有作为就有地位"的意识深入人心。

### （五）从课堂抓起，细化教学环节，使每一堂课都精彩

现代化工厂里，当车间流水线生产某一产品时，道道有人把关，个个有人检验，管理程序非常严密细致，因而生产效率极高。课堂也犹如工厂的生产车间，但又不同于生产车间。两者的共同之处是，管理都要有序化、精细化；而两者的不同之处在于，工厂车间生产的产品是死的，而课堂上所教的学生是活的，因而方法不同：工厂车间采用一成不变的生产程序，而学校课堂采取灵活多样的教学方法。

然而，如果课堂缺失有序、精细的教学过程，就不可能获得课堂教学的高效率。何谓课堂教学的有序、精细？我们首先根据新课程和附中的实际，制定了《两个20分钟的教学操作要求》，在此基础上又分别制定了文科、理科和体育艺术科三类《新课堂教学量化评价标准》，新的课堂教学量化评价标准，细化了各环节的要求：①精心设计教案和学案，使教与学合一、和谐。②精心设计教学目标、课堂提问、课堂练习，使课堂教学有较强的目的性、针对性和有效性。③精心设计课堂教学过程，使课堂"双主"得以充分发挥。④潜心研制既紧张又愉快的和谐课堂氛围，使学生的注意力始终保持集中，使学生的思维始终处于激活状态，使学生的心境始终感到愉悦。

由于学校制定了可操作性强，而又符合学校"双主协调，共同发展"的教学思想操作要求和教学评价标准，并通过名师示范课、青年教师研讨课等形式大力推进，从而很快转变了教师教学理念，产生了一堂又一堂精彩的课。在省一级学校复评时，学校90%的课都被专家组评为优秀课。

### （六）从问题入手，细化教研活动，提高校本研究的实效性

我校在实施新课程改革过程中，十分注重用科研带动课改。我们将新课

改的新理念、新方法运用到该课题研究中去，用课改推动课题研究，使我校课题研究再上新的台阶，实现了课题研究与课改工作的双赢大丰收。据不完全统计，学校承担"十五"和"十一五"国家和省级课题有10项，其中4项已顺利结题，另有3人正申请国家级"十一五"规划课题。此外，学校还积极组织教师课例比赛、毕业班教学研讨课和新教师教改实践课等多种形式的研讨活动，为教师开展教学教研提供一个有力的平台。多年来，我校教研成果显著，据不完全统计，教师在国家级、省级、市级报刊发表论文达83篇，出版专著4部，教师论文集3部，参与编写教学资料4本。

实施精细化管理以来，学校更注重校本研究，以课堂教学为突破口，从问题入手，积极开展教学研讨活动，研究形式丰富多样。"研究课"让教师在"教中学"，用案例培养教师。"对比课"给教师一个撬起"理论"的支点。我们努力研究一个问题，解决一个问题。不搞形式主义，不搞空洞笼统的问题。近段时间，我们开展校本研究，针对学校学生厌学和教师满堂灌的现象，积极组织教师进行多种形式的实践和研究，并形成了切实可行的"两个20分钟的教学操作要求"。目前，学校又专门在高一年级成立了4个实验班和6个对比班，进行"双主协调，全效教学"的专题研究，并建立专门的网站，进行及时的内外交流，争取找到一条提高教学质量，克服学生厌学问题的有效途径。

"教无定法，但有良法"，管理也应有良法。精细化管理的有效实施优化了附中的管理品质，提高了管理效能，继而提升了学校的教育力。当然，教育不需要跟风逐潮，不需要花样翻新，最重要的是要有一种可贵的坚持。把简单的事情做好就是不简单，把平凡的事情做精就是不平凡。

## ◎ 构建"研训一体"的教研体系

教研组、备课组作为学校内部的一个重要组织，对推动学校教育教学有举足轻重的作用。附中在保证教研组、备课组的活动时间上做了许多工作，可见学校领导已意识到教研组、备课组活动的重要性。然而，光有时间保证还不行，怎样发挥教研组、备课组的作用，我花了很多时间去思考。我们学校有的教研组、备课组做得不错，但还有不少教研组、备课组的作用并没有很好地发挥出来，甚至成为一种摆设。

## 一、存在的问题

**1. 时间观念不强**

有的教研组、备课组活动成为一种形式，很多该集中的时间不集中，能集中时又迟迟不齐，教研、备课时，教师又常常不自觉地谈起日常生活之事，一谈就是半个小时，短短的40分钟教研、备课时间被挤占了3/4。

**2. 部分教研组、备课组及教师不够重视教研工作**

有些教研备课活动，教师"事外有事"，一边应付、"收听"主讲教师的报告，一边忙自己的事情。还有一些教研组活动纯粹就是学校教学工作的布置会，教研组组长讲完工作任务就完事，没有对学校教学工作做任何的研究和讨论，没有形成本教研组的新理解、新策略，仅是被动地接受和安排，缺乏明确的主题研究。

**3. 活动研讨氛围不够浓厚**

教研组、备课组往往就一篇文章进行交流对话，或者就某位教师提出的一个观点进行评论，或者就某一节课进行评课交流。许多教师即使有见解、有想法也不想说或不敢说，特别是评课，教师碍于"同事面子"常常轻描淡写，没有实质性、有价值的观点碰撞，效果不明显。

**4. 计划执行力度不够**

教研组和备课组活动形式、内容太过简单，如教研总是由主讲人读一篇从教育教学杂志上摘录下来的论文，备课总是由主讲人将教学参考书里的教材分析、教学建议说一遍，其他教师的任务就是听。这样的形式最容易组织，但是由于参与度不高，即使有再好的观点和方法，没有经过有效的讨论学习，总是半生不熟，收效甚微。

**5. 不太注重教研成果的积累和提炼**

从这几年来看，我们学校的教研组组长队伍还是比较稳定的，变化不大。但是，作为一名教研组长，应该经常进行反省：在你这个教研组长的带领下，到底留下了多少属于你本教研组的研究成果？有没有真正地提炼出你本教研组的工作经验？一年一年、一届一届的试题是否都存入电脑的教研组试题库了呢？每次教研组的研讨资料是否都整理输入电脑保存了呢？有没有本教研组的网页？有没有本教研组的发展目标和发展计划？这些工作有多少个教研组做到了，做好了？是不是都是任务式地布置学校的工作，没有做任何的思考呢？只有对教研工作进行不断的反思和总结，工作才会有积累，才会有进步。

## 二、对问题的反思

教研组、备课组活动存在的这些问题,应引起我们的深刻思考。

**1. 从管理的角度讲,学校教导处没有有效的运行、检查、监督机制**

首先,教研组、备课组都有一个很重要的核心人物——组长。这位组长素质高不高,积极主动性强不强,组织能力好不好,关系到教研备课组能不能高效地开展活动。据调查,有些教研组组长、备课组组长片面地认为教研活动就是学习专业文章;有些对教研、备课的意义定位不完整,认为教研、备课就只为教学服务,忽视了教研、备课也是为了促进教师的专业成长;有些则混淆了教研活动和备课活动。

其次,学校教导处没有及时检查反馈,建立教研组、备课组活动的过程评价制度。我们很重视教师个人的评价,但作为一个能推动教师工作的组织,应该有专门的评价体系,以及进行优秀教研组、备课组的评选。

**2. 从教师的角度上讲,教师对教研、备课组活动没有引起足够的重视**

实际上,到位的教研、备课,对教学质量的整体提高作用毋庸置疑,对教师专业成长也大有益处。因此,我们应该在教师当中大力宣扬教研、备课组活动的重要性。

## 三、改进措施

在新课程改革的今天,教师专业化是现代教育发展的必然要求,在教师专业成长与发展中,教研、备课组起着不可替代的关键作用。因此,这些年,附中以创建"湛江市示范教研组"为契机,积极探索"研训一体"教研体制,使教研组工作焕发了勃勃生机,有效促进了教师的专业发展,概括为一句话,就是在"精"中求生存,在"细"中求发展。为了做到这一点,我们实施的策略是:以规范为基础,以示范引领创新,在精细化管理中求发展。

### (一)依托规范教研组建设,引领教研组规范有序地开展教研活动

教研活动规范化,就是要克服教学研究的盲目性、随意性,用一系列规章制度保障、引导和督促教研活动正常有序地开展。为了适应新的发展形势,学校制订方案,强化指导,开展规范教研组建设活动,以此引领教研组规范有序地开展教研活动。

**1. 修订《岭师附中规范教研组评审方案》,明确教研组的工作内容**

在省、市示范教研组建设工作启动以后,学校积极做出响应,2011 年 3

月，在原来的先进教研组评审方案的基础上，修订了《岭师附中规范教研组评审方案》，每学期组织一次规范教研组评审。所谓规范教研组，就是一学期不打折扣地完成学校要求的教研任务，并有完整的材料积累的教研组。这是学校对教研组教研工作的最基本要求，主要内容包括两项：一是积极配合学校各项教研工作；二是主动完成相应的课例研讨、主题研修、业务讲座和校本研究任务。评为规范教研组后，学校会给予教研组一定的教研活动经费。这样，各教研组的工作目标更加明确了，工作思路更清晰了。

**2. 建立教研文件盒，细化教研组的研修活动**

教研组的基本工作主要分为两大类：一类是配合学校教研部门，开展各项教学教研活动，对各教研组来说，这一类活动是被动参与的。对于各教研组参与和配合的情况，教导处每学期都会做出相应的定量评价。第二类是教研组每学期主动实施的校本研修活动。教导处每学期为各教研组制定专门的资料盒，盒子的标签上注明本学期各教研组必须在全组性范围内开展的基本教研活动：3次课例研修、2次主题研修、2次业务讲座和至少1项校本研究等。学校同时印发《教研工作指导意见》，对每一项活动开展与实施做出具体的要求：提前计划；明确主题；有活动前教师个人自主学习，研讨过程记录和研修活动总结。由于各项研修活动从形式到内容都有了明确的规范和指引，教研组工作自然能做到"从规范走向实效"。

**（二）依托示范教研组建设，激励教研组在规范中追求创新**

教研组是教师专业成长的土壤，由于学校规模的扩大和实施以年级组为主的管理形式，教研组的功能不断弱化，教研组发展也走入困境。实施规范教研组建设以来，附中教研工作重新焕发活力。但对学校来说，规范只是基本要求，要想真正推动学校教学教研工作大踏步向前发展，出路只有一条，那就是创新。为了进一步激发教研组工作积极性和主动性，在规范教研组建设的基础上，我们又实施了创新型教研组建设活动。

**1. 颁布《岭师附中示范教研组评审方案》，让创新成为规范教研组新的追求**

在《岭师附中规范教研组评审方案》的基础上，我们又制定并颁布了《岭师附中示范教研组评审方案》，根据《岭师附中示范教研组评审方案》，连续两个学期都被评为规范教研组的，有资格申评学校示范教研组。要想顺利被评为学校示范教研组，基本条件只有一个，那就要在规范的基础上，争取某一方面或几方面的教研工作做出亮点、做出创意、做出实效，说穿了就是要创新。创新型示范教研组，学校另外给予相当的教研活动经费以作奖励。学校示范教研组还可以优先获得参评省市示范教研组的资格。例如，附中英语教研组，近年来在组织英语"口语强化训练营"方面，进行了许多新的探索，做出了成效，并形成了特色。英语教研组在规范的基础上，就完全有条件申评学校的示范教研组。

### 2. 创新研修模式，营造创新氛围

创新型教研组建设，离不开学校创新教研氛围的营造。为此，学校积极主动地在全校范围内创建创新型研修模式。

（1）积极打造校园专家，让他们成为校本研修的引路人。在校本研修实践中，强有力的专家引领是非常关键和必要的。目前，因为条件不足，从校外邀请知名专家和教授到校指导校本研修工作，对很多学校来说已成为一种奢求；而且，即使条件允许，专家的引领也往往是远水救不了近火，很难满足教师日常研修的实际需要。为此，附中另辟蹊径，努力创造环境和条件，打造一支教师身边的"土专家""小能人"，组建"校园专家"团队。"校园专家"已成为学校校本研修工作中的一面亮丽的旗帜。目前，附中已拥有"校园专家"20多人。其中有12人成长为广东省名教师、名班主任和骨干教师。

（2）建立党员示范岗，开启教师日常研修"窗户"。为了进一步发挥党员教师的先锋模范作用，引领全校教师切实改进课堂教学，优化课堂教学过程，促进教师专业发展，全面提高新课程课堂教学和教学研究的质量和水平，学校党委制定了"党员教学示范岗"活动方案。基层支部根据示范岗的标准和要求，按"一人一岗"推荐。目前，经学校党委授牌，设立了两批共22个"党员教学示范岗"，牌匾挂到相应课室的门口，这对挂牌教师和班级来说既是一种鼓励，也是一种鞭策。"党员教学示范岗"教师的课堂是开放的，他们的教研是随时的，他们的资源是共享的。通过示范课、推门课等形式，向全校教师展示、交流，从而发挥党员教学示范岗的带动、引领和辐射作用。

（3）实施"茶馆式"研修，让教师在校本研修中幸福成长。校本研修的形式非常多样，有讲座式、论坛式、报告式等，但这些形式大多比较严肃，气氛比较紧张，更多的是一种单向的信息传递，缺少交流与碰撞，很难调动教师的研修积极性，甚至会让教师感觉到研修是一种负担，无法让教师体验到主动研修的幸福感和成功感。附中提出"茶馆式"研修就是要打破这一研修瓶颈，让教师广泛参与到研修活动中，成为研修活动的主体，在研修活动中幸福成长。"茶馆式"校本研修理念源于茶馆，但区别于茶馆。说它

源于茶馆是指它追求环境的自由、宽松、愉悦、和谐。首先是形式宽松，讲可以，唱也可以，演示也可以；其次是发言自由，不规定发言顺序、不规定发言时间长短，可以"插嘴"，打断对方，可以群说，也可以私下交流；最后是内容宽松，甚至偶然说些似乎与主题无关的内容也可以。因为氛围自由、宽松，一般不会产生话语霸权，教师谈话愉悦、和谐。但是作为一种研修形式，"茶馆式"校本研修追求气氛活跃、谈话自由宽松的同时，也要注重主题集中，就像散文一样，做到形散而神不散。

### （三）实施精细化管理，有效促进教师自主发展

有了"规范教研组建设的统领，示范教研组建设的引领"，学校教研组工作的目标就非常具体、明确，思路也非常清晰，但要真正促使各项教研工作和活动从低效走向高效，教师从被动参与走向主动成长，还需要教研工作的精细化管理来推动。在教研组建设工作中，我们一直把精细化管理作为工作的标准。我们的理念是：精心是态度，精细是过程，精品是成绩。在工作中逐步落实"成功源于过程，精彩来自细节"，要求工作中的每一个步骤都精心，每一个环节都精细，每一项工作都出精品。下面谈谈附中在实施精细化教研管理方面的一些做法与思考，主要表现在以下几个方面。

#### 1. 重视研修制度的建设

制度是保障，学校制定了《教研组发展规划》《教研组长职责》《岭师附中示范教研组评审方案》《岭师附中教科研成果奖励方案》《岭师附中公开课管理规定》《岭师附中教学视导制度》《岭师附中教学巡视制度》等管理制度，将教研组建设工作纳入学校发展规划，每学期工作计划中都有详细的教研组建设内容及举措。

#### 2. 重视研修积极性的调动

校本研修的主体是人和人的活动，人的态度直接决定校本研修的效果。如果让教师在校本研修中充满激情，研修效果肯定不一般，所以调动教师积极性，让人人都有研修激情就显得非常重要。而激情这东西，非常脆弱，经不起打击，更经不起轮番打击。一句不经意的话，一个眼神，都有可能使激情受到伤害。为此，我们致力于和谐研修文化的构建，对学校领导和教师的研修语言等研修细节提出具体要求，要求非常细致，细到研修时如何说，如何倾听……由于我们建立了和谐的校本研修文化，所以教师激情得于在研修中扎根、开花、结果。

#### 3. 重视研修活动的效用

在开展每一项研修活动时，我们要求教研组必须把握两点原则：一是先

做减法再做加法。中小学教师工作任务繁重,如果开展校本教研活动时只是一味做加法,哪怕你是为了他们成长,哪怕你的理由再充分,教师也会反感甚至走向反对。在这种情绪下,开展什么样的教研活动,都不会有积极效果。所以,学校尽量做到先做减法,减少其他无效或低效的活动,腾出更多时间,让教师有条件进行校本研修,促使他们主动关心自己的专业成长;二是先做功再做课。先做功,是要求教研活动的组织者和策划者,从内容到形式,精心策划每一个环节,确保每一次活动都是有效和高效的,保证让每一位参加者都有较大的收获或思考。这样,才能让广大教师自觉主动地参加以后每一次的研修活动。

**4. 实施"教研活动课程化"**

要求活动前制定"教研活动课程方案",尤其对教研组、备课组活动记录进行具体界定,设计专门的记录本。

1)备课组记录本。

(1)基本情况,如出席人员、主持人、记录人、时间、探讨主题等。

(2)下周要教的教材分析(简要,主要记:抓住重难点和一些特别需要注意的地方);教学策略(简要,主要记:如何突破重难点)。

(3)参与教师提出了哪些教学实践问题;就问题所进行的讨论、研究;还有哪些提交探讨,以及提交下次再研究解决的问题。

2)教研组记录本。

(1)基本情况:包括出席人员、主持人、探讨主题等。

(2)与研究主题相关的,与教学实际密切相关的有价值的问题(关键靠平时发现、收集,然后提出来)。

(3)围绕这些问题所进行的讨论、交流。

(4)还有哪些要提交探讨和下次活动再研究的问题(详细,类似于布置研究作业)。

(5)补充要求:人人发言,并记录下发言人的姓名、发言的话。

教育部校本研修项目组顾泠沅教授说过:"校本教研的最终目标是从技术熟练取向到文化生态取向;从重在组织活动到重在培育研究状态;从关注狭隘经验到关注理念的更新和文化再造。"顾教授的意思很明确:校本研修要取得成效,必须从文化层面入手,构建积极向上的校本研修文化。长期以来,附中就是按照这样的目标逐步推进校本研修的。

目前,附中教师能够自觉将研究意识融入自己的教育教学生活中,内化为自己的自觉行为和职业习惯,不受时间、空间的限制,时时处处开展教学研究，在校园营造出一种和谐、合作、民主、进取的教研文化氛围。

## ◎ 彰显"没有借口"的备考文化

学校为备考工作提供全面高效的保证，提出"没有借口"精细化管理思路。我们提出精细化管理，其精髓在于：一是广大师生誓夺第一的精神风貌；二是相信师生潜力无穷的坚定信念；三是一丝不苟的严格管理；四是没有任何借口的执行能力。具体来说，要将精细化管理要求落实到管理责任层面上来，变一人操心为大家操心，将管理责任具体化、明确化。

### 一、用精心打造"没有借口"的团队实干精神，为精细化备考管理夯实思想基础

"没有借口"体现出的是一种负责、敬业的精神，一种服从、诚实的态度，一种完美的执行能力。为此，学校精心组织各种备考研讨会议，开展各种形式的备考研讨活动，在此基础上概括提炼附中人的实干精神，以此进一步激励高三级和初三级全体教师的斗志。学校领导多次在备考会上激励大家：有信念的地方，地狱就是天堂；有希望在的地方，痛苦也能成就梦想。

1. **优化毕业班管理工作**

我们将毕业班管理工作优化成3个层次，实行全员管理和全程管理。第一层次：中考、高考工作领导小组，以校长为组长，副校长为副组长，中层干部和年级组长为组员组成，负责中考、高考备考工作的决策。第二层次：以教导处职能部门、年级组长、各班主任组成，负责备考的日常管理。第三层次：班主任、备课组长，负责各个班级学生和各个学科教师的教学管理和指导。在备考过程中，各科任教师既有分工，又有协作，充分发挥了各自的主观能动性，不论是专业精深的老教头，还是经验丰富的教学中坚，抑或是初出茅庐的青年才俊，都能各展所长。

2. **精心优化教师组合，实施"班级教学捆绑制"，目标跟踪管理，促使班级教学呈现积极向上的局面**

根据毕业班师资情况，学校在"倾斜初三、高三，兼顾其他""大稳定、小调整"的前提下，选派业务能力强、工作责任心重、具有较好的毕业班教学与管理经验的教师充实到教师队伍中来，增强了初三、高三教学攻坚的合力。合理的搭配，使中年教师丰富的教学经验和青年教师高昂的工作热情结合起来，优化了师资队伍。

同时，实施"班级教学捆绑制"目标跟踪管理，根据初三年级第一次月考成绩，结合初一入学成绩和初二期中、期末考试的成绩，确定中考目标，并且把具体的指标分到各班；另外，根据高二分科成绩，确立高中各班高考目标，要求全级教师围绕共同目标，面向全体、整体推进，突出重点、培养尖子。同时，建立以班主任为核心的班级集体协调机制（即班级教导会制度），让任课教师都参与班级管理，提高班级管理的效果。

每次月考结束后，由班主任召集科任教师，分析形势，讨论对学生个体学习状况的会诊，提出对策；协调任课教师作业量，把"缺腿"的学生分配给任课教师有的放矢地个别施教。所有教师在管理层面上形成"你中有我，我中有你；你帮助我，我帮助你；优势互补，荣损一体"的高效、高密度的管理团队。

"班级教学捆绑制"目标跟踪管理的推行，形成了"人人都管事，事事有人管，管事凭效果，管人凭考核"的精细化立体管理模式和长效工作机制，极大地激发了每位教师的工作积极性和创造性，使班级工作呈现积极向上的局面。

**3. 精心组织各类心理辅导活动，及时调控学生情绪，保证学生高昂的学习激情**

好的心情，好的情绪，可使学习效果事半功倍，这就是非智力因素的作用。一年的备考学习中，学生的情绪会有阶段性的波动与变化，教师要及时把握波动规律，适时激励学生，使学生一直保持积极的学习情绪，确保学生的学习效果。我们非常重视学生的心理辅导，除个别调控外，学校还精心策划多次学生大会，对学生学习情绪进行及时的调控。

第一次会议：在第一学期暑假补课期间进行动员会。本次会议的目的是让学生认识步入初三、高三阶段的重要性和应该注意的问题。为此，学校专门对上一届中考、高考成绩优秀的学生进行表彰，同时，安排受表彰的学生到各个相应班级进行经验介绍，激发学生的学习热情，促使学生一进入毕业班就进入良好的备考状态。

第二次会议：在考前200天左右进行第一次备考大动员，让学生进一步加强备考意识。

第三次会议：在考前100天左右进行全校性"百日誓师"大会，目的在于鼓动士气，把备考推向高潮，增加学生的备考信心。

第四次会议：在考前一周进行最后一次动员大会，目的是再一次树立学生的备考信心和进行关于进入考场的注意事项和考前一周的有效备考方法指导。

4. **加强教学过程质量监控，将精细化管理落到实处**

根据精细化管理的理念，学校教导处加强对毕业班教学质量的监控，从大事着眼，小处入手，把"小事做细，细事做精"，具体从以下几个方面入手。

（1）从要求抓起。规定晚自修课不准集体辅导，鼓励个别辅导，规定布置作业要有针对性和实效性，要批改、要订正，每次考试试卷或平时训练练习必批改、必分析、必讲评。每件事要求越明确、越具体，越有利于操作与精细化管理。

（2）从规范抓起。强化集体备课意识；规定出试卷的要求、监考的要求，必须遵守教学纪律及其他要求等且进行定期检查、定期整改，规定要认真研究考试信息，提高捕捉信息的能力；抓好教辅用书的购买和使用，试卷的研制和考试的规范；强调复习"做到位、做细、做精了就是效益"，不一味谋求进度，否则，再快也是慢。

（3）从环节抓起。加强管理和督促检查工作，加强教学过程的全程监控。学校领导建立听课制度，深入第一线，参加备课组活动、班级教导会，检查作业批改情况、备课笔记和听课笔记，共同商量工作。环环相扣、一环不让、一环不差是精细化管理的关键。

（4）从课堂抓起。抓好集体备课，抓好课堂教学的有效性，上课时间有效安排、40分钟有实效、课后有反思等。

（5）从问题抓起。及时关注新问题，使用新方法，解决新问题。学期中对教学质量进行问卷调查及与学生座谈，不定期进行作业量和作业的抽查，定期抽查听课笔记和备课笔记。针对来自学生和家长的反应，及时听课、反馈信息，那儿有问题就研究到哪里、解决到哪里。

5. **细化年级管理工作，为课堂教学的高效提供保证**

在年级管理工作方面，我们借鉴以前成功的经验，并积极探索新的管理策略，努力做到真抓实干。

（1）认真做好每次月考的命题、成绩统计与分析、总结和表彰工作，充分发挥月考的检验和激励作用。根据学生掌握知识的情况及时调整复习策略，以保证复习的高质量、高效率。每次月考后，对学生的成绩进行跟踪分析，及时反馈给班主任和科任教师，同时及时张贴月考光荣榜，树立学习榜样，增强学生信心。

（2）深入研究中考、高考命题方向，提高备考针对性和效率。各备课组认真研究课程标准和考试说明，把握课程目标和理念，明确考试的范围和考点的具体要求，把握方向。密切关注中考、高考新动态。

（3）抓好"三读"和自习课管理。早读、午读和晚读，统一安排科任教师到位，教师指导读，课代表领读，重点内容反复读，形成浓厚的读书气氛。下午第三节自习课、晚自修、星期六日自习，要求值班教师按时到位，管好学习纪律和辅导学生，不得上课、测试或变相占用学生自习时间，使学生有充足的时间自主学习，消化所学知识。

（4）加强班风、学风建设。班风、学风是提高学习成绩的保证。全体科任教师在以班主任为核心的班集体中，共同做好学生的思想工作，帮助建设良好的学风、班风，认真组织好课堂教学，以保证课堂学习效率，向40分钟要质量。定期召开班主任例会，每周日晚的班主任例会雷打不动，总结上周情况，布置下周工作，发现问题及时解决。

（5）抓好体育训练。初三各班主任积极配合体育老师组织学生进行早训和晚训，星期二至星期五早上7：00—7：15分早训，全体班主任、级长到位，严格考勤，检查督促；下午5：00—5：30晚训，由体育老师负责，通过规范训练，学生身体素质明显增强，确保中考体育成绩大幅提高。

## 二、精细化的分层教学和学法指导，保证了备考的有效性

为了确保备考课堂教学活动的有效性，我们积极筹谋，寻找途径。

### 1. 分层施教，确保每一个学生都受关注

由于学生学习能力参差不齐，为保证教学中每一个学生都受到关注，都能学习有所得，我们根据学生基础，在高中按成绩高低将学生分成三个层次的行政班：第一层为自主学习班，第二层为探究学习班，第三层为合作学习班。由于不同班级学习基础不同，班级目标也有所不同，这就为教师开展分层施教提供了条件。另外，我们要求教师在同一个班施教时，积极探索课堂内分层教学的途径，根据学生的不同实际，提供不同的学习帮助，尤其是在作业布置和问题设计方面做出积极探索。

### 2. 抓好学生的学习习惯，引导学生学会学习

具体来说，在教学中，教师严格抓好学生的两个习惯：一是学习习惯，提倡好学生有"两本"（笔记本、错题本），以便在复习中查漏补缺；提倡教师做实学生"两本"检查的反馈工作，每个阶段要定期或不定期抽查学生的"两本"，并及时反馈，同时通过展览等形式让做得好的学生的"两本"在学生群体中得以宣传推广。二是考试习惯，确立"向答题要分数"的习

惯。全体教师要认识到学生在考试中因答题习惯而失分的情况的严峻性，认识到答题习惯的培养非一日之功。就一般学生而言，审题习惯和方法、解题技巧和方法乃至答题的规范性问题，一般都不是自然获得的，而是需要教师平时一点一点地指导、一点一点地培养。因此，各备课组要认真研究本学科的评分标准以及解题规范要求，并将要求融入每一次练习，融入每一节讲评课，细化到具体的学生。

### 三、精细化的校本研修活动，为备考的精细化管理与教学保驾护航

为了提高教学有效性，学校积极引导教师开展以"有效教学"为主题的校本研修活动。在备考中我们主要进行了以下校本研修活动。

1. 组织听课调研

为使附中的备考工作更加主动有效，在开学初，学校就组织相关的领导、教研组长和骨干教师，对初三、高三年级年轻教师进行听课调研，并进行指导，效果突出。学校还结合湛江市教育局组织的高考备课调研活动，用心组织对高三年级的复习调研和指导工作。

2. 加强复习课研讨，坚持"三轮训练"，注重"四精"

学校领导在听课调研的基础上，指导各备课组开展习题课、讲评课等类型的复习研讨课，经过调研和讨论，为了努力提高课堂效率，让毕业班全体教师坚持"三轮训练"，注重"四精"。

（1）三轮训练：三轮训练的根本目的在于提高课堂教学的针对性，减少课堂不必要的消耗，它是实现课堂效率全面提高的重要途径。

第一轮：诊断训练，诊断练习在上课前一两天要提前发放给学生先做，然后收取一两组进行批改，了解学生的做题情况，发现学生存在的问题，并在教学案右侧写上诊断结论，确保教学的重点，甚至可以细化到具体学生。

第二轮：巩固训练，巩固练习可与配套专题训练有机结合起来。

第三轮：纠错训练，每一次大型考试和每一个阶段测试进行一次纠错训练。

（2）"四精"："精选、精练、精批、精评"

精选：要充分利用网络和各地交流试卷的资源优势，杜绝陈题。

精练：所有练习必须在本学科时间内和教师监督下完成，切实提高训练的质量。

精批：所有发放的试卷必须及时批阅，批阅后要有详细的分析。

精评：试卷必须要有详尽的诊断，诊断到具体选项和具体学生，诊断到典型答案和典型的错误步骤。

## ◎ 让落实成为一种习惯

"落实"从狭义来讲就是把口说的、纸写的，如教育的理论、方针、政策，新课程的理念，新教学的思想、方法，学校的规定、方案，大家的计划、想法等内容具体明确并变为实际的行动。从广义上讲，"落实"还有着更为深刻的内涵。

落实是一种观念。一个人如果没有强烈的"落实"观念，不能时时刻刻想到落实，不能时时刻刻注意落实，那么，他在工作中就容易忽视落实，他就会只唱高调，不管实效，见到困难也会不敢面对。落实，自然也就成了一句空话。事实上，我们任何一项工作任务的完成，都是抓落实的结果。强烈的"落实"观念，是"落实"的前提条件，有了这个前提条件，我们才能转变认识、转变行为，时时刻刻想到落实，时时刻刻注意落实，才能不打折、不走样地抓落实。马克思曾讲："一步实际行动比一打纲领更重要。"在此，请大家记住两个公式：计划＋不落实＝0，布置工作＋不落实＝0。

落实是一种责任。责任，就是分内应该做的事。学校的命运就是自己的命运；学校的担子，我们不挑谁来挑？只有有了这种责任意识，我们才能不折不扣地贯彻落实上级教育行政部门所部署的各项工作任务，才能不畏任何困难，做好学校所分配的每一项工作。

落实是一种意志。落实，说来简单，但要真正以实际行动来实施计划和实现目标，却并非是一件容易的事。它需要有坚持不懈的韧劲，需要有坚定不移的意志。古希腊著名的哲学家苏格拉底曾对他的学生们说："从今天开始，我要求你们每天做一件最简单也是最容易做到的事情。就是每个人把胳膊尽量往前甩，然后再尽量往后甩，总共甩300下。"说着，苏格拉底做了一遍示范动作，然后问："大家能做到吗？"学生笑着回答道："就这么简单的事情，有什么做不到的！"过了一个月，苏格拉底问学生："有多少同学每天坚持甩手300下？"有90%的同学骄傲地举起了手。又过了一个月，苏格拉底又问了同样的问题。这回，有80%的同学自豪地举起了手。一年过后，苏格拉底再一次问大家。结果，只有一个人举起了手。这个学生就是后来成为古希腊另一位大哲学家的柏拉图。

这个故事形象地说明了"落实是一种意志"。世上最容易的事是坚持，最难的事也是坚持。说它容易，是因为只要愿意做，都可能做到；说它难，是因为真正能坚持做到的，终究只是少数人。这个故事给我们的启示就是：要有坚定的意志，才能把简单的事情千百万次地重复做好；要有坚定的意志，才能把大家公认的非常容易的事情认真地做好；要有坚定的意志，才能把决策真正地实践好——最终达到预定的目标。

落实是一种文化。当全体教职员工头脑中都确立了落实的观念，对学校的每一个要求、每一项工作都能坚持不懈地贯彻落实，并且形成一种落实的习惯时，那么，"落实"自然就成了一种文化。如果"落实成了一种文化"，那么我们对工作将会有一股本能性的"内驱力"。但如果我们绝大多数教职员工，都是说话的巨人、行动的矮子，那么，我们学校就不会有落实的文化氛围。学校的任何制度、措施、计划、任务，都不会得到有效落实。相反，如果我们学校的绝大多数教职员工都以落实为荣，以不落实为耻，那么，我们学校就会形成落实的文化氛围。

"落实"虽然仅仅只是两个字，却是字重千钧。因为它一端连着学校的命运，一端连着我们大家的成败；一端连着学校的兴衰，一端连着我们教职员工的生活。因此，不管是行政领导，还是教职员工，对此都必须有深刻的认识。

## 一、落实课程教学

### 1. 执行课程计划，开发校本课程

新课程包含国家课程、地方课程和学校课程。目前，在市课程组的统一部署下，附中开齐国家课程，必修课与选修课协调进行，开足课时。在执行课程教学的过程中，我们要落实一项重要的工作，就是抓好校本课程的开发。

（1）国家课程校本化。要求把国家课程结合校情、师情和生情，从"增（适当增加）、删（合理删除）、换（科学更换）、合（系统整合）、立（更乱立正）"五个字入手，对国家课程进行"二次开发"，还要撰写《模块课程纲要》。具体工作由教导处统筹落实。

（2）地方课程校本化。要求在实施课程教学中，引导学生对地方或社区的现实问题进行思考与研究，将课程内容以专题的形式加以设计，组织学生通过调查研究、探讨问题，并适当地参与社区实践活动，培养学生社会责任感和社会生活能力。具体工作由年级组去落实。

（3）开设学校课程，即校本课程。校本课程由学校自行开发，根据学生的多样性与差异性，侧重从学生兴趣和学校特色开发课程。具体工作由各备课组组织落实。

2. 改革课堂教学，提高教学效率

改革课堂教学要以"什么课才是一堂好课"为问题去设计理想课堂。

（1）依据撰写的《模块课程纲要》，调查、了解、分析所教学生实情，按新课程标准修改或重新设计旧教案、学案。

（2）把课堂教学作为达成课程标准的主阵地，把延伸学习作为发展学生思维能力的补充。充分体现"精讲、善导、激趣、引思"，把"微笑、尊重、宽容、民主、探究、合作"带进课堂，为学生的发展创造良好的氛围和条件。重视学法研究，指导学生学会学习，培养学生"尊师、乐学、勤问、竞先"的良好学风。

（3）依据班级"类型"特点，运用新观念，灵活实施教学。"向40分钟要质量"，突出学生的主体地位、教师的主导作用。教师要多给学生鼓励性评价，激发学生兴趣，提高课堂效率。

3. 挖掘学科潜能，打造学科品牌

"挖掘学科潜能，打造学科品牌"是附中特色教学的抓手，我们必须要落实好。首先，要把原有的"体艺特色"和"英语特色"教学办强办优。"体艺特色"想要办强、办优，一要上规模（80～100名体艺生），二要向全校展示，三要增加群众性体艺活动项目；"英语特色"要办好办优，除运用好"高中英语特色班"和"初中双语班"成功的教学经验外，还要创立"双语教育"教研组，教研组的组员要能胜任学科交叉的教学，即英语教师能教其他学科，其他学科的教师也能教英语学科。在非毕业班开展"双语教育"，每周上一至两节真正意义上的"双语教育"活动课，激发学生学习英语的兴趣。在此基础上，英语科组和双语教研组每学期还要策划一次"学科文化校园展示活动"。其他学科要发挥全体教师的聪明才智，出谋献策，挖掘学科潜能，打造学科品牌。教导处在组织体艺、英语特色展示的同时，可结合其他学科一起展示。

4. 关注身心健康，营造乐学氛围

关注学生的身心健康，必须善于从正面多引导。韩愈有句治学名言："书山有路勤为径，学海无涯苦作舟。"学海本来就无涯了，还要学生以"苦"作舟，难免让人有点灰心丧气，这样自然比不上用"书山有路勤为径"来引导，书山虽高，但有希望到达，因为它是有"尽"的、有路可走，那就是"勤"。因此，教师要落实的是"如何让学生把学习看成是一种'乐事'"，只有把学习当成是一种快乐的事，才会产生兴趣，才会越学越有劲，最终真正把知识学到手。

## 二、落实科研促教

### 1. 依据校本实情，谋划构想立项

"科研促教"是附中发展的重要战略，是省一级学校评估专家给附中发展提出的宝贵意见。要落实"教研促教"，必须依据校本实情，从以下两大方面去落实。

（1）附中承担的省级课题"学科教学策略与心理健康素质的培养"虽已结题，并且该科研课题成果《新课程　新实践：学科教学中的心理健康教育》还获得湛江市科研成果一等奖，但我们的研究不能止步于此，还要在实践中不断完善，并要求就此做更进一步的立项研究。

（2）附中承担的全国教育科学"十五"规划重点课题分支课题"新课程实施与教师适应性的研究"已进入结题冲刺阶段。新课程实施已进入第四年，教师在回顾四年新课程教学的同时，也可以做有方向性的研究。如"'基于课程标准的教学'究竟是什么？""如何改进'基于课程标准的学科内容'才能与附中的实情相适应，使教师做到真正意义上的'用教材教，而不是教教材'？""新课程背景下怎样评课才能促进教师的课堂教学、提高课堂质量？""教师如何建构促进学生学习的课堂评价？"等等。

### 2. 着手具体问题，注重行动研究

行动研究的方法很多，较易操作的是互相联系、互相依赖的"四环节法"：计划、行动、观察和反思。教师工作很忙，没有太多时间去搞大教研，但是，如果大家能从教学活动中的具体小问题入手进行立项，采取行动研究，就很容易达到研究的目的，又能解决实际困难。如"怎样把'厌学'变'乐学'？"我们先做个设想，应试教育的长期影响，给课堂教学造成这样的弊端：重"教"不重"学"，重"知"不重"思"，重"灌"不重"趣"，从而导致学生"厌学"。怎样才能调动学生的积极性，变"厌学"为"乐学"呢？看来应改进方法，建立新的教学模式。因此，可构思一个这样的行动研究思路。

（1）计划。课堂教学中突出"学"字，从让学生"学会"转到培养学生"会学"上来；突出"思"字，从让学生"学答"转到培养学生"学问"上来；突出"乐"字，使学生从"要我学"转到"我要学"。

（2）行动。改造教法、学法，为学生提供"学案"，让学生可以"自己走路"；用"疑"激"思"，把教学活动变成全体学生的"思维体操"，用学生喜闻乐见的方式进行教学设计，使学生"乐"中求知、得知。

（3）观察。观察备课、上课、评课是否都突出了"学法""思法"。

（4）反思。对整个"教改"的实践进行归纳整理。

（5）修改计划—再行动—再观察—再反思，循环往复，形成注重"学""思""乐"的"三字"教改模式。

**3. 多写教学随笔，积累教研心得**

教学随笔可先简述中心以及写此文的目的，再列举实例说清楚事实及过程，最后归纳小结教学的心得体会。多把教学中成功的喜悦、失败的教训、瞬间得到的领悟与启示写下来，多把平时没有想到的观点、平时没有注意到的材料写下来，多把教材中不完美的，经深入思考研究而得到新的认识或新的疑点写下来，多把听课过程中找到的差异写下来，多把课后师生交谈和学生学习的成功或失败中捕捉到的题材写下来。久而久之，再处理起素材来自然会得心应手。

**4. 关注科研动态，及时汇总展示**

教研课题可"随立随报"，教导处即时登记入册，随发"研究进度汇报表"，加强过程指导，及时总结阶段成果，汇总展示，每学期举办一次成果展示。

## 三、落实教学管理

**1. 细化方案规定，"落实"各负其责**

学校的每一项方案都是就学校整体而言的，都是从大局出发制定的，各处室、各级组、各科组或个人都要结合自身的工作，进一步细化、分解学校的方案、规定，然后制定符合本处室、本级组、本科组或个人的方案和规定，并在工作中有方向性、有针对性地进行落实。

**2. 加强过程管理，及时反馈指导**

当前，加强附中教学过程管理最重要的是加强对"教学新手"的教学过程管理，加强对个别"问题教师"教学过程的管理和加强对"问题班级"教学过程的管理。要加强这几类管理，主要手段有落实学科组长和行政领导听课、评课制度，落实过程的反馈指导，为教学新手支招，少走弯路，让个别"问题教师"自省改进，为问题班级把脉诊断。

**3. 完善评价机制，提高教学质量**

学校按教学常规管理要求、考试工作要求、（中）高考备考教学质量奖励方案、学科教学质量目标评价实施方案、教师考核方案进行教学工作评价。虽然这些方案有的是根据以往的方案修订和完善的，有的是根据当前的新情况、新要求制定的，但也可以预见，这些方案可能还会存在这样或那样的问题。因此，我们还需在实践中不断地完善它们，还需要教职员工多提宝贵意见，最终构建一个科学的、完善的评价机制。

4. **阶段总结表彰，典范导教显效**

虽然附中的教学检查工作分为期中检查和期末检查，也有定期的问卷调查和不定期的抽查，但在这些检查中所发现的成功教案、成功教学反思、成功教学设计、成功的教法、成功的作业布置、成功的作文讲评、成功的试卷讲评等，都没有做进一步的示范性推广。也就是说教学检查之后的"工作"还没有得到落实，"榜样"的典范导教还没得到显效，这是附中今后要注意更要落实的一项工作。

## 四、落实教学保障

1. **营造和谐氛围，促进教学相长**

附中在营造校园和谐氛围的手段上缺乏创新，不敢突破，今后可在一些重大节假日、学校特定的活动日等活动上做文章。活动要充分考虑师生的参与与合作，充分调动师生的积极性。通过这样的活动，拉近师生的距离，缓解师生的矛盾，增强师生的情感，为教学相长营造良好的氛围。

2. **合理安排场地，保障学科辅导**

因为学校面积小，附中用作学科辅导的场地很有限，同时还有选修课和校本课的开设，一旦这些课都同时上，必然会带来场地的冲突。为了更合理、更高效地使用极有限的教学场地，教导处与总务处根据学校学年度学科辅导、选修课、校本课的课程计划，再深入细致地做一次场地的使用规划，会同德育处、校团委协调课外活动课的安排，避免出现场地使用冲突问题。具体工作由教导处总负责。

3. **量力投入经费，保障教学秩序**

面对学校现存的影响教学的"硬件"问题，如校园网络的维护、教具的更新、实验器材的完善、图书资料的增添、办公条件的改善等，学校将根据现有的财力，量力投入，以保证教学秩序。

4. **加强综合治理，净化教学环境**

一是积极会同公安、安监、质监等部门，以"防火、防盗、防破坏、防投毒、防爆炸"为重点，对学校定期进行全面细致的联合大检查，及时发现并消除安全漏洞和治安隐患；二是组织力量加强校园治安巡逻，降低消除治安隐患；三是广泛开展"读健康书，做文明人"教育活动，增强学生抵制邪教及荒诞虚无、武打暴力文艺作品侵袭的能力，培养用科学头脑思维和学习的习惯；四是深入开展"创建最安全班级"活动，努力为学生营造一个安全、文明、竞争、向上的学习和生活环境。

提高教学工作质量是学校的大事，也是每位教师的大事，这既要依靠每位教师的智慧，又要依靠大家的合作，要有甘于落实又善于落实学校方案、政策的决心和行动。只要我们能真正理解"落实"两字，写好"落实"两字，狠抓"落实"两字，我们一定能高扬"发展""提高"双旗帜，一定能再越"规模""质量"新标杆！

## ◎ "智慧课堂"的建设与实现

现代社会已经是一个信息化的社会，各行各业都在利用"互联网+"创新发展。对教育行业而言，互联网、云计算、物联网等技术的快速发展，已经给学校教育的信息化建设带来了深刻的影响。教育信息化进入一个"跨越式"发展阶段，"黑板+粉笔"式的教学即将被新的信息化教学技术所取代。

信息化教育发展如此迅速，除了顺应时代的潮流之外，主要归功于国家政策的大力扶持。早在2010年，《国家中长期教育改革和发展规划纲要（2010—2020年）》就指出，信息技术对教育发展具有革命性影响，必须予以高度重视，同时还给出了教育信息化的工作思路，即"充分利用优质资源和先进技术，创新运行机制和管理模式，整合现有资源，构建先进、高效、实用的数字化教育基础设施"。

原国务院副总理刘延东在第二次全国教育信息化工作电视电话会议上的讲话也提到：推进教育信息化是落实中央决策部署的必然要求，是顺应世界信息化发展趋势的应有之义，是实现教育现代化取得重要进展的有力保障……要进一步完善"三通两平台"工程的建设。

《2016年教育信息化工作要点》指出：要推进教育信息化基础支撑能力建设，丰富数字教育资源，推进信息化教学应用，扩大网络学习空间应用覆盖面。

除了政策日益重视，国家对教育信息化工作的财政支出与资源投入也在逐年增加，这充分说明了国家对教育信息化的重视，也说明信息化改革是现代教育的必然趋势。

在这样的宏观环境下,我们的学校也应当与时俱进,跟上政策的步伐,下定决心走信息化教育的路子。学校要加大对智慧校园的建设,引进智慧教学系统,全面提升附中的整体教学与管理水平,减轻教师的教学负担,增强附中的综合竞争力与影响力。

什么是智慧校园?智慧教学又是什么东西?

智慧校园,简而言之,就是"教育+互联网"。它是以互联网为基础的智慧化的校园工作、学习和生活一体化环境。一体化环境以各种应用服务系统为载体,将教学、科研、管理和校园生活进行充分融合,它所创造的是一个智能、安全、稳定、环保、节能的校园。

智慧校园包含智慧教学、智慧管理、平安校园、教育云平台四大模块。这四大模块相辅相成,共同将我们的校园推向智能化、高效化、公开化、安全化。

智慧教学又是什么呢?它就是前文我所讲到的,正在逐渐取代"黑板+粉笔"的传统教学模式的一种新兴教学模式。智慧教学的精髓在于将学生的被动听课转变为主动学习,培养学生课前、课中、课后的自主学习能力,激发学生的学习兴趣与开放性思维,同时加上教师给予的有针对性的引导,真正做到因材施教。在这个过程中,学生成为课堂乃至整个教学过程的主角,教师负责引导与监督。

普及智慧教学后,我们的教学过程中会有非常大的不同。

首先是对教师的解放,教师备课、上课乃至课后批改作业都可以轻轻松松地在一部平板电脑上完成。

教师可以从教育云平台的资源库获取海量的教学素材,任意搭配,制作课件。在课前制作微课视频推送给学生自主预习,学生观看微课视频后将不懂的问题发送至问题墙。教师在接收学生的反馈后就可以立刻知道学生的薄弱处及疑难点,这样教师备课也更有方向。

因为有了充足的准备和预习,教学就更加高效和有针对性。丰富多样的多媒体课件,也让枯燥乏味的知识点变得生动有趣、易于理解和记忆,节省下来的时间可以留给学生互动。运用智慧教学平板,教师可以在课堂上进行随机点名、计时抢答、小组竞赛、随堂测试、投票表态等互动,充分调动学生的积极性。

课后教师直接在平板上组卷发送给学生,学生作业提交之后,只要按一下键,几秒钟就可以完成全班学生的作业批改。系统还会自动分析错题的分布概率、排列顺序等，可谓省时省力。

其次，是对学生的解放。普及智慧教学，学生再也不用背着沉甸甸的书包，桌上再也没有成摞的书本习题，只需一部轻便的智慧教学平板电脑就可以完成整个学习过程。课前、课后学生通过平板电脑进行自主预习，做作业。课上，教师点开平板电脑，只要几秒钟，师生就可以实现同屏观看，再也不用为排座位发愁，因为人人面前都有一个"小黑板"。生动形象的课件、丰富多彩的课堂互动，会极大地刺激和调动学生的学习兴趣和主动性。讲句不算夸张的话：以后学生上课就像做游戏一样轻松快乐。

最后，智慧教学可以使家长也参与进来。通过手机端，家长可以关注学校的最新资讯以及学生的学习情况、在校表现等。教师还可以将学生的课堂表现、作业表现、成绩等推送给家长，家长也可以将孩子在家的状况即时反馈给教师。这样，我们就有了完整的学生信息链，家校沟通也会变得更加顺畅便捷。

# 第六篇　教师专业成长故事典例

　　教师是学校之本。好的教师需要校长的发现与培养，校长要引领一群教师的成长，要有合适的理念和思想，为教师专业的发展提供尽可能充足的空间。校长培育优秀教师群体是办学根本。反之，教师较好成长从侧面印证了校长思想的正确。

——作者寄语

## ◎ 让激情在理想与现实之间舞动
### ——特级教师陈洪义的成长故事

　　陈洪义老师一直担任高中历史教学工作，为了进一步培养和挖掘学生的思维与创新能力，他在课堂教学中坚持进行课堂教学改革与探索。2006—2009年，他主持了广东省教育厅的"十一五"项目"高中历史教学的发展性评价研究"，项目顺利结题，成果被评为"2011年广东省中小学教育创新成果三等奖"；2009年开始开展"情景探究教学"的实践与探索，该课题于2011年也被广东省教育厅确立为中小学教学研究"十二五"规划的重点项目（J11-038）。5年来，他带领课题组进行了300多节课堂实验，课例多次获得国家级和省级教育部门组织的教学评比一等奖，并多次应邀进行送教下乡活动。目前该课题已顺利结题，并且获得"2013年广东省中小学教育创新成果二等奖"，成果专著已由东北师范大学出版社出版发行。2014年，他开始主持广东省教育科学强师工程项目规划课题"基于历史细节探究的课堂专型研究"（2013YQJK264），前期研究工作也已顺利开展。结合近几年的教育教学实践，陈洪义老师以广东省中小学新一轮百千万名教师培养对象的学习为契机，在实践的基础上，进一步凝练自己的教学思想，提升自己的教学艺术。

在回顾十几年的教育教学实践，尤其是开展"情景探究教学"课题实验以来的所思所悟后，陈洪义老师最终确立了自己所追求的教学思想，那就是"拨动情感的弦，放飞思维的线，让历史学习成为一种引导下的创造"。这种教学思想追求的是一种"情知相融，情知相促"的教学效果。他以这种教学思想追求为先导，在教学实践中形成自己鲜明的教学风格类型："情思型"历史课堂。

## 一、教育目标：教育，应给学生留下什么

有一位学生在作文中问老师，"老师，既然我将来不想做数学家，为什么还要学那么深奥难懂的代数、几何呢？""老师，您曾说这些知识将来随时有用，可我高中毕业的舅舅，他工作 10 年了，却一次也没用过函数和方程。"

这个问题不由得让人思考：教育，究竟应给学生留下什么？

其实，学生的困惑也是相当一部分教师的困惑。不少人都有同感：走上工作岗位之后，除了本专业的知识，中学阶段学到的很多知识，好像都丢到九霄云外了。"教师下力气教学生，学生使尽浑身解数学会，然后再全部忘掉"，难道这就是我们的教育规律，这就是我们的教育追求？

这让陈洪义老师想起了一次带学生军训时，他发现武警战士每天起得很早，集训时都喊"一二一"的口号，立正、看齐、向右转，无论多熟练，从不间断。后来中队长告诉他："一二一"的号子战场是不需要的，但通过号子训练出来的一切行动听指挥、一丝不苟的作风在战场上是少不了的。

同理，学科教育可能不会对学生未来选择职业产生直接的影响，但是，如果他们从中学会了读书，学会了思考，形成了对科学文化深深的依恋，这样，教育就变成了一个人的终身需要。函数知识以后生活中不一定能用到，但是变量的思想在每一个人的生活中却是至关重要的，"让变量的思想在学生头脑中根深蒂固"，这就是教学追求。所以爱因斯坦说，什么是素质，当学生把学校里所学到的知识全都忘掉之后，剩下来的才是素质。

素质，这正是学校教育的最终追求。今天我们提出新课程的"双主"理念，积极实践"情景探究教学"，正是要打破传统束缚，转变观念，更多地从学生的终身发展和教师专业化发展角度研究每一堂课。这条探索之路很长很长，路上也会有很多困惑和困难。对此，要有足够的心理准备，我们所追求的是赢在路上的体验与喜悦。

## 二、教育信念：在行动中去舞动教育梦想

记得著名教育学专家朱永新写过一首诗（节选）：教育是一首诗/诗的名字叫青春/在躁动不安的灵魂里/有一个年轻的梦。教育是一首诗/诗的名字叫自我/在写满问题的试卷里/有一双发现的眼。教育是一首诗/诗的名字叫未来/在承传文明的长河里/有一条破浪的船。

对此，有人说，有梦就有希望，只有心怀梦想，一切才有可能发生。我认为，正是因为有梦，我们才会带着激情去创造、去发现，勇做一条破浪的船。

记得《中学历史教学参考》2013年第10期有一段译文：什季佩克在1988年提出"教师遇到的挑战是如何布置能够使学生的积极性从外部转向内部的作业和创造学习环境"。教师需要学习如何创造一个可供学生进行自我创造的学习环境。在这样的环境中，学生认为自己是称职的，能够对自我进行控制。

如何为学生的历史学习搭"脚手架"，做一名智慧型历史教育工作者？带着这一个问题，怀着这一个梦想，从2009年9月开始，陈洪义老师从默默探究到立项结题，5年的研究历程，有喜悦，有困惑，但有一点非常坚定的，就是从没有彷徨，从没有停止探索的步伐。

有人说，改革的行动策略有三种方式：第一种是先有思想再有行动；第二种是先有行动再有思想；第三种是思想与行动同行。而陈洪义老师创造了第四种，从思想到行动，再由行动到思想的行动策略。

行走在科研的路上，我们一直非常坚持与自信。

第一，让研究扎根在课堂。新课程实施的主阵地在课堂，聚焦课堂，是新课程下校本教研的主要任务。为此，陈洪义带领课题组开展了以课例研究为主要方式的校本教研，聚焦课堂，直指课堂。据不完全统计：近5年来，陈洪义老师带领的课题组进行课例实验有600多节，组织校内研讨100多次，参加市级以上的交流有20多次。这些课例给同行留下了深刻的印象。课题组的情景探究课例《维新变法》获2012年全国中学历史创意教学设计评比一等奖，高中历史《秦汉政治》和初中历史美国《南北战争》两个情景探究课例分别获得高中组和初中组2010年广东省中学历史录像课评比一等奖，目前课题组积累的实验课例有100多个，完成了高中历史必修课程的全套课例设计与实验。此项成果由于扎根课堂，实验成果可操作性强，荣获了2013年广东省中小学教育创新成果二等奖。全套课例目前已交由陕西师

范大学出版社正式出版与发行。

第二，让研究在交流中绽放光彩。在开展课题研究过程中，陈洪义老师带领课题组积极争取机会，让研究走出校门，在交流中绽放光彩。仅2011年下半年，他带领的课题组就参加过5次全市的交流活动，分别是：9月16日，课题组为湛江市高中历史骨干班学员做"拒绝做教书匠"的研究汇报；9月19日，课题组杨汉坤老师为湛江市高中历史教师上公开课"明清启蒙思想的活跃"，课题组做"拒绝做教书匠"课题阶段汇报；9月20日，受人民出版社邀请，课题组杨汉坤老师赴阳江市进行课例展示与交流；10月26日，课题组蔡文娟老师为全市初中历史骨干教师班学员上公开课"近代工业的兴起"；11月29日课题组参加湛江市送教下乡活动并上展示课"美国南北战争"。

值得一提的是，2013年12月26日，广东省中学历史教学经验交流会在韶关市举行，陈洪义老师受广东省教育研究院历史教研员魏恤民老师的邀请，代表课题组在会上对课题研究的情况与成果进行了分享与交流，取得广泛的关注。

第三，让研究在总结中提升。陈洪义老师围绕"情景"和"探究"两大主题，以前面所述的大量课例为载体，反复实践，创造性提出了历史图片剧布景、历史视频细节放大法布景、生活情景联系法布景、历史素材巧妙设疑布景等情景创设模型和知识问题化、问题层次化、问题情景化等问题探究策略。实践证明，这些策略与模型可操作性强，深受学生喜欢，能有效提高历史课堂教学效果。如今，这些研究成果均已在省级以上刊物发表或获奖，其中，《2011年广东高考历史试题评析及备考策略》发表于《广东教育（高中）》2011年第8期；《基于课堂的情景探究式历史教学》发表于《广东教育（综合版）》2012年第1期；《细节导入，构建高效历史课堂》发表于全国中文核心期刊《教学月刊》2012年第6期；《师生评课文化冲突背景下的教师课堂教学研究》发表在《广东教育（综合版）》2012年第9期；《"嫁接"让历史教学摇曳多姿》《中学历史教学情境创设有效性的实践与思考》分别发表于《课程教学研究》2012年和2013年第12期；《基于"木筏"理论的中学历史教育教学探索》发表于《中学历史教学参考》2013年第10期；《让假设成为历史创新教育的切入点：以人教版必修二"伟大的历史性转折"教学为例》发表在全国中文核心期刊《现代中小学教育》2013年第11期。另外，陈洪义老师还有多篇研究成果发表在《湛江教育》，或在全市教研工作会议上进行交流。

### 三、课堂追求：情思激荡的历史课堂

2013年暑期刚至，作为广东省中小学新一轮百千万名教师培养对象的陈洪义老师，就匆忙在华南师范大学集中。这一次集中的主要任务，一是课题指导，二是教学思想凝练。第一项任务，他已准备得相当充分了，尤其是在张向阳教授和连建平老师这两位导师的悉心指导下，经过了多次修改。最难的是"教学思想凝练"这项任务，一开始就感觉有点远，也有点高。

有老师开玩笑说，不能说谁都有思想，在中国只有毛泽东思想，那才叫思想。这话虽说是开玩笑的，但至少也说明了一点，思想这个东西，应该是一种比较成熟的主张或观点，应当是相对稳定，并经过实践的长期验证和检验的。从这一点上，他觉得自己还差得很远，因此，他认为还是必须在教学思想的前面加上"追求"两字。对教学思想的追求，无疑是应当体现自己对历史课堂的价值追求。

情景探究教学作为陈洪义老师多年教学实践的成果，体现的历史课堂价值的本质追求是什么呢？他用一句话来概括他对情景探历史教学的认识：拨动情感的弦，放飞思维的线，让历史学习成为被引导的教育。也就是说，它追求一种"情知相融，情知相促"的教学效果。根据教育学与心理学原理，课堂教学必须关注学生情绪、情感、性格等诸多情感因素，忽视了情感因素的教学，认知往往无力，思维往往凋谢，课堂往往沉闷，只有把"情"与"知"两个客观过程有意识地统一于教学活动中，才会最大限度地激发学生的学习潜能，培养学生的创新能力。

以这种教学思想追求为指导，在情景探究教学实践中，陈洪义老师带领的课题组所追求的教学风格是"情思激荡"。有人对语文教育专家窦桂梅的教学特点进行概括，认为其教学风格是"情知教学"。在这里，"情"指激情，"知"指知识。具体解析是：窦桂梅的课堂激情是课堂的血肉，知识学习是课堂的风骨，这骨肉相连构成的恰恰就是她的课堂教学特色，也正是她的教学风格。陈洪义老师所追求的"情思激荡"的历史课堂，内涵与窦桂梅老师有本质的不一样。

这里的"情"是情景与情感，情景是情感的前提。教师通过创设课堂情景，使学生注意力更集中，唤起学习兴趣，激发探究知识的欲望，产生令人期待的教学魅力。借助于课堂情景，不仅能使学生更好地理解知识的实质，把握知识的内涵，而且还能强化学生的情感，从而使"情感、态度和价值观"的教学目标在潜移默化中顺利实现。

"思"是思维与思想。教师通过创设问题情景，引诱学生思考，指导学生探究，让学生在探究中提升能力，升华历史情感。

　　"情思激荡"的历史课堂，实际上是冷冉教授"情·知教学"理论指导下的一种"情思型"课堂风格，这种课堂在实践中要把握四个关键点：第一，发掘教学内容的情知因素，把握情知的最佳结合点，这是实施情知教学的前提；第二，创造生动的学习情景，形成融洽的情知交流氛围，这是实施情知教学的保证；第三，选择适宜的教学组织形式和方法，促进学生的情知发展，这是实施情知教学的条件；第四，共创引人入胜的活动，满足情知表现的需要，这是实施情知教学不可忽视的重要环节。说到底，情景探究历史教学，在历史课堂中要实现的目标是：献给学生一个感悟的课堂；献给学生一个探究的课堂；献给学生一个对话的课堂；献给学生一个建构的课堂；献给学生一个快乐的课堂。

　　反观自己的教育成长，陈洪义老师清醒地认识到自己离这个目标还有很大差距，所以在省级重点项目"基于课堂的情景探究式历史教学研究"顺利结题的基础上，又确立了"基于历史细节的课堂探究专型研究"，希望借助于这一实践平台，促进自己有效成长，更好地实现自己对历史课堂的价值追求。

　　在追逐教育梦想的路上，陈洪义老师常常觉得自己就是一棵树，一棵沐浴在阳光下的树，一棵不断成长的树。他经常以李广田老师的《一棵树》来映照自己内心的激扬与追求：

>　　我忽然感到自己是一棵树
>　　是一棵枝叶扶疏的大树
>　　我受大地和太阳的哺育
>　　我在风里雨里锻炼自己的身体
>　　……
>　　还是把根扎下去，扎到最深处
>　　也要把枝叶伸出去，伸向太阳去
>　　我必须每年落一些叶
>　　也必须不断地脱一些皮
>　　……

## 四、模式创新：在情与思之间寻找最佳结合点

　　陈洪义老师认为课堂是学生成长的摇篮，是教师实现人生理想的地方，

它应该成为师生向往的智慧乐园、人生殿堂。时代的发展需要教师用崭新的视角去审视课堂，未来人才的培养需要教师用全新的理念去改造课堂。新课程改革中很多改革的着眼点都在课堂，但有些改革不仅没有减轻学生负担，还在无形中增加了学生负担。为此，陈洪义老师带领的课题组以"基于课堂"作为情景探究教学模式实施的前提，就是要在40分钟课堂内提高效率，努力实现情景与探究相结合的各项课堂教学目标。

他认为"情"是情感的体验，即动机的培养；"景"是教学环境，即知识文化背景和各种活动的展示。所谓"情景"，是学习之初的一种具有刺激性、指向性的学习前奏曲，即能让学生触景生情、触景生疑、情景互融。确切地说，教学情景中既蕴含着一定的知识、内容和学习任务，也渗透着学习者的动机和情感。因此，课堂教学情景是指学生在获取知识前的一种场景，一种思维的预备动作，其特点与功能不仅在于可以激发和促进学生的情感活动，还可以激发和促进学生的探究活动和实践活动。通过提供丰富的学习素材，有利于缩小知识和解决问题之间的差距，并贯穿于课堂教学的始终，有效地改善教与学。

"探"是试图发生，"究"是仔细推求、追查。所谓"探究"就是对所学的知识从表象到内因，从特殊到一般，从现象到实质进行探索追查。探究反思教学方法是在教师的指导下学生自主发现问题、探究问题，获得结论的一种课堂教学的组织形式，强调研究性学习的步骤或过程。

值得强调的是，以上两个环节不是孤立或脱节的，而是有机结合成一体的。从目标上讲，通过相关历史图片、影像、文字和语言等情感教育素材有机整合，创设条件，丰富学生的情感体验，引发学生思维碰撞，从而让历史学习成为被一种引导的艺术。

所以，陈洪义老师认为，实现"情思激荡"的历史课堂，关键在于寻找情与思之间的最佳结合点，然后，通过搭建情景体验与问题探究的"脚手架"，让历史教学在情与思的相融相促中走向高效。大量事实已经证明，不良的课堂教学环境会制约学生问题意识和质疑能力的发展。因此，教师就应当注意从多种层面入手，努力为学生问题意识和质疑能力的发展创设一个良好的环境。具体而言有以下几方面。

第一，要创设宽松、愉悦、民主的学习空间。只有在这样的学习空间中，学生的心态才能得以放松，思维才能得以自由施展，个性化的观点才有了生长的基础，问题的产生才有了可能。

第二，要致力于挑战性、竞争性学习环境的营造，让学习产生思维的碰撞，从而促进学生问题意识的产生。

第三，要设置一定的思维障碍或打破学生的思维定式，促使学生产生问题和提出问题。"基于课堂的情景探究式历史教学研究"积极营造一种对话、交流、质疑的课堂交流环境，让学生相互间的对话研讨成为可能。

陈洪义老师是从李吉林的情境教学法实验中受到启发并正式开始对情思教学进行研究的。之前情境教学的研究主要有：基于情境教学的种类研究，如佘玉春的《新课改背景下的情境教学》（《上海教育科研》2004 年第 7 期），文中将情境教学分为启动思维式情境教学、主题式情境教学、"助兴"式情境教学等；也有基于如何创设情境教学方法的研究，如李京雄的《情境教学的策略研究》（《教育探索》2005 年第 5 期）。

在国外，最早在教育学意义上运用"情境"的是美国著名教育家杜威，他认为"思维起于直接经验的情境"（约翰·杜威《杜威教育论著选》，华东师范大学出版社 1981 年版，第 191 页）。受杜威影响，美国学者克伯屈创立设计教学法，主张把教学过程设计成为了达到某种预定目的而有计划地开展系列连续活动的过程。到了 21 世纪 50 年代，保加利亚洛扎诺夫的"暗示教学"，将情境教学推向一个新阶段。洛扎诺夫不仅从理论上阐述了情境教学的根由，而且从实践上将情境教学推向了全世界。

长期以来，情思教学研究出现了"高原现象"，有待深化。尤其是基于课堂的情景创设，将情景体验与问题探究有机结合的主题研究也稍显不足，陈洪义老师带领的课题组进行的实践和研究旨在这一个领域寻求新的突破。

## 五、社会影响：青年教师激扬青春，放飞梦想

"实践出真知"，陈洪义老师带领课题组提出的"情景探究教学"所构建起的"情思课堂"，深受学生的喜爱。实践证明，这些策略与模型可操作性强，深受学生喜欢，能有效提高历史课堂效益。实验证明，基于课堂的情景探究式历史教学通过改变历史课堂结构，激发学生的学习主动性，进一步提高了历史教学的效果与质量，促进学生学业成绩的提高与进步，更使历史课堂真正为学生的人生成长与发展创造出更多更有利的条件。

首先，情景探究教学使课堂成为学生成长与发展的一个"思维场"。教师在课堂教学中创设问题情境，引导学生从不同的角度发现和思考问题，积极探索解决问题的方法，从而使其历史思维得到升华，历史探究能力得到提升。

其次，情景探究教学使课堂成为学生成长与发展的一个"情感场"。相

关历史图片、影像,文字和语言等情感教育素材的有机整合,有利于学生情感世界的养成,他们的情感在自由和谐的氛围中不断得以陶冶、美化,使课堂成为一个"情感场"。

再次,情景探究教学使课堂成为学生成长与发展的一个"生活场"。借助现代教学传媒,调动学生已有的知识体验,让学生在活动中成长,在交流中满足,使课堂充满生活趣味性与实践性,使课堂成为一个"生活场"。

最后,情景探究教学使课堂成为学生成长与发展的一个"发展场"。通过创设历史情境,让学生体验历史、感悟历史,并从生动的历史中得到震撼和感动,从而关注学生心理健康成长,为其未来发展奠定根基,使课堂成为一个"发展场"。

值得一提的是,经过6年多的实验,历史课题组的实验成果越来越获得教育界的肯定与认可。课题开题以来,课题组的课件在学校课件比赛中,获一等奖1个(谢春燕),二等奖1个(杨汉坤),三等奖2个(林海桂、潘伦)。课题组先后有20多篇论文在省级以上刊物发表,一些阶段性成果得以在省市级以上学术活动中交流推广。其中论文《细节导入,构建高效历史课堂》发表于全国中文核心期刊《教学月刊》2012年第6期;论文《师生评课文化冲突背景下的教师课堂教学研究》发表在《广东教育(综合版)》2012年第9期;《问题导学:高中历史复习教学的实践性认识》发表在《中学历史教学参考》2013年第4期。2013年3月29日,陈洪义老师应邀赴江苏扬州中学进行"伟大的历史性转折"课题实验的同课异构活动。听课教师评价说,实验课"通过创设种种生动的情境,利用课堂记录单,使学生身临其境;又通过探究题的设置,使课堂成为延伸的开放的课堂,有利于学生探究思维的培养"。近两年,课题研究的实验成果分别在深圳第二外国语学校、珠海金海岸中学、茂名市化州一中、岭南师院附中东方实验学校、湛江市教师进修学校、湛江经济技术开发区第一中学等学校推广与实践,取得了理想的实践效果。课题实践带动和培育了一批年轻教师,例如,近几年以广东省中小学教学研究"十二五"规划重点课题"基于课堂的情景探究式历史教学研究"(J11-038)为载体,把青年教师的培养计划纳入课题实践研究中,以课题实验引领他们成长。通过参与课题研究,2013年,杨汉坤老师被评为广东省优秀青年历史教师,蔡文娟老师被评为湛江市初中历史骨干教师培养对象,谢春燕老师被评为广东省初中历史骨干老师培养对象,后又被推荐为湛江市初中历史名教师培养对象。《中学历史教学参考》杂志2013年第10期的特别关注栏目还对课题研究的成果进行专门的介绍与推广,认为该研究把握住了教学改革的一个新走向，焕发学生的生命活力，关注学生的精神生活，张扬学生的主体精神，重视学生的个性发展，提高学生的学习质量。2013年12月26日，在广东韶关举行的广东省高中历史教学改革研讨会，对课题成果进行了专门的推广与分享。关于课题研究的实验，《湛江日报》教育新闻网、广东省教育厅教育杂志《师道》和《广东教育》、岭南师范学院新闻网、中国教育学会官网都分别做了专题推介。

陈洪义老师说"拨动情感的弦，放飞思维的线"，是基于课堂的情景探究教学对高效课堂的本质追求。他的这一教育思想于2014年12月被评为广东省教育学会首届教学理念评比一等奖。

在生活中，陈洪义老师常常用激情来形容生命中的每一次美丽的绽放。行走在研究路上，真正的激情不是目空一切的张狂，也不是不切实际的幻想，而是用理性支撑起的坚毅的火种，是在每一分每一秒的奋斗中积淀下来的一种感觉，是在经受挫折之后依旧乐观的心态，是在别人放弃时咬牙坚持的决心。在"情思教学"研究的风雨历程中，陈洪义老师舞动于理想与现实之间，深深体会到激情是一种智慧。就像一位哲人曾告诫我们的：把理想放在努力的锅中，用坚韧的小火煎熬，再用判断做调料，理想之味一定能在锅中散发出足以回味的清香。

"拨动情感的弦，放飞思维的线，让历史学习成为引导的艺术"是情景探究教学对课堂的本质追求。一路走来，有彷徨，有失落，但更多的是守望，是坚持。正是这一份守望，让课题研究一直在思索中前行；正是这一份坚持，让课题组的实验有过很多精彩和收获。当然，在这个过程中，课题组也产生了许多新的疑惑与思考。课题组将沿着这些疑惑与思考，在更深更广的范围内，开展新一轮的探索与实验。

路漫漫其修远兮。新课程改革的路还很长很长，但陈洪义老师相信，只要一直心怀梦想，坚持行走，远方必将山高水长，一路风景必将催生历史教育的新希望。

## ◎ 为理想继续前行

——卢家齐老师的成长故事

卢家齐老师认为课堂教学应当"双主协调，全效教学"，而这也恰恰是附中2008年8月立项的一个教研课题。所谓"双主"，就是"以学生为主体,以教师为主导"。"双主协调,全效教学"就是在课堂教学中,教师要在教育教学中贯彻"以学生为主体,以教师为主导"这一原则,使两者和谐统一,以取得最优的课堂教学效果。

卢家齐老师说,"以学生为主体,以教师为主导"这些提法,早就不是什么新鲜事物了。但我们学校在这时候重新提出来,有着特殊的用意。在新课程改革的大环境下,附中虽然一直走在广东省教育教学改革的前列,也涌现出了一批教育教学改革名家,但是学校还有很大一部分教师依然停留在观望状态,抱着"不求有功,但求无过"的态度开展教育教学工作,学校的整体教研气氛还不够浓烈,教研工作也到达了一个瓶颈。学校在这时候立项这一课题,目的就是让所有的教师关注自己的课堂教学,改善自己的课堂教学,彻底改变传统教学中的"满堂灌"现象,把学习的主动权还给学生。

为了便于操作,学校提出了两个20分钟(即"20+20")教学模式,也就是设置硬性指标,要求在40分钟的课堂时间内,学生自主学习的时间不能少于20分钟,教师讲解的时间不能超过20分钟。后来附中还借鉴了江苏省泰兴市洋思中学的"先学后教"课堂教学模式。不管教学模式如何变换,但"教师学生各主20分钟"这一原则没有变。"两个20分钟"这一要求没达到,这节课就基本可以定性为不达标。这一硬性规定,虽然有不够科学的地方,但却能让教师明白教与学之间的红线,从制度上压缩了"满堂灌"这一教学模式的生存空间,为打破"满堂灌"的教学模式奠定了坚实的基础。

可以说,"双主协调,全效教学"教研课题的实施,是附中课堂教学改革的一个新起点。

作为"双主协调,全效教学"课题的实践者,卢家齐老师对课题的理解和实践过程的收获有自己独特的见解。

卢家齐老师认为,"双主协调"是一种理念、一种教学理想。"双主协调"可以理解为一种课堂教学模式,但他更愿意称之为一种课堂教学理念或一种课堂教学理想。"双主协调"强调的是教师的"教"和学生的"学"的和谐统一。教师应该教什么,学生应该学什么,课堂上都应该有较为明确的要求。学生需要什么,只有学生自己最清楚。如果教师没有了解学生的需求就想当然地"讲",那么后果只能是"有人欢喜有人忧",根本谈不上"面向全体"。所以教师只有讲学生需要的知识,讲学生不懂的或有疑问的知识,那些学生已经懂的、学生自己能解决的知识就没有必要重复。这样,教师的"讲"才会有价值,这样的课堂教师的"教"和学生的"学"才会和谐,课堂教学才会取得最好的效果。

但是从目前学校的状况看，课堂教学要真正达到"双主协调"，还有一段路要走。

首先，教师转变观念还需要一个过程。课堂教学的关键在于教师。新课程标准明确要求，教师要把学习的主动权还给学生，让学生成为课堂教学的主人。可是，长期以来，教师比较习惯于"满堂灌"，都喜欢多讲，生怕自己讲少了，学生就听不懂，所以一上课就开始拼命地讲，一直到下课还舍不得停下来。让教师一下子把20分钟时间还给学生，少讲20分钟，他们会乐意吗？就算乐意，长期养成的习惯能一下子改变吗？所以，课堂要达到"双主协调"，转变教师的教学理念是关键，而这一工作显然是长期的、艰巨的。

其次，转变学生的学习方式也需要时间。从小学开始，或许从幼儿园开始，学生就已经习惯了教师的"灌输"，习惯了被教师牵着走，教师教的就学，教师不教的，不会主动去学，不会主动思考。所以，要求学生马上改变多年来所形成的学习方式，显然是不现实的。要改变学生的学习方式，让学生真正动起来，教师就要教给学生思想方法，引导他们主动思考、主动探究，教会他们与人合作。只有用科学的思想方法武装起来，学生才会展现全新的面貌，课堂教学才会实现真正的"双主协调"。

其实，"双主协调"的实施过程需要教师转换角色。课堂教学的关键在于教师，"双主协调"很大程度取决于教师对自己的角色定位。如果教师依然让自己主宰课堂，那么课堂教学就永远无法实现"双主协调"。如果教师敢于放手，充分相信学生，让学生自主学习、大胆探究，然后再从自身协助者的角度，根据学生的实际进行指导，那么，"双主协调"的理想一定可以实现。

前面已经说过，"双主协调"难以落实，很大程度上是因为教师的教育理念还存在认识误区。很多教师常常错误地认为：放手给学生，一是无法按时完成教学任务，二是无法掌控学生的学习效果。于是，为了按时完成所谓的教学任务，他们就得拼命地"讲"；因为无法掌控学生的学习状况，为了让学生学到更多的知识，他们就得拼命地"灌"，也不管学生要不要。不可否认，在帮助学生转变学习方式的过程中，教学进度确实较慢，但是教师或许忘记了一点，那就是新课程标准给了教师很大的处理教材的空间和二次处理教材的权利，教师可以根据教学需要适当选用教材，而不必完全按照教学参考书的要求开展教学。至于监控学生学习效果的方式其实也有很多，学案导学、问题讨论、小测试等都能很好地监控学生的学习状况，教师的喋喋不休反而更加无法监控学生的学习状况。

说到底,"双主"无法协调,根本原因还是教师不愿意放弃课堂的主宰者的角色。当教师愿意充当课堂的配角,充分相信学生和真正想帮助学生的时候,"双主协调"的课堂教学理想就容易实现了。

"双主协调,全效教学"课题的实践,可以说,具有颠覆性的意义,具体表现在以下三个方面。

第一,压缩了传统的"满堂灌"的生存空间。学校明确划出课堂上教师讲解的时间不能超过20分钟,这就要求教师寻求转型,更多关注自己的课堂教学的效果和质量,进而改善自己的课堂教学。

第二,"双主协调,全效教学"课题的实践,让包括卢家齐老师在内的很多教师都在不断成长。我们重新认识到课堂教学的主体不是教师,而是学生。教师只能充当课堂教学的配角,是学生学习的协助者。一节课好不好,不是看你教师讲得好不好,而是看学生学得好不好。

第三,"双主协调,全效教学"课题的实践,让学生改变了以往的学习方式,重新认识到自己才是学习的主人。有位教师说过:"课题实施一个月后,我发现同学们互相交流的欲望加强了,课余时间总能看到三五成群的同学围在一起讨论数理化,共同攻克一道道难题;午晚读时间总能在最后几分钟看到邻座的几位同学互相检查读书的任务;课堂上总能听到一些他们关于文本之外的独特见解……"这或许就是学生自我意识的觉醒吧。

"双主协调,全效教学"课题虽然已经结题,但卢家齐老师认为,本课题的成果不仅仅是一些论文著作,更重要的还是对传统教学思想的反思和摒弃,还有对教育教学新思想的一次塑造和实践。卢家齐老师愿意为理想继续前行。

## ◎ 幸福生活与专业成长

——李慧老师的成长故事

教育是一种生活,修己成人,立己达人。

2010年,李慧老师22岁,刚刚走上讲台,在燕岭之顶,孕育出一个温和而执着的教育之梦:以智慧开启思维,以情感激发创造,引得诗意清泉!对于李慧老师而言,教师不只是一种职业,更是一种生活状态、生活方式、生活内容。

## 一、在希望的田野上起步

2010年，刚大学毕业不久的李慧老师怀揣着激情和梦想踏上了教育的征程。这是一个"尊重知识、重视教育"的时代，学校教育正当枝繁叶茂的春天。她所工作的学校依傍着高深的岭师学府，自然也充满着人文气息，而且这所学校教研规范，教学严谨。

大四时，李慧因成绩优异有幸被选来附中代课，当时还是学生的她害怕教不好，每天都在焦虑、紧张、忙碌中度过。幸运的是，科组的罗乾、黄小英老师给了她很多帮助和指导，有了大家的指导和鼓励，她在教学上成长得很快，这也让她在正式工作的第一年，少了些惶恐，多了份自信。学校为了培养年轻教师，建立了教学视导室，教学视导室的鲁老师和陈主任给年轻教师打开了一扇扇求知、求智、求质之窗。对鲁老师，李慧除了感谢之外，更多的是佩服她的敬业精神和博学多识，一生能遇到这么完美的老师，她感叹自己的幸运！在成长道路上，陈洪义主任也毫不吝啬地给了她最善意的引导，使她找到了自己的方向。

## 二、在肥沃的土地上耕耘

工作第一年，李慧担任高一6个班的政治教学。年轻人总是不乏激情的，李慧以为自己的课堂教学是充满激情的，但这种激情在学生知识能力水平层次最低的C班却无法荡起涟漪。她把原因归结为学生上课开小差，于是课堂上她用了20分钟严厉批评全班同学，本想这样他们就会明白老师的良苦用心，以后就不会再犯了，结果却事与愿违。每次上完其他5个班的课后心情格外舒畅，而去C班上课心情总会跌到谷底，自然而然她在C班笑容少了，板着脸的概率上升了，而C班的学生始终是一如既往。一天课间，李慧偶然听到C班的学生说，如果政治老师在我们班上课也有在其他班上课时的蒙娜丽莎般的微笑和亲切的话语该多好啊！一语惊醒，她开始反思自己的教学，要想激发C班学生的学习兴趣，必须在教学中培养学生对她的亲切感，创造一个师生心理相容的良好环境。

捷克著名教育家夸美纽斯曾指出："课堂应是快乐的场所。"为了培养良好的师生情感，缩短师生之间的距离，构建和谐课堂，平时李慧经常找C班学生谈心、交流思想，以诚相待，特别是和大家交谈自己在中学时代学习政治的感受，曾经遇到过哪些困难、挫折，而这些困难挫折又是如何得到解决的，让孩子们感到他们的老师是一个可亲近的人，愿意同他们交朋友，在学习生活上遇到困难愿意对她诉说并寻求解决的方法。实践证明，和谐的师生关系确实非常有助于提高学生的学习兴趣，期末时 C 班学生对她的评价是："您的政治课对我们而言是一个飞跃，从没有一点兴趣到非常喜欢，我们第一次感到，原来政治这个领域并不是我们印象中的沙漠和荒地，而是一个鲜花盛开、五彩斑斓的世界。老师，谢谢您让我们体验到了政治课堂幸福的味道。"

除了 6 个班的政治教学外，李慧还担任高一（11）班的班主任。虽然她知道自己接手的不是最好的班级，但她把自己的班级当作最好的班级来管理。她的目标是让 11 班的每个学生在高二分班的时候都能够分到 A 班（学生知识能力水平层次较高的班）。经过一年的努力，她的目标实现了，该班无论选文科还是选理科的学生都分在了 A 班或 AA 班，没有一个掉到 B 班，其中有 33 个学生留在了理科 AA 班。一学年来，无论是周测还是期中、期末考试，11 班的成绩都在全年级排名第一。记得第二学期期中考试，9 个科目中，该班有 8 个科目平均分排名年级第一，这对她和 11 班的每一个学生来说是一个极大的鼓舞。只要学校布置的工作，他们都会全力以赴把它做好。因为拥有良好的班风和学风，在先进文化特色班评比中，11 班获得了全校第一名的好成绩；在家长会课件比赛、广播操比赛、"党在我心中"演讲等比赛中，11 班都获得了全校一等奖的好成绩。她坚信，只要努力，就会成长。

### 三、在崎岖的山路上攀登

2011 年 9 月一开学，学校宣布李慧担任高二文科 AA 班（学生知识能力水平层次最高的班）9 班班主任，这让她喜忧参半。喜的是有这么广阔的舞台让她尽情地展现；忧的是她是否能承担起这份重担，以及有些老师对她能力的怀疑。更可怕的还在后头，学生们对年轻的她担任 AA 班班主任持极大的怀疑态度，这如同几座大山横在她的面前，等待她去跨越。

开学的第一天，她激动地表达了与大家相聚在高二（9）班的欢喜之情，同时胸有成竹地树立了今后两年他们共同为之奋斗的短期目标和长期目标。尽管李慧说得振奋人心，可出乎意料的是，全班只有一半学生充满激情地响应，还有一半学生无动于衷，好像老师所说的每一句话都与自己无关，他们是来看老师表演的。当时，她天真地认为，这是她跟大家第一次见面，文科班女生多，或许孩子们比较害羞，不敢表露自己的心情罢了。

一个月里，她用心地工作，每天都提早来看早操、早读、午读、晚读，从未请假过，对学生们的学习和生活无比关心，甚至周末和节假日自己掏钱买礼物陪学生们一起过，每天都以微笑面对他们，对他们总是鼓励，从未大声呵斥过。一个月过去了，班里的情况比开学时好了很多，但班级的凝聚力还是没有建立起来，她感觉到还有10多个学生对她仍有很大的排斥感甚至这种排斥感在加重。学生们为什么排斥她？这个问题一直困扰着她，那段时间她寝食难安，脑海里一直回放着一个月来的工作，一直思索着：自己究竟在哪个环节出了错，导致学生们如此排斥自己？她百思不得其解。于是，她开了一个主题班会"坦白语——我错在哪里"。那个晚上的场景她一辈子都忘不掉，她把一个月来自己内心的所有感受一一说出来，说到动情处她流泪了，没有半点掩饰自己的脆弱，她让学生们告诉她：她错在哪里？当时学生们被她的真情打动了，因为他们大部分人的脸上也挂满了泪痕，没有流泪的学生的脸上写满了歉意。班会结束后，很多学生发来短信表示歉意和关心，有的学生主动找她谈心。第二天一来到办公室，看到台面上有热腾腾的早餐、润喉糖、巧克力以及学生们给她的写着关心话语的信……她怔住了，其中有位学生写道："亲爱的慧姐，相处一个多月来，我看到了我们高二（9）班真的在进步，相信同学们也都看到了你的努力与付出，您真的像大姐姐一样和我们同欢喜，和我们共同努力，完全给不了人生疏的感觉。您用您的热情点燃了我们的希望，也拉近了我们与您的心灵距离。每天都能看到您和我们一起早、午、晚读，每天都能看到您那阳光且灿烂得如同向日葵的笑容，都能听到您对我们的鼓励，我的心情也就明朗了。您用行动证明了一切，所以，我相信您，也请您相信自己。"还有学生写道："亲爱的慧姐，看到您不开心我们都很心疼，慧姐，无论何时，我们都会很爱您的哦。我们都知道您付出了很多很多，您是位好老师，对您的感谢和祝福每天都充盈着我们的生活。平时看您的备课本和书上都密密麻麻的，肯定很辛苦，每天听到您因劳累而变得嘶哑的声音，我的心真的很痛，送您两盒润喉糖，要好好照顾自己哦，我们需要您！"

　　读着温暖的话语和上课时看到孩子们信任的眼神，她感动了，感动之余，她豁然开朗：正是我阳光的笑容与心态消融了与孩子们之间的那座冰山，教育的路是崎岖的，即使逶迤，我也会努力攀登。同时她明白了，教育不光是教给孩子知识，更重要的是培养一种积极的生活状态，让孩子们以阳光的心态去收获生活的幸福。接下来的日子里，高二（9）班的学生们相亲相爱，团结拼搏，学习上他们一直遥遥领先，学校布置的各项比赛，他们积极参加，通过他们的共同努力，9班拥有了优良的班风学风，获得了"优秀团支部"的称号，9班宿舍获得了"文明示范宿舍"的称号。在学校迎接德育示范学校评估中，9班举行的班会得到了评估专家一致肯定，并获得了"优"的好成绩。在攀登的路上，她和高二（9）班的学生都在成长；在成长的路上，他们体味到了幸福。

泰戈尔说："不是锤的敲打，而是水的载歌载舞，使鹅卵石臻于完美。"由水和鹅卵石，她想到了教师和学生。教师对学生的教育犹如水的载歌载舞，轻柔、舒适而又不露痕迹。同时，有了鹅卵石，水就变得节奏起伏、翻腾欢笑；水就会喷薄出激情，充满了向前的幸福活力。教师最大的收获不是自身的成长，而是学生的成长。在教育之路上，她将继续追寻她作为一名教育工作者的幸福人生！

## ◎ 奔跑，慢而淡定
——林晓韵老师的成长故事

每个人都有自己的成长轨迹，当林晓韵老师回头望向自己所走过的曾充满困惑、汗水和泪水的路，她深知自己不是最优秀的，只是一直笃信"天道酬勤"，她内心深处的梦一直在呼唤，督促着她的人生处于一种，慢而淡定的状态。

### 一、找工作——机会留给有准备的人

大四第二学期，林晓韵根本没有想过找工作。同学们去参加华南师范大学的招聘会，她就在学校啃书；大家拿着简历到处跑，她却一张简历也没有印，成天拿着英语八级的资料书反复翻。直到知道自己考研无望必须先就业的时候，她才开始忙起来。她感觉自己的人生总是在奔跑，只是她的奔跑是慢慢地奔跑，淡定地奔跑，因此当她决定毕业了就找工作的时候，她确实忙起来了，很忙很忙，但是一点也不慌。她问学院的老师，赤坎区最好的中学是哪几所，当得知是一中和附中的时候，她选择了到附中实习。可是那一年，林晓韵就读的岭南师范学院没有安排学生到附中实习，于是她马上咨询相关老师，得到附中教导处主任的联系方式，然后写好实习申请书，亲自去附中办妥了实习这件事。在将近6周的实习时间里，她简直是不要命地学，学习怎么做班主任，学习怎么当英语教师，学习怎么教书。因为之前同学们去见习的时候，她没有参加，如今感觉自己要比别人落后很多，所以当开跑的枪声打响的时候，她告诉自己，一定要用箭的速度前行奔跑，只有当自己

感觉能胜任这份工作的时候，才能做到去哪里找工作都自信满满。所以，当周围的同学边实习边找工作的时候，她把实习当作人生的考验，只想一心一意地做好一件事。她每天起早摸黑，读、评学生的周记，听不同英语教师的英语课，甚至不同学科的课她也照样听，取长补短。她第一次体会到站在一个教室里当一名英语教师是多么有趣以及多么具有挑战性，她第一次知道用心为一个班级的学生付出直到学生有所提高是如此令人开心与幸福的一件事！她把实习班级班主任订的杂志《班主任之友》以及英语教师订的杂志《中小学外语教学》的内容拼命地装入自己的脑子里，唯恐学得太少。最后，她的执着和努力为她的实习生活画上了一个圆满的句号。5月份她才印简历找工作，那时附中、二十一中以及四中都在招聘教师，当四中打电话通知她面试、二十一中通知她上班的时候，她已经跟附中签下了合同。在附中摸索了3年后，第4年她以笔试加面试总分第一的成绩成为附中的在职在编教师，用她妈妈的话说就是："我终于可以不担心我的女儿啦。"

## 二、工作中——优秀留给全力以赴的人

1. 你有自己的成长规划吗？

从踏入教师岗位开始，她就向成为一名好教师的目标努力。她有自己的专业成长规划，比如说第一年坚决不做班主任，努力形成自己独特的教学基本功和教学艺术；要连续做3年班主任，把一届学生完整地从高一带到高三；工作5年内考上在职研究生，带着一些教学困惑和思考去继续深造，等等，而这些她都一一做到了。她觉得每一个工作的人都应该有个长期目标和短期目标，比如10年内或者5年内要把自己修炼到什么样的境界，每一年又对自己有什么样的要求，当这个成长的轨迹在自己心中很清晰的时候，就会感觉到自己走路都是很稳健踏实并且有节奏感的，这样，每每回首人生的时候才不至于怅然若失，悔不当初。

2. 你爱你的工作吗？

这是个非常普通的问题，但却能难倒无数英雄好汉。一开始做教师的时候感觉真的很累，虽然每天不过就是两节课，但是每天备课、反思、改作业、辅导学生心理等，感觉工作总是做不完，短短的一节课虽然不过是40分钟，但是却深切地领悟到什么是"台上一分钟，台下十年功"。所以，在做教师的第一年里，当别人问她是否真的热爱这份工作，林晓韵只能笑一笑，不敢回答。工作的第二年，她既教书，又当班主任，依然是全身心地付出，当她看到很多学生因她而往更好的方面重塑人生轨迹的时候，当她感觉

到自己的存在使学生幸福的时候，内心对这份职业的热情顷刻间涌上心头。她对自己说，这是一份多么好的工作啊，没有理由不热爱它。就这样，带着一份热情和执着，林晓韵一直奋斗到今天。直到今天，教过的学生都不时地发短信来感谢她，说当初多亏她教了他们英语之类的话，这让她更加坚定了自己的努力。学校总是被誉为最纯洁的地方，教师也是最与世无争的。在附中，她能感觉到人与人的关系很和谐，很融洽，让人感觉快乐，发自内心的快乐。她乐意跟每一位教师打招呼，甚至学校的门卫她都很熟悉，所以感觉踏入学校就是踏入让人快乐的殿堂。

**3. 你喜欢当班主任吗？**

人们都说只有当过班主任才算是真正做了一回老师。教书育人，育人永远是排在第一的。林晓韵热爱班主任工作，热爱她的学生。她努力向有经验的班主任学习，也善于发现学生的闪光点，用心转化学困生，教育学生先学会做人再做学问，不断健全人格，树立远大理想，全面提高自己的思想素质。她第一年当班主任所负责的9班因为文理分班只带了一年，但那个班的学生在每年的教师节都会一起送她一个水果篮和一个蛋糕，一起吃蛋糕。他们说，高中三年，最怀念的还是高一（9）班那个充满亲情的班级。高二文理分班后，林晓韵带领理科班高二（6）班，由于该班只是个中等层次的班，有些学生来到这个班心情很低落，她就做思想工作，让他们先喜欢上她这个班主任继而喜欢上这个班。该班学困生××同学很内向，她就跟他的家长积极联系，不停地关心他、帮助他，最后他成为很乐观的学生，连科任教师都注意到他的变化，高考结束后，××同学特地打电话跟她滔滔不绝地表达他填志愿的想法，一连半个小时都是他在讲，林晓韵心里偷着乐，这还是原来的××同学吗？高三的时候，班上有一个很乐观的学生Y同学突然变得很悲观、很消极，林晓韵积极引导，想方设法为他提供帮助，并且请求有经验的老师帮忙，最后终于帮助他走出了情感阴影。学困生L同学刚刚来高二（6）班时总是上课睡觉，也是林晓韵不断地发现她的闪光点，让她感受到了老师的关心，她才彻底转变过来，最后考上了理想的大学。她常常对班上的学生说："不管别人怎么看，在老师心里，我们班都是最好的班。"每次生气的时候学生写来的爱心纸条，每次生病的时候学生发来的关心短信甚至是视频都让她感动不已，而她知道，这就是班主任的幸福感。

**4. 你坚持读书写作吗？**

书确实是个好东西。当初林晓韵选择附中也是因为她喜欢学校图书馆的氛围，更重要的是，附中的全名是岭南师范学院附属中学，跟师范学院有着一定的联系，因此附中的教师可以去大学的图书馆看书，这是当初吸引她留在附中最基本的原因。她喜欢书是从很小的时候就开始的事，学海无涯，一个人工作后坚持不懈地读书很重要。她常常自己掏钱给学生买英语书，除此之外，她也常常在当当网上购书、淘书，更喜欢去图书馆借书回来后找个安静的角落慢慢欣赏。她阅读了很多专业杂志、书籍，不断吸取人家教学上的精粹，不断提高自己的基本功和专业知识，比如《中小学英语教学与研究》《21世纪报》《高中英语教与学》《新课标高中英语必修课教学设计课例研究》等，同时她还会看一些英语名著和一些关于班主任的书，比如《爱的教育》《班主任兵法》《班主任之友》等，修身养性的书她最爱看。人的一辈子只要能坚持读书，心里永远都是充实的。坚持读书之余，林晓韵经常总结自己的教学经验，记录和交流自己对英语教学的体会和思考，并将其形成论文，走上教研之路。

5. 你为工作付出了多少努力？

也许是因为林晓韵实习期间表现良好，学校安排她在附中本部任教高一。第一年教学，她特别申请不当班主任，以提高自己的教学基本功。附中是一个藏龙卧虎的地方，每个学科都有特别了不起的教师，从他们身上，你能体会到何谓人格魅力和扎实的基本功。人们都说，好教师的根本魅力是他所具有过硬的专业素质。工作4年多以来，林晓韵从来都不敢有一丝一毫的松懈，她深信一个人的努力跟得到的成绩总是成正比的，只是比率的大小不一而已。踏入附中以来，她做到了坚持不懈地学习，钻研新课标，钻研教材，研究学生，分析学情，牢牢记住"以教师为主导，学生为主体"的教学理念以及"用教材教而不是教教材"的教学指导，不断积累本学科业务知识并形成自己独特的风格。她最感激的是，附中的"推门听课"和"一帮一"的导师制度以及视导室，这让她得以聆听各种不同的课。她的"一帮一"导师，洒脱的陈如玲老师、爽快的徐洁老师、亲切的郑宇婷老师以及给了林晓韵无数帮助和支持的刘茜茹老师，她们都像恩人一样照顾着林晓韵老师，还有慈爱的鲁智华老师，她总时不时出现在林晓韵的课堂上，认真地听她的课，面带微笑，眼神饱含思考，每次听课后都真诚地肯定她做得好的地方和指出不足的地方，让她不断进步。

除此之外，年轻教师要勇于承担公开课。曾经有人开玩笑说，如果你想要一个教师一个月都不安，就让他上学校的公开课；如果你想要一个教师一个学期都不安，就让他上市里的公开课。先不说公开课上的效果怎么样，只有尽心尽力去思考和上课，不怕丢脸，不断磨炼，才能成为一名出色的教师。记得第一年教学的时候，学校开展教师试卷讲评课比赛，当时林晓韵鼓起勇气报了名。她在一个中等层次班级上了一节比赛课，很多听课的本校教师都诧异于她是才毕业一年的教师，课堂上的她有微笑、有激情，看起来很镇定自如。记得当时有位教师评价说："新老师上课都能上到这个水平，实在不错！"虽然她的讲评课只是获得三等奖，但是她却收获不少，也正因为那次上课，她得到很多教师的肯定。因此，她才有幸参与了几个课题组，才有了后来各种各样努力得来的荣誉。

人生能有多少年，带着梦想走好每一年就是幸福的开始，而一个有梦想、有方向的人其实就已经处于一种奔跑的状态。在我们慢而淡定的奔跑中，问心无愧，尽力做到最好，同时别忘了挖掘教书育人这份重大、艰巨的责任下为师的快乐。

## ◎ 因为爱，所以追求

——刘峥嵘老师的成长之路

每个人内心都会对自己有所期许。作为一名数学教师，刘峥嵘老师最大的志向就是成为一名好教师。如果有可能，她希望自己成为"明"师：

明白之师——明白自己在做什么、要做什么。知识要明明白白地教给学生，不能"以其昏昏，使人昭昭"。

明智之师——明确自己该怎么做、为什么要这么做。学生的时间和精力都是宝贵的，教育不允许有试验品。

明日之师——以昨天的观念，用今天的知识教着明天的学生。做老师，就要做一名目中有人、有远见的教师。

然而，对她来说，要成为一名"明"师，有太长的路要走。

### 一、激情奋斗——启程

做一名教师，是刘峥嵘自懂事后一直坚定的理想。她享受和学生在一起的感觉，热爱三尺讲台。每天微笑地走进教室，和学生一起愉快地遨游在数学的海洋，上一节让自己和学生都愉快的课，是她一天中最重要的事情，而她一天快乐的源泉全来于此。当然，如果课上得不好，她一天都会不开心，并强烈盼望第二天的到来，上一节好课。

记得刚参加工作的第一年，班主任与教学工作双肩挑，心里没底的她几乎每天都在紧张、担心、期待、忙碌中度过。那时的教学目标很狭隘，就是所教班级的平均分和高分层人数一定要排全年级第一。为此，除了精心上好每一堂课外，她还做了与众不同的三件事。

1. 上"裸课"

第一次带高一、高二的两年里，为了更加熟悉教材和更灵活地处理课堂，她对自己提出了严格的要求：不带教材和备课本上课。就这样，她几乎每节课都是空着手去上课，那时还没有平台，所有备课的内容都深深地刻在她的脑子里。无论是新授课中概念的表述、例题的页码、变式练习的设计，还是习题课中的变式及拓展练习，她都能做到与教材一字不差、与教案本一致。这一招赢得2004届学生深深的佩服。他们为她惊人的记忆力奔走相告，也为自己有她这样的老师感到自豪。为了上好课，她几乎每天备课至深夜，并在睡觉前、早上起床后和课前像放电影一样三次模拟课堂，以确保所有的备课内容都牢牢地印在自己的脑海里。

2. 开集体"小灶"

由于高中数学与初中数学在知识、学法、思维习惯等方面都存在很大的差异，而且从高一开始就要学习整个高中数学知识中最重要也是最难的函数，为了让学生顺利度过这一适应期，不输在起跑线上，她梳理好学生一周学习中的难点和易错点，利用周六的时间将任教两个班中自愿参加"小灶"的学生集中在一起上课、交流。良好的开端是成功的一半，这样的做法虽然辛苦了自己，但大大提高了学生学习数学的信心和兴趣，她也乐在其中。她的学生中很少有人说数学很难的，即使有，他们也认为自己通过努力肯定是能学好的。

3. 做"剪抄本"

初为人师，教学谈不上艺术，但教学艺术却是她一直以来的追求。通过阅读大量的数学专业杂志包括优秀教学案例，她广泛收集她认为精彩的教学片段，如精彩的导入语和情景设计、对某一难点的巧妙突破、对某一题型及解法的归纳等，并分门别类地剪下或抄下。这样，讲到相关课时可随时提取，不至于"招"到用时方恨少。虽然那时每节课不一定有40分钟的精彩，但总有一两个亮点让学生记忆深刻，并喜欢上她的数学课。通过多角度、多渠道、全方位从文本中积累专业知识，间接获得经验，丰富了她初为人师时教学方面的涵养。这个习惯她一直坚持，这些宝贵的素材为她的课堂教学平添了不少姿色。

## 二、自觉尝试——跋涉

### 1. 教研，初尝甜头

2006年，刘峥嵘考取华南师范大学教育硕士，她幸运地在华南师范大学脱产学习半年，并通过毕业论文与课题研究结缘，用了一年时间做毕业论文。一年的课题研究，对于她这样一位普通教师而言，好似经历了一次科研强化训练。从课题申报到结题，她对课题研究的过程、方法有了一个比较清晰的了解和认识。同时，她也深深地感受到，教育教学科研应该是扎根于我们的课堂的，与我们的常规工作紧密联系，为解决教学中出现的问题而服务。这一年的课题研究，她立足学科，着眼于课堂，扎扎实实地集体备课，研究教材，研究教法学法，对于数学教学本身有了比较深入的思考。

更重要的是，课题研究改变了她的思维方式，当遇到问题的时候，她开始尝试着用系统的、结构性的思维去分析、判断，并运用所学到的科研方法，去寻求对解决问题具有可操作性的有效途径。同时，课题研究也改变了她的自我定位。2008年，她一口气发表了9篇文章，这些收获让她再次尝到了课题研究的甜头。然而，她并没有在此止步，而是希望能做些事情，去触及数学教学的核心，改变学生学习数学的现状。她开始有意识地向反思型、研究型教师转变。

写论文，不仅是积累经验的一种方式，更是逼迫自己勤于阅读和思考的强劲动力。因懂得这些，所以，作为一个4岁孩子的妈妈，虽工作辛劳，文笔稚嫩，但她仍会在孩子熟睡之后艰难地从床上爬起来，坚持用文字记录自己的教学生活，让忙碌的她不断与宁静的她进行对话，让冲动的她不断接受理智的她的批判，让实践的她不断接受理论的她的提升。

### 2. 教学，形成风格

刘峥嵘一直注意探求自己的教学风格，这个过程可分为三个阶段。第一阶段，为提高分数而教；第二阶段，为寻找课堂成功的体验而教；第三阶段，为使得学生学得容易而教。中科院院士张景中先生曾写过一篇文章《把数学变得容易些》，她读后深受启发。张景中先生说把数学变得容易一些，主要有三个途径：想想哪些难点是人为制造的，不必要的规定要改掉；引进新的概念时，必须适合学生的思想，了解学生的生活经验；教给学生比较一般的解题方法。时光荏苒，工作12年来，她由一名稚嫩的大学毕业生成长为一名成熟的高中数学教师，这其中的乐与苦自不必说，但对于数学教学的迷恋，却使她常常思考，如何能让数学变得容易一些。只有这样，学生学习数学才会有兴趣、感觉轻松，进而学好。有了这一点感受，数学教学带给她的是快乐，带给学生的也是快乐。对于考试，他们期待而兴奋。

### 三、仍然在路上——感恩

回顾自己从教 12 年的经历，刘峥嵘深感自己是何等的幸运。附中这片沃土，为她提供了一种开放、融合、共享的环境，围绕在她身边的是一批富有教育理想的人——从一线教师、教导处领导到校级领导，她得到了与学者、专家、优秀同行学习、对话的机会，和他们在一起，她时常为他们对于教育的责任感、使命感所感染，为他们对于教育事业的执着与热爱所感动。他们精深的教育思想、前瞻的教育理念，总让她由衷地敬仰。从他们身上，她汲取了前进的力量，坚定了自己的追求——做一名好教师，做一名"明"师。怀揣这样的理想，行走在数学教学和课题研究这方诗意的天空，她的步履轻盈而矫捷。

每位教师的教学历程，都是一部行走志。一个个坚实的脚印，刻画出的是我们生命的轨迹。我们仍然行走在路上……

## ◎ 在 路 上
——胡三妹老师的成长故事

年华似水，岁月飞逝，回首相视，胡三妹老师竟已在教育这个行业耕耘了 4 年。这一路上，有刚上路的欣喜与不安，有成功时的喜悦与自豪，也有困难时的苦恼与退缩……桩桩件件，历历在目。它们如明灯指引着她前进，如良师帮助她更上一层楼，如益友为她扫清路上的荆棘……

回顾她走过的成长之路，因为年轻，她有足够的热情，但也经验不足；她有足够的精力，但也沉稳不足。这些都激励着她更加努力地工作和学习。

### 一、春的种子

狄更斯有一句名言：机遇只青睐那些有准备的人。工作第一年，胡三妹就深刻领会到了这句名言。班主任加 6 个班的物理教学工作，让她这个初来乍到的新人没能多想，立刻就投入到紧张又充实的工作中。对于青年教师来说，备课尤其重要，花的时间也尤其多。学校给青年教师指派了一对一的指导老师，所以她每天除了正常的上课、备课之外，就是去听指导老师的课。

她的师傅——麦冰老师在课堂上成熟的教态、教风给她留下了深刻的印象，对教学的精心准备和设计对她的影响也很深。麦冰老师对她耐心、毫无保留地指导讲解，让她在教学设计和课后反思上不断学习，不断总结，逐步提升。

正是因为认真和努力，她在第二学期初就获得了一个在全市物理教师面前上公开课的机会。她知道这对于一名年轻教师来说挑战很大，但这是她工作以来第一次能在全市物理教师面前展示自我，机会更是难得，所以，她付出了百分之两百的努力。研究讲课内容，制作所需要的实验仪器，制作幻灯片，备课的底稿她改了一遍又一遍，准备就绪后就开始试讲，除了要上课的班级，其他的班级她几乎试讲了个遍。试讲完，科组的老师给她提供一些建议，她和师傅麦冰老师讨论后再修改、再试讲。最后，她的公开课取得了很好的效果，获得市教育局主任和岭南师范学院物理学院教授的肯定。

机会，犹如一粒春的种子，埋在她教师生涯的沃土上。在种子成长的过程中，可能会有顽固的石头压着，也有可能会被泥土掩埋，无论是被人批评得一无是处，还是被别人真心夸赞，她这颗顽强的种子一定会生根发芽，积蓄力量，静静生长。

## 二、夏的成长

成长既需要自我的勤奋，也需要同伴的帮助。

如果说工作第一年在全市物理教师面前上公开课是对胡三妹初入教师行业的鼓励，是她进步的一个开端，那么工作第二年就是她飞跃和成长的一年。2015年5月，胡三妹第一次代表湛江市参加广东省第1届中学物理青年教师教学改革创新大赛。当时的情景和感受，如今她依然记忆犹新，用一个词来形容她当时的感受的话，那就是"紧张"。当时，刚走上工作岗位第二年的她，对于"改革创新"这个概念还是非常陌生，怎样上好一节课对她来说都是在学习当中，何况是要改革创新，突破传统模式。经过慎重思考确定课题之后，她在懵懂中开始行动，翻看一些教学杂志、别人的课例等，在网上阅读相关教学论文、下载优质课视频观摩，再反复设计自己的教学环节。后经过和科组老师讨论教学设计，反复修改教学环节，她心里才开始有一点底。接下来就是很长一段时间的磨课，不停地试教，听取科组老师好的建议，对自己的教案和教学环节及时做出修改，对每一个环节都做到精益求精。

除了上课这个环节，比赛还设有评课环节，观看其他参赛选手的上课后要做一个 10 分钟左右的点评。她以前更是没有过在比赛这种紧张的氛围中进行评课的经历，又是从零开始。她先积累评课常用的一些词和语句，然后学习如何去评课，如何能够短时间内抓住别人上课的亮点和不足之处；最后还要反复练习语言表述能力，要清晰、简洁，不能啰唆、重复等。等到真正去广州比赛那天，她内心还是忐忑不安，生怕自己在语言表达和时间控制上出问题，直到自己评完课，才有了一种前所未有的如释重负的感觉。最终，她的努力和付出得到了认同，她的"作用力与反作用力"一课获得了高中组一等奖。这次的比赛给了她莫大的鼓励和信心，有了这次比赛的经历，她意识到自己在课堂设计和课堂控制上的不足。在之后的日子里，她有意识地去听其他有经验的教师的课，弥补自己的不足。不论是比赛前紧锣密鼓的准备，比赛时剑拔弩张的紧张，还是比赛后认真细致的自我分析，都是她今后教学上的一笔巨大的财富，让她在面临和接受挑战的过程中有了飞跃性的成长。因为付出，所以成长。她的成长当然也离不开科组老师的热心帮忙，从确定课题、教学设计，到讲解修改、制作实验器材等方方面面，科组老师都给予了她莫大的支持，引领着她一步步走向成熟。

### 三、秋的收获

经过了春耕夏忙，才能有一份秋的收获。

工作第三年，是胡三妹第一次执教高三。高三是莘莘学子最关键的一年，也是教师各方面迅速成长的一年。前两年，她大多数时间都花在如何教好每一堂课的内容上，也就是要吃透教学内容和灵活运用教学方法。俗话说：要给人一碗水，自己就得有一桶水。

但是，教师不仅要心中有书，而且也要"目中有人"，不能只看到几个尖子生，而是要照顾到每一个学生。关注学生，要考虑到学生的个别差异，认识到不同发展水平的学生有不同的需要，根据学生的差异采取适当的教学，才能促进学生的发展。刚好在她教的两个班当中，学生的水平参差不齐，有基础非常好的，也有非常差的。于是她在备课当中，就准备两份不同的教案，一份是为相对基础较好的学生设计的，一份是为相对基础较差的学生设计的。除此之外，在设置情景问题时，她也会思考设置出不同难度的问题，提问不同的学生，尽可能让每个层次的学生都有机会去回答问题，在学生自己的"最近发展区"迅速地成长起来。这就要求教师要花更多的时间在备课和对学生的及时反馈处理上，而且要求做到不放过细节。最终，学生渐渐地学会如何学习物理，从被动到主动，从不会到我会，到最终高考的时候交出了自己最好的答卷。

走专业成长之路，追逐幸福教育人生是胡三妹的目标，如今虽然只是走在路上，但她会且歌且行，且行且思，且思且长！

## ◎ 教书先读书，育人先育己
——李文送老师的成长故事

### 一、种下一颗种子

小时候，父亲对他说："如果你不想像爸妈一样留在农村种田的话，那么摆在你面前有两条路可走，一是当兵，二是读书，你自己要想清楚，当兵的话，就算现在不需要去打仗，但是对身体素质要求比较高；读书的话，将来可以当医生，也可以当教师，都是吃闲饭的（父亲的意思是不用干农活），而且是铁饭碗，不怕没得吃，看你自己喜不喜欢。"虽然没有出声回答父亲，但在用心聆听父亲话语的过程中，李文送的心中朦朦胧胧似乎有了选择，那就是读书，然后争取做一名教师。所以，他很小的时候就有想当一名教师的愿望。

### 二、树苗在生长

从小学五年级到大学，李文送一直在学校住宿，每一次去学校报到和放假回家，父母都没有送过或接过他一次，他不但没有埋怨过一次，而且非常感谢父母对他的放养与信任，正因如此才让他懂得了自立。虽然儿时家里很穷，学杂费和伙食费有时还要挨家挨户地去东凑西借，但是没有上过学的母亲自始至终都倾尽所能地支持他读书，并常常教育他说："我们要争口气，不要被别人看不起，只要你读书成绩好，家里砸锅卖铁也会支持你。"每当想起母亲这番话时，他的内心都充满了感动。母亲对读书的敬畏之心也深深影响了他，并把读书作为改变命运的唯一出路，所以在读书上，他很自觉，也很用功，从来没有让父母担忧过。幸运女神眷顾了他，他没有辜负父母的一片苦心，16年的读书生涯，几乎年年他都会获得这样或那样的奖励，挂满了大大小小的奖状以前老家泥砖做的老房子大厅正中央的墙。在这样的环境下成长，他养成了好强、积极主动和追求上进的品质，这种品质让他的内心始终有股"不服输"的劲头，即学会了自强。

### 三、花开进行时

2004年，李文送如愿当上了一名中学教师。走上工作岗位后，他依然对读书心怀敬畏，因为他深深体会到读书对一个人的生命成长意味着什么，所以他从教的座右铭是"教书先读书，育人先育己"。从教后，他依然保持一颗自立自强的心，积极主动参加各种学习活动、教研活动和竞赛活动。从教13年中，他先后主持或参与省、市和国家级课题15项，出版《教师的生命成长》等著作2部，发表文章110多篇，其中全国权威和核心期刊30多篇，个人获得市级以上的奖励高达79项，其中全国奖14项、省级奖30项、市级奖35项。而且，他还是2016年中国教育学会最具影响力微论奖、中南六省（区）生物学教学论文全国一等奖、全国前沿教育创新与实践论文大赛一等奖、广东省中学生物学教学优秀论文一等奖、广东省综合实践活动优秀论文一等奖、广东省综合实践活动优秀课例一等奖获得者。2017年7月21日，在中国教育学会举行的首届会员日活动上，李文送代表全国30名优秀个人会员在北京国际会议中心发表获奖感言《成长自己就是成就教育》。在教育田野上耕耘与行走，他成为全国优秀领队教师、全国百佳校园阅读推广大使、广东省优秀科技辅导员、广东省课题研究先进个人、广东省优秀指导教师、广东省级骨干教师培养项目首批培养对象和师范院校兼职教授。

### 四、成己方成人

自立自强让李文送在成长路上自律自觉。在教学实践中，他自觉坚持学习、思考、写作和阅读，如主动研读课程标准，细心研究教材和任教学生的认知特点等，通过微信等现代信息技术平台，同时结合传统纸质期刊、报纸和图书（尤其是教育类著作），及时了解教育教学的新动态、新研究成果和新趋势，不断反思自己的教育教学，不断更新自己的思想观念，并在磨炼中形成自己的教学风格，提炼自己的教学主张，生成自己的教育思想，奠定自己的教育情怀，自觉追求从"做一名有为的人民教师"过渡到"做一名有思想的教师"，再到"做一名有教育情怀的教师"。

在自律自觉的驱使下，他的内心总有一种责任感和使命感，如新课程标准刚颁布时，仿佛有一种使命般的力量推动他去研读，并把研读心得写成论文，且发表在生物学教育类期刊上和同行交流；又如当发现植物界有腐生植物和动物也能发生光合作用时，似乎有一种责任感指引他去查阅大量文献进行考证，然后形成论文发表在期刊上与同行共享；再如发现教材存在不合理的地方时，提出修改意见好像就是他必须完成的任务。为什么他会有这样的行为呢？这是一种专业的觉醒与担当。尽管在一些人的眼中，中学生物学科仍旧没有摘掉"副科"的帽子，但作为一名中学生物学教师，他始终认为学科之间的地位不应有差别，彼此都有着不可替代的育人价值，同时他也相信，在人们对教育公平的热切渴望及不断追求中，总有一天，不同学科的地位都会平等，这就好像地球上的各种不同生物一样，在生物圈中的地位是平等的。

有人说："如果教师没有自我意识的觉悟与觉醒，没有对自我主体价值的追求，就不会主动在教育实践中学习、研究、实践、反思，改进自己的教育行为，就不会具有发展的内驱力，主动地在自己的职业生活中充实自我，实现对自我的提升与超越。"

李文送非常赞同这一观点。首先，专业觉醒的教师会认识到教师是一种专业，专业的价值在于服务，同时教师是一个生命，生命的意义在于奉献。就人的生命来说，无论主观上是否愿意，事实上我们每个人都会为成千上万的生命奉献自己，社会上各行各业的人员也都要以服务他人为宗旨。这是生命本然的使命，因为没有生命的牺牲和奉献，就不会有生命的延续和成长。所以，每个人应与感恩同行，与服务相伴。其次，专业觉醒的教师会走向专业自觉和专业自律，从而形成自己的专业自信和专业精神。世界排名第一的网球名将德约科维奇2016年在接受记者采访时说："我非常相信精神的力量，如果我们像锻炼我们的肌肉和身体一样，锻炼自己的精神意志，就能够激发自己最大的潜能。很多时候，我们并不知道自己的极限在哪里，直到我们不断地想要去突破自我。"可见，精神的力量是一种信仰或信念般的力量。这种力量是教师专业发展非常重要而强大的内在力量。

正是自立自强的精神力和自律自觉的行为力，催生了他自主自悟的成长力。2015年，李文送形成了自己的教育信仰——教育的本真是一种"善"，产生了自己的教育信念——好教师是"善"的拥有者、发现者、传播者、唤醒者和培育者，同时体悟到中学生物学教师要把"培育具有生命情怀和生态思维的现代公民"作为职业生涯的使命（即教育目标）。这对他的专业发展来说，是一次质的飞跃。

自主的教师，在专业发展上能自我做主，不受别人支配，遇事有自己的看法和主见，能对自己的行为负责，教育教学专业实践呈现自我创造性，个体精神世界具有独立性和自由性。根据佛学禅宗的要义，自悟的主体包括开悟、渐悟和顿悟三种不等的完成过程。简而言之，开悟即开窍领悟，体现一个人当时的悟性；渐悟即渐渐明白了，需要积累和沉淀的过程；顿悟是突然一下子懂得了，反映一个人的豁然开朗。三者最终的结果都是指向行为主体的觉悟（自悟）。如果用"变"来对三者进行描述，那么渐悟是一种渐变，类似于生物进化或群落演化，顿悟是一种骤变，类似于生物大爆发或基因突变，而开悟是变的前提，渐变和骤变都离不开这个前提。

网络上曾流传一句话："读万卷书不如行万里路，行万里路不如阅人无数，阅人无数不如名师指路，名师指路不如自己去悟。"李文送很喜欢这句话，并指出，不能从字面上去简单解读，不然就容易形成"读书无用论"的错误观点，要用加号而不要用大于、小于、等于号去解读这句话，才能品悟其中的道理。就教师的专业发展来说，读万卷书、行万里路、阅人无数和名师指路属于外因，而"悟"是内因。因此，他提出了这样一条教师专业发展的公式：教师的专业成长 = 专业阅读 + 专业实践 + 对话交流 + 专业引领 + 思考觉悟。

### 五、成人要成心

育人先育德，德行始于心。李文送一直坚持以生为本，教学育人。他的学生王茵说："不知从何时起，我开始期待每周您上的课，我觉得它真的可以给我带来很多很多超让我受益的人生哲理。"学生梁新农说："曾经我很自卑，没有信心，自从上了您的课后，我明白了什么是人生，什么是生命，也明白了自己为什么不自信，也让我从那时起慢慢变得自信起来。"学生陈华杰说："李老师，忘不了您的教导，您对我人生的指引，您对我为人品格的塑造。"因为考取了广东省心理健康教育A证，李文送还在学校心理咨询值班，并积极参与学校现场心理咨询活动，帮助了不少家长和学生走出心理困惑。他们重新绽放的微笑，让他更加深刻认识到一名教师的存在价值。2015届学生小聪考前因动力不足而出现焦虑的心理，李文送深入了解后发现是他对自己发展定位偏低导致，经过一对一的辅导，最后帮助该生顺利考取了自己的理想大学：西安电子科技大学。

总之，做好学生的引路人，教师要不断成长自己。生活上要自立，精神上要自强，学习上要自觉，行为上要自律，发展上要自主，思想上要自悟，这是李文送的成长感悟。

## ◎ 心花开处，梦想成真

——杜晓华老师的成长故事

人要学会做梦。优秀的教师总是伴随着自己的教育之梦坚定前行。当生活没有梦时，生命的意义也就完结了，教育也就没有了意义。尽管梦想与现实之间的距离有些遥远，但我们生活着就应该怀有梦想，工作着就应该编织梦想，并努力去实现梦想。三年前，杜晓华还是一个稚嫩的师范生，憧憬着站上讲台；如今，她已成为61个孩子的班主任及化学老师。看着一张张纯真的笑脸，听着一声声"晓华姐"，她心中有一种说不出的幸福感。回顾这三年，她感慨颇多，经历了很多，也转变了很多。她十分感激学生使她拥有了第二个童年，促进了她生命意义的升华。人的一生有两次成长的黄金时光，一是自己的童年，二是陪伴孩子的童年。陪伴学生一起成长，是学生为她创造的一次成长良机。

### 一、上课 —— 谋求专业成长

**1. 从模仿到反思改进**

初登讲台的她，面对教材时束手无措，不懂得什么教学方法，不知道如何凸显教学重难点。还好学校实施"一帮一"制度，让她得以向师德高尚、教学经验丰富的黄丽霞老师学习。黄老师从容不迫的教学风度和深厚丰富的教学语言深深地折服了她。于是，她积极去听黄教师的课，不知不觉中她参照黄老师上课的模式和环节，甚至将其照搬到自己的课堂。那时她以为教学就这样简单、容易。可是，她渐渐发现她的课堂缺乏活力。而再去听黄老师的课，课堂气氛又十分活跃。她感到不解，相同的知识，一样的讲解方式，为什么效果差这么多？她开始研究自己与黄老师的差异：黄老师熟悉教材，知识系统连贯一致，了解学情，善于调动学生的学习兴趣，课堂语言充满趣味性，学生学起来轻松，知识掌握起来也不困难。而自己在教学中，总念念不忘应该教哪些东西，能够收集哪些基本素材，分哪几步施教，却对学生的心理需求了解甚少。这样，学生在课堂上心不在焉或茫然失措，也就不足为奇了。这番对比让她明白了，不同班级的学生有不同的学习特点，教学是一个互动的过程，需要根据具体情况加以变通和取舍。其他教师的课只可作为参考，教学还得自己去摸索，不可生搬硬套。于是，她花大量的时间对每一堂课进行了精心的设计。除了认真备教材、做课件、准备实验，她还采用图片、实物、多媒体等多种手段创设情景，多渠道地给学生提供教学信息，吸引学生主动参与她设计的各项学习活动。即使如此，上完课后她写教学反思时发现自己的课堂仍有许多不完善的地方。而课后认真写教学反思的习惯，促使她不断地修正和改进自己的课堂教学。

2. 从灌输到激发求知

在课堂教学中，杜晓华一度以为"立足课本"就是把课本上的知识复制一遍讲给学生听。例如在讲授一定物质的量浓度溶液的配制时，她总是按课本上的例题备写教案，课堂上将写好的教案原封不动教授给学生，讲一遍不会，就再重复一遍，似乎把学生当作学习的机器人，只会简单机械地学习课本知识。记得一次期末考试，看到试卷时她很高兴，因为试卷上几乎所有题目类型她在平时上课时都讲过，她心想这一次自己所任教的班级应该考得不错。可是结果却令她目瞪口呆。苏联教育家赞可夫说过："扎实地掌握知识，与其说是靠多次重复，不如说是靠理解，靠学生的情绪状态而达到。"作为一名教师，要想学生真正掌握知识，就必须改变"一言堂""满堂灌"的教学方式。此后，杜晓华尝试着在课堂教学中，尽量用简练的语言去概括知识点，其余时间留给学生自己去体验、去感悟。当她再次讲授一定物质的量浓度溶液的配制时，她将学生带到实验室，让学生自愿组成合作学习小组，让学生随意配制溶液，然后计算出自己所配制溶液的物质的量浓度（配制溶液的实验，学生之前已经做过，已初步掌握配制溶液的方法），小组之间相互交流计算过程中的体会。在分享体会环节，令她意想不到的是，学生除了对实验步骤更加清晰之外，还主动分析了实验中哪个步骤容易出现误差，接着就有学生举一反三，对所设计的实验进行了改进。在这节课后她马上写下反思，通过激发学生强烈的求知欲望和启发学生去发现问题，更容易突破教学难点，也更容易凸显教学重点。在这节课，她的作用就主要体现在了导思、导做、组织、规范等方面。夸美纽斯指出："课堂应当是一个快乐的场所。"她明白了，要想激发学生的求知欲望和学习兴趣，她的教学重点就应放在学生获取知识的过程和掌握知识的方法上，让学生成为主动学习者，而不是教育活动中消极被动的接受者。这三年的教学实践，她的课堂质量不断提高，她的教育观念也在逐步发生转变。她说今后自己在教学中依旧会不断反思、不断成长、不断进步，也一定会使学生向"学会学习"这个目标迈进。

## 二、班主任 —— 为学生成长搭建平台

### 1. 众里寻她：摸着石头过河

工作第一年，学校就安排杜晓华担任高一（4）班的班主任。此时的她，心中有用不完的激情，而且刚毕业的她没有任何负担，工作三年来她几乎都是在学校度过的。一周有五个晚修她都会在班级或办公室里，全方位关注学生们的学习和生活，周末她还抽空去宿舍和无法回家的学生聊心事，倾听他们的心声。每天她都以微笑面对他们，给予爱的鼓励。作为一名新教师，她自己也还刚刚褪去学生的身份，她从自身的视角来理解学生，就是反思自己做学生时的自我定位，将心比心，更容易与学生建立良好的互动关系。她坚信"严师出高徒"，要想管理好班级，就得对学生要求严格，这是对他们负责，为他们着想。她认为，作为班主任要以身作则，才能给孩子们树立良好的榜样；要言出必行，在潜移默化中影响孩子们的思想。比如"迟到问题"，她每天都提早来看早读、跑操、晚读、晚修，孩子们看到班主任来得早，他们也就不敢钻空子，早早来到学校学习。

### 2. 衣带渐宽：提升理论水平

然而，"忙"几乎成了杜晓华的生活常态。早读、跑操、晚修，时时需要在场；纪律、卫生、心理状态，种种需要牵挂；师生、生生、家校，样样需要协调。有时她不在，学生就会出现一些状况。她深深体会到班主任工作的琐碎与忙碌，时时在思考班主任工作是否可以不这么忙。她意识到如果只是把眼光放在当下的一点教学业绩，却没有放眼学生的成长，看似是在帮助学生，实则是一种伤害。带着困惑，她一头扎进图书馆，开始广泛地阅读和学习。学习主要分为两个层面，一是学习和钻研教育教学理论，力求找到最恰当的教育方法，为此她阅读了大量教育教学方面的书籍，如《正面管教》《新教师成长的困惑及理论》《做一个不再瞎忙的班主任》《新教育之梦》《班主任工作漫谈》等；二是学习和借鉴优秀教师的班主任经验，她边阅读边和年级教育教学工作经验丰富的班主任交流，边观察边学习反思他们的优秀做法。"班主任工作的本位在哪里？作为班主任，该以一种什么样的视角和姿态关注班级的人和事，以实现班级的理想运营与踏实践行的有效对接？"这些曾一度让她困惑的问题，随着阅读和实践的深入，渐渐在她头脑中有了清晰、明了的答案。班主任不能站在学生前面引领，而应俯下身子为学生的成长创造舞台、提供力量，班主任的工作本位即为学生的成长搭建动起来的平台，亦即"培育·发展"。班主任应该做的事就是为学生的成长搭建平台，

为学生的成长借取多方资源，为学生的成长提供不竭的动力等。

3. 蓦然回首：风雨之后见彩虹

基于这种理念，杜晓华改变传统的"班干部管理制"为"班级委员会制"，期望能为每个孩子搭建展现自我的平台，让每个孩子都能找到自己的位置，张扬自己的个性。在高一文理分班之际，学校安排她担任理科重点班高一（10）班的班主任。在和杨昌彪主任及班主任导师欧阳丽洪老师商量之后，她便尝试着在班上推行班级委员会制：全班按成绩高低分为三个大组，每个大组为一个委员会，推选一名委员长。每个大组根据委员长的管理需要可分为3~4个小组。各个大组在听课、作业、卫生、纪律等方面展开评比，让各个大组长管理各小组，由每晚值周委员长总结当天情况，每月委员长交流管理改进措施。通过把责任和权力下放给3个大委员长和各个小组长，她把班级还给学生，把向何方成长的权利还给学生，因为他们才是班级的主人，才是自己的主人。经过一年多的相处，班级成为一个温馨和谐的大家庭，学生们团结一致，共同拼搏，共同成长，用行动写下他们光辉的一页，共创美好的未来。2016年，因"爱心助学工程"捐款活动中表现突出，她所带的班级被评为先进集体。她担任班主任的班级被评为文明教室，班团支部被评为五四红旗团支部。

## 三、仍在路上——感恩学校和同事

回顾自己的从教经历，杜晓华十分感恩学校对自己的信任和大力栽培。她说，学校给她提供了至诚至真和融洽开放的工作环境，身边的领导和一线教师给予了她慷慨无私的引导和指教，使她在教师专业成长的道路上稳步前进，而他们具有前瞻性的教育理念和踏实的工作作风则是她不断学习的目标。她更是被他们对教育的责任感和使命感所感染，被他们对教育事业的执着与热忱所激励，并吸引着她融入附中教育的大潮，与附中学子的脉搏一起跳动。从他们身上，她汲取了不断前进的力量，更加坚定自己的追求和教育理想。她用朱永新教授的一首诗表达了她的教育之梦："教育是一首诗／诗的名字叫热爱／每一个孩子的瞳孔里／有一颗母亲的心／／教育是一首诗／诗的名字叫做未来／在传承文明的长河里／有一条破浪的船。"苏格拉底也曾说过："世界上最快乐的事，莫过于为梦想而奋斗。"

总之，"用心做教育"是杜晓华教育之梦的归纳。她深信，只要心存高远，努力践行，所有的教育之梦都会成为现实。

## ◎ 一路繁花
### ——陈晴华老师的成长故事

陈晴华老师说,从小自己就是个胸无大志的人,觉得平平淡淡挺好,是她的父母帮她选择了教师这一行业,而她自己则选择了附中。

2012年的盛夏是她教师成长故事的开始。那一年,她任教高一、初一两个年级,共6个班,还当了一个"差班"的班主任。当她接到这一任务的时候,所有即将成为一名教师的忐忑与憧憬,瞬间化为焦虑与不安。她怀疑过,她这个"菜鸟"如何能上好两个起始年级的课,同时做好班主任工作?即使很难,但她终究是走过来了,并且越走越好。因为她身处一个很棒的团队中,同事与学生们鼓励与期盼的目光,始终是她前行最大的动力。那一段时间对她的锻炼很大,她对自己的信心也是从那时起一步一步积累起来的。

5年了,看着学生们从应试走向全面,从单薄走向醇厚,而她自己也在从稚嫩到"老油条"的道路上一去不返。

### 一、学生们的日光春雨

比起分数,陈晴华更看重跟学生们的师生情分,更珍惜学生们从心底对她的体贴与温情。

95后的学生,仍有孩子气的纯真,但也不乏"心机"与"狡猾"。所以,课堂上,她不仅仅是教给他们书本里一点两点的知识,而是更愿意跟他们聊自由与纪律,谈自我与他人,道古往与今来,讲感恩与将心比心,说青春与告别……大部分学生都吃软不吃硬,因为他们从很小的时候就知道,学校或者老师"不会拿我怎么样",因此他们懒惰、散漫。但他们喜欢和风细雨的那一套。

陈晴华说,自己不知道什么是最好的教育,但她知道付出多少真情就会收获多少温暖。陈晴华教学生涯的第一份温暖来自于初一年级的一位女学生。那是2012年秋天的一个早上,因为天气突变,她对学生们说:"天气转凉了,我们要风度的同时也得兼顾温度,校服还是要穿的,你们可以试试秋季运动服酷不酷。"下午放学搞完卫生后,这位女学生提着一个包包到办公室找她说:"老师,听说你厚衣服还没带过来,我拿了我妈的衣服借你穿。"这位学生的成绩并不好,初一的试卷能考60分对她来说已实属难得,但谁能说她不优秀呢？所谓素质教育，就是要学会关心别人，体贴别人，在给予的同时获得幸福。接过衣服的那一瞬间，她知道她肯定会喜欢上与这群孩子相处的时光。

她还记得，有一年的愚人节，高一某班的学生在她的课堂记录本上夹了一条玩具蛇，她当时打开本子后愣了一下，随后面无表情地把课堂记录本往墙上一摔，还喊："有蛇！大家赶紧出去！"学生们笑成一团，说："老师，今天是什么节日？"她恍然大悟，哭笑不得。她的课代表带头起立说："对不起，老师，我们玩笑开得有点大。"她说："没关系，反正我又不怕蛇。"其实她最怕蛇这类软绵绵的动物，只是受到惊吓时她的反应是没有反应，吓到连表情都没有，即"面不改色"。她不赞同他们的做法，但却欣赏他们反思与承担的勇气，谁能说这样的孩子不可爱？她还记得学生们给她过的生日，大家为她点蜡烛、唱生日歌。那是一个美丽的夜晚，尽管夜空并没有月亮和星星，但她心里全都是。

有个学生毕业一年后，在他的微信朋友圈里写道：

还记得，高中真正醒悟过来要好好学习还是你的那句："我不用你考680分，你考580分我就把你的名字贴在大门口。"

还记得，每次考砸心情不好去找你谈心，你都会像个大姐姐一样安慰我。

还记得，当时目标不明确的时候，你推荐给我的北理工和北邮。

还记得，我跟你承诺了很久的要考到第一。

好多好多事啊，虽然580在最后掉到了510，虽然苦苦努力得到的第一最后没有保住，虽然北邮变成了重邮，虽然去年的高考遗憾至极……

但自己还是很开心啊，起码从8班到5班，有你一直的陪伴下，那年的高三，没有一丝的后悔。

还记得那个考了680分的没去清华而去了上海交大吧。接下来的三年，我依旧会好好努力，三年后，我也拿个清华北大或上海交大的通知书去找你吧，像你高三对我们说的一样，不说尽力，说一定。高考如此，将来考研也如此。

谢谢你，晴华姐。

她想，那些让她在风中读之铿锵的性情文字，是她的价值体现，是她珍惜着的故事。当然，她也知道，在这个光怪陆离的高速时代，教育光是靠讲道理，是讲不出和谐春天的。如果只是依赖道理，那么家庭教育早就可以实现一切教育的意义。

深情款款式的，暴风骤雨般的，得轮番使用。她也曾在学生们松懈的时候刻意放纵，然后不出意外月考失利的时候"落井下石"，提醒他们这个世界的残酷。没有优秀的结果，再美丽的过程都不值得一提。那些失败的人，有着远远比成功者更丰满更多姿多彩的过程，但没有人愿意去听。她想要的是，给他们踏实的过程，更给他们开心的结果。

## 二、家长们的夏木可人

陈晴华说，自己很幸运，遇到的绝大部分家长都是有智慧的，她相信这是缘分。

家庭与学校，不应该是对立的两面，教师与家长沟通的目的并不是对学生进行口诛笔伐。在如何让学生至少有一点点的转变的大前提下，她常跟家长配合着演一场大戏，虽然她不知道在这场"戏"中他们将扮演的是红脸还是白脸，但他们都甘之如饴。

她曾遇见这样一位家长，他没读过多少书，是一位地地道道的农民，靠着家里的几亩地和打些零工养活一家老小。孩子在高三时迷上了手游，在各种谈话、没收手机、不充话费等措施都成效不大的情况下，没识几个字的他订了报纸，寒假里，他在一边看报抄写，孩子在另一边完成作业……一模前，那孩子找到她说："华姐，拜托你件事，你能不能替我跟我爸说我一定考个好大学，让他不要担心！"她问他为什么，他说自己不好意思开口，只是把一本中方格作业本放在她面前，走了。

她以为自己已经能做到波澜不惊，但当她看到一个一个七扭八歪，甚至一个字占了两三个格子的大字时，眼眶还是湿润了，那一刻，她知道这个孩子以后肯定不会平庸，因为他有个很棒很棒的父亲。毕业之后，陈晴华见到这位父亲，他自己先感谢老师没有放弃他的小孩，愿意在放学后给他补课。陈晴华告诉他，是他自己写的那些大字让他的小孩坚持下来，他该感谢的是自己……

"可怜天下父母心"，那位家长的质朴，她至今都觉得格外迷人。陈晴华总希望，所有的离别都以笑容谢幕。

## 三、同事间的鸟语花香

对同事们，尤其是科组的老师，陈晴华心存感激。感激他们的关心、指导与帮助，是他们见证了她的成长与美好；是他们的期待与鼓励，让她在自己执着的方向里，始终走得这么自信、无畏与坦荡！

我们不是凭空做教育，而是在学习中做教育。教师具有一定的专业背景，才能实现有效的生活教育。所以她投入大量的时间去听课，去研究课例，去分享观点，去开启教研思路，去做课题……这些在一节课、一张试卷外围的研究，塑造出一个普通教师独特的魅力，也可以称之为专业精神。

陈晴华所在的科组有很多优秀的教师，每个人都有自己独特的风格。容姐的优雅雍容，睿姐的鬼马精明，超凤姐的娓娓道来，欧阳姐的细致体贴，钊哥是个文艺"二货"，慧明姐是犀利的大姐姐……有时候听完师傅的一节课，对课堂的组织、课文的处理、知识点的拓展与串联、突发情况的处理等，都让她耳目一新，真是"听君一席话，胜读十年书"。

她最喜欢也最害怕的环节是上完公开课之后各位"大咖"的评课；点评言简意赅、一针见血、刀刀到肉，既有和风细雨的肯定，也有醍醐灌顶的敲打，这些都是她进行反思、总结与进步最好的磨刀石。

"万事开头难"，2012年9月，是她最手足无措的时候。同事们给了她莫大的支持和帮助，有工作上的，有生活上的。陈园泽老师，也是她的师兄。陈晴华第一次切身体会到什么是教师的人格魅力，而不仅仅是各类讲座中硬邦邦的一个词。陈园泽老师博学且风趣，优雅精致而有不失大气……他没有告诉她要怎么做一名好教师，但她已经从他身上，学习到了很多，他是她的偶像。

王美英老师，跟她师兄有着完全不同的风格。英姐情感丰富特别擅长于做耐心细致的工作。怎么跟学生相处，怎么管理好课堂上大大小小的事情，是当时陈晴华急需解决的问题。一个班级需要处理的事情多又杂，大到价值观、生命观，小到每天作业的布置与完成、班级卫生的打扫情况……从一开始的手足无措到后来的有条不紊，其中的酸甜苦辣只有自己能体会，但她知道，这个过程离不开英姐的指点与鼓励。

那时她工作效率比较低，几乎都是中午12点30分之后、下午6点之后才能下班，没有时间做饭，蹭了贤哥好多顿饭，结果还没来得及好好请他吃一顿大餐，贤哥就已经调走了，感到非常遗憾。那段时间，贤哥给她提供了不少班级管理方面的好点子和建议，甚至在她搬宿舍时充当苦力；在她最害怕最无助的时候，秋梅姐与她先生一起送她回家；在她最迷茫的时候，超凤姐告诉她慢慢来，应该怎么做……好多好多的故事，那么不起眼又那么不容忽视，她知道，这些都是她格外热爱并珍惜的，也是她前行的动力。

回首，或是展望，她愿意走一条平淡的路，在平淡中简衣素行，心怀感恩地去邂逅一个更绚丽、更繁华的世界。纵使几番在平淡的笙歌里沉湎，一路走来，她庆幸自己没有消磨掉那颗风雨兼程的初心。

## ◎ 求 真 致 远

——特级教师杨昌彪的物理教学求真之路

1993年，杨昌彪老师带着对教育的憧憬和热爱，走上了讲台，不知不觉已25年。这25年来，他一直怀着一颗朴素的教育之心行走在寻求物理教学真知的路上，有挫折，有困惑，但更多的是享受了教育成功的喜悦。

### 一、勤勉好学，实践反思——求真之路的基石

25年前，杨昌彪大学毕业一到学校，学校就委以重任，让他担任初三毕业班教学工作，这一教就是4年。1997—2002年，他连续5年担任高三物理教学任务。他全身心投入到工作中，基本上是家庭、学校两点一线。那几年，他几乎每节新课教学前都去听同年级教师的课，然后再上课，每学期听课都在50节以上。"学然后知不足，教然后知困"，他不停实践，不停反思自己的课堂教学。每节课后，他会合上教案，静静地回顾课堂上的情形，分析教学中的得与失，写下一段感悟的话。教学实践和反思，提升了他课堂教学的基本技能，夯实了他物理教学求真之路的基石。

### 二、学习研究，深度反思——求真之路的加速器

参加湛江市高中物理优质课竞赛的经历让杨昌彪记忆犹新。他清楚记得当时参赛的课题是"电磁感应定律"。赛前备课，他重点思考如何讲解"影响感应电动势大小的因素"这个教学难点，并精心准备讲授的内容和实验演示器材，还设计了条形磁铁插入和离开线圈过程产生感应电流的模拟动画。经过多次试讲和修改，杨昌彪自以为做了充分的准备，可以获得好的成绩，可结果一等奖名单中没有他的名字。这样的结果让他感到震惊和失望，之后他不断反思，这节课失败的原因在哪？怎样的课才算是一堂好课？他尝试进行分析，但感觉到有些茫然。

理论学习让他登高望远。2003—2006年，他攻读华南师范大学物理专业教育硕士，3年时间里，他沉下心静静地读书、听讲座。钟启泉教授在《物理教育展望》一书中指出："更重要的是把物理学家认识世界的模式和科学思想方法贯穿在教学过程中，提高学生科学素养。"苏联教学论专家马赫穆托夫的问题教学法以问题为载体贯穿教学过程，使学生的学习过程成为"感

受、理解知识产生和发展的过程"，进而培养学生的问题意识和科学精神。郭思乐教授在《教育激扬生命》中写道："生本教育就是以生命为本的教育，教育的宗旨不应该是控制生命，而是要激扬生命，教要皈（归）依学，让生命自己行动。"这些教育思想和理念对他原有的教育观念产生了强烈的冲击，让他充分意识到必须要深刻反思自己的教学理念和实践。他开始用先进的教学理论重新审视自己的教学实践，思考目前中学物理教学的种种现象。他认识到，教育的终极目标是促进人的发展，物理教学的目标是育人，教学过程是学生自主的"意义建构过程"，教学中要树立"以人为本"的理念，尊重人的差异，发挥人的潜能。

深度反思让他加速前行。2004年新课程改革开始实施，在很多人还在怀疑观望、"穿新鞋走老路"的时候，他积极投入改革的浪潮中。他再次回味那节比赛课，总结、反思失败的原因：一是没有先进的教学理念指导教学设计，只凭经验去设计教学，备课时教师讲得多、学生学得少，上课时学生基本上在被动听讲，没有自主去思考和探究；二是未深入透彻地理解物理教育的目标，只关注了物理知识与技能目标，没有落实情感、态度、价值观目标；三是多媒体展示与学生学习活动关联不够，没有很好地发挥它应有的教学辅助作用。他回顾自己的教学实践，还常遇到诸如学生的问题意识不强、知识迁移能力差、教师讲解了多次的题目学生考试时还是做错等问题。究其原因，是因为没有真正理解物理教学的育人目标，没有落实新课程倡导的"自主、合作、探究"的学习方式。比如游标卡尺的读数这个知识点，教师反复讲解多次，学生考试时还是出错，这其中的原因不是教师没讲明白，而是在教学中没有将"教"转化为"学"。2005年开始，他大胆进行问题教学法的教学实践。问题教学法的基本策略就是以教学内容的"问题"化设计为基础，在教学过程中，合理地运用这些问题创设情境，以"问题"为线索，引导学生开展各种活动，在活动中分析问题和解决教学问题，从而达成教学目标。他改进了"游标卡尺的使用"的教学设计，把"是什么、这样做"的被动听讲转变为"为什么、怎样做"的自主学习和探究。通过设计"为什么十分度的游标卡尺精确度是 0.1 mm？""二十分度卡尺的精确度是多少？""如何用游标卡尺测量圆柱的半径和水杯的深度？"等问题引领学生思考探究，然后进行实验操作和读数，并在小组内互评与交流，取得了很好的效果，学生问题意识增强了，实践操作能力得到提高，考试时出错率大幅降低。为了深入开展研究，2012年，杨昌彪申报了湛江市"十二五"规划教育科学课题"问题教学法在物理课堂教学中的应用研究"，如今研究已顺利结题，并取得了预期研究成果。他在教学反思和实践中逐渐形成了有自己教学风格的教学方法，即"问题引领，实践探究"。他撰写的研究论文《建构学生自主学习的物理复习课堂》《有效设问促生有效教学》分别发表在《课程教学研究》《中学物理教学参考》刊物上，两次在广东省高中物理教学研讨会上做专题讲座，2015年还受邀给岭南师范学院基础教育学院学生做课题专题报告。学习先进教学理论，深入反思教学，开展基于教学实践的研究，使他在物理教学求真之路上加速前行。

　　全面推进素质教育，深化教育改革，只有起点没有终点，教学工作只有更好没有最好，还有很多很好的经验值得学习，还有很多实践中的课题有待研究，求真探索还在路上。杨昌彪说，广东省颁布的《广东省中长期教育改革和发展规划纲要（2010—2020年）》指明了教育教学改革的目标和方向，自己作为一名教育工作者深受鼓舞，要以百倍的热情和干劲投入到工作中，为教育事业做出新的贡献。

# 参 考 文 献

[1] 魏瑞. 遵循教育教学规律 实施科学有效管理［J］. 教书育人，2011（11）.

[2] 陈如榜. 重视预设，把握生成：浅议初中英语课堂教学中的预设与生成［J］. 都市家教：上半月，2011（5）.

[3] 李雅莉. 当代青年学生迷茫感原因分析：从思想政治理论课的课堂调查谈起［J］. 人民论坛，2011（33）.

[4] 方良元，陈炜. 对教师文化自觉的理性认识［J］. 教育探索，2012（2）.

[5] 陆思思. 论教师专业自觉［J］. 学理论，2010（23）.

[6] 周石保. 文化是什么［J］. 国土资源导刊，2010（5）.

[7] 刘玉静. 合作学习的伦理审思［D］. 济南：山东师范大学，2006.

[8] 田慧生. 走出缺乏教育智慧的困局［N］. 中国教育报，2007－02－09.

[9] 中央教育科学研究所调研组. 能力培养的新探索：中国人民大学附属中学创新人才培养模式调查［N］. 光明日报，2011－03－01.

[10] 韩立福. 教师观念应从"形转"到"心转"［N］. 中国教育报，2012－08－03.